온깍지 활 공부

정진명 엮음

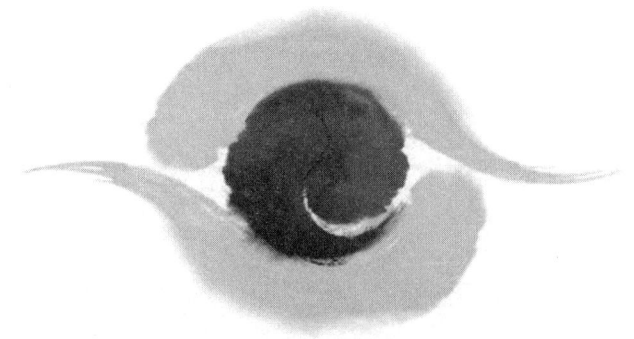

온깍지활쏘기학교

성문영 공 근영

책머리에

　기준이 없는 세상은 어지럽다. 각자 자기주장이 옳다고 힘주어 외친다. 그런 혼란의 세월을 국궁계는 1970년대부터 계속 이어왔다. 이런 혼란은 기준을 잃어버린 데서 생긴 현상이다. 따라서 오늘날 국궁계가 겪는 혼란상을 정리하는 방법은, 원래 있던 그 기준을 되찾고 그리로 돌아가는 일이다. 우리에게 그런 기준이 있었나? 그렇다. 1929년 조선궁술연구회에서 낸 『조선의 궁술』이 그것이다. 근래에 겪는 여러 가지 혼란은 『조선의 궁술』로부터 멀어지고, 『조선의 궁술』을 잊음으로 해서 생긴 현상이다.

　이렇게 40년 세월 어질러진 세상은 쉽게 정리되지 않는다. 짧지 않은 그 세월 동안 어지러워진 것들을 기준으로 삼는 사람이 끊임없이 나타나기 때문이다. 결국 『조선의 궁술』로 돌아가려는 노력을 하지 않는 한 이론 혼란은 앞으로도 계속될 것이다.

　이런 혼란에 대해 남 탓하지 않고 스스로 기준이 되기 위해 만든 것이 온깍지활쏘기학교이다. 따라서 온깍지학교에서는 옛 사람들이 만들어놓은 '기준'과 '사실'을 사람들의 '주장'보다 더 중요시한다. 『조선의 궁술』이라는 사실로 돌아가기 위하여 스스로를 벼리고 담금질하는 것이 우리의 할 일이다. 고단하지만 그럴 값어치가 있는 일이라고 믿는다.

　이 책은 이러한 목표 하에 지도자의 길을 갈 분들을 위하여 온깍지활쏘기학교에서 만든 안내서이다. 지도자를 위한 책이니만큼 일반 사원들에게는 다소 부담스러울 수도 있다. 이 점 감안하여 참고하기를 바란다.

　『조선의 궁술』이 전통의 정통이다.

2018년 겨울
온깍지활쏘기학교 교두 류근원·정진명

차례 〔온깍지 활 공부〕

제1부
활터에서 말을 생각하다 ___ 11
온깍지 교육의 이론과 실제 ___ 31

제2부
류근원의 각궁 교실 ___ 93
전통의 여러 문제 ___ 101
전통 사법 논쟁의 두 축 ___ 118
활터 음악의 전승과 보존 ___ 124
개성편사 시행 방안 ___ 139
사말 정진명의 활쏘기와 책 ___ 148

제3부
사말 정만진의 활 수련기 ___ 159
사말 김정래의 온깍지 입문기 ___ 171

제4부
침뜸의학의 뼈대 ___ 187
동양의학 용어와 흐름 ___ 201
응급 처방법 ___ 207

부록
활쏘기 입문(장수바위터 교재) ___ 215

제1부

조선궁술연구회장 성문영 공

활터에서 말을 생각하다

정진명

1. 높임말과 낮춤말

우리 사회는 조선시대에 사농공상이라는 네 계층으로 오랜 세월 살아왔기 때문에 그에 따른 다양한 호칭이 발생했습니다. 외국인들이 우리말을 배울 때 가장 힘겨워하는 부분이 바로 이 높임말과 낮춤말입니다. 활터도 조선시대의 여러 계층이 쓴 장소이기 때문에 이런 현상이 아주 잘 살아있습니다.

그런데 요즘은 사회 전체가 높임말과 낮춤말을 혼동하고, 그 결과 특히나 우리말을 피하려는 허영기가 뚜렷해졌습니다. 예컨대, 몇 년 전에 특정 대기업에서 '손님'이라는 말을 버리고 '고객님'이라고 호칭하면서 손님이란 말은 잘 안 쓰는 말이 되었고, 심지어는 손님이라는 말이 고객님이라는 말에 비해 낮은 느낌까지 주고 있습니다. '손님'을 꺼리고 '고객님'을 적극 쓴다는 사실이 그것을 반증합니다. 고객님이라고 하면 듣는 사람이 좋아할 것이라는 믿음은, 일부 사업체가 저지른 오류지만, 그것이 널리 공유됨은 말을 사용하는 사람들의 무의식이 작용한 결과입니다. 물론 이러한 편견은 무식하기 짝이 없는 일입니다.

1) 이빨의 추억

이런 현상은 사회 전분야로 확산되는 중입니다. 특히 전문용어를 비롯하여 우리말을 잘 못 배운 사람들이 우리말을 쓰지 않는 쪽을 택함으로써 이런 증상이 심해지는 중입니다. 환갑을 코앞에 둔 저의 삶을 돌이켜보면 그 첫 희생양은 '이빨'이었습니다.[1] 제가 군대 있을 때 이빨이 아파서 군의관에게 갔다가 쪼인트를 까인 적이 있습니다. 짐승의 이가 이빨이고 사람의 이는 치아라

---
1) 정진명, 『우리 철학 이야기』, 학민사, 2016. 185~187쪽.

고 한다며 군홧발로 훈계한 것입니다. 그런데 그게 좀 이상했습니다. 저는 충남의 한 시골마을에서 농사짓는 가족에서 태어났고, 그 당시는 드물게 군 단위에서 대학생이 한두 명 나오던 시절에 우리 아버지 항렬에서는 대학생이 넷이나 나와서 마을마다 회자되곤 하는, 나름대로 '있는 집안'이었습니다. 그런데 제가 쓰는 이빨이라는 말이 쪼인트 까일 만큼 상스런 말이 된 것입니다. 저는 이것을 도저히 받아들일 수 없었습니다. 그렇게 되면 우리 동네 모든 사람들이 상놈이 되기 때문입니다. 농사짓는 사람들은 조선시대의 4계급 중에서 2번째입니다. 평범한 사람인 것이죠. 그래서 〈常놈〉인 것입니다.(참고로, 놈이 욕인 된 것은 국어사에서 지극히 최근의 일입니다.) 그 밑으로 공인과 상인이 있습니다. 그런 환경에서 자란 제가 제 말을 쓰는데 그게 쪼인트 까일 일이 된 것입니다.

　이에 대한 반박을 제대로 할 수 있게 된 것은 제가 대학에서 국어를 전공한 이후였습니다. 저는 국어교육을 전공하면서 이런 체험 때문에 우리말의 어원에 대해 특별한 관심을 갖고 살펴봤습니다. 그래서 1990년대 초반에 이미 〈한국어어원사전〉을 탈고하여 책으로 내려고 한 적도 있습니다. 저에게 활쏘기 책을 꾸준히 내준 학민사의 만류로 불발에 그치기는 바람에 그 원고는 아직도 제 컴퓨터에서 잠자는 중입니다. 그 뒤로 어원사전이 4권이나 나왔으니,[2] 이 원고는 앞으로도 계속해서 잠자게 될 것 같습니다. 하하하.

　이빨로 돌아가서, '이빨'은 〈이+ㅅ+발〉의 구조입니다. ㅅ은 사이시옷으로, 우리말이 결합할 때 끼어드는 것입니다. 시내와 물이 붙으면 시냇물이 되는 것과 같은 현상이죠. 이는 당연히 어금니 옴니암니 할 때의 그 이입니다. 발은 무엇일까요? 발은 같은 것들이 나란히 선 모양을 가리키는 말입니다. 서릿발은 아시죠? 흙 속에서 얼음이 얼어서 흙을 밀고 올라온 자잘한 얼음기둥들을 말하는 겁니다. 글월은 글발에서 온 말인데, 세로로 글을 쓰는 동양사회의 특성 때문에 글을 주욱 이어서 쓴 모양을 가리키는 말입니다. 글들이 위에서 밑으로 줄줄이 드리워졌죠. '글발'의 비읍(ㅂ)이 순경음화(ㅸ) 되었다가 〈ㅜ〉로 바뀌면서 글월이 된 것입니다. 중국집 입구에 드리운 발도 이 발과 같은 것입니다. 끗발이 좋다고 할 때의 이 '발'도 이 발이 연장입니다. 말발의 '발'도 마찬가지죠.

　그렇다면 왜 이에는 이 〈발〉이 붙었을까요? 당연한 거 아닌가요? 이들이 나란히 붙어서 한 입술 속에 조로록 나타나기 때문에 붙은 이름입니다. 얼마나 아름답습니까? 이런 말을, 내용도 모르고서 체면치레하려고 내치는 중이니, 이빨 대신 치아라고 해야 한다는 사람들의 허영심을 어찌하면 좋다는 말입니까? 사람의 이도 이빨이고 짐승의 이도 이빨입니다. 이걸 구별한다고 해서

---

[2] 김무림,『한국어 어원사전』, 지식과 교양, 2015. ; 강길운,『비교언어학적 어원사전』, 한국문화사, 2010. ; 백문식,『우리말 어원사전』, 박이정, 2014. ; 서정범,『새국어어원사전』, 보고사, 2018.

사람이 짐승이 아닌 다른 그 무엇이 되지는 않습니다. 그런 식으로 말을 억지 의미 부여하여 자신의 지위를 높이려고 하는 것이 참 안타깝고 한심한 것입니다.(그런데 더욱 암담한 일은 사전입니다. 인터넷 포털 사이트의 국어사전을 찾아보니 이빨이 이를 낮잡아 이르는 말이라고 하여 여기에도 교양이 도배되었다는 것입니다. 국립국어원에서 이러고 있으니 제가 태어나 살던 시골 동네 사람들이 모두 이상한 사람들이 되었습니다.)

그런데 그 뒤로도 계속해서 이런 일이 진행되는 중이라는 것이 문제입니다. 그래서 왜 그럴까 하고 많은 생각을 하고 관찰을 해본 결과 1980년대 접어들면서부터 일상화된 텔레비전의 영향이라는 결론에 이르렀습니다. 주로 방송에서 쓰는 말이 우리의 일상생활에 거꾸로 영향을 미치는 증상이 뚜렷해졌습니다. 제가 학교에서 학생들과 생활하면서 보니 이것을 더욱 절실하게 느낍니다. 그런데 방송작가들이 대부분 학교 졸업하고 나서 입문하기 때문에 학교에서 쓰던 말과 배운 말을 많이 씁니다. 게다가 공중파에서는 비속어를 쓰지 않으려고 하는 경향이 강하기 때문에 그런 느낌이 조금이라도 나면 다른 말로 바꾸려고 합니다. 며칠 전에는 라디오스타를 보는데 김국진의 이빨 빠진 얘기가 나왔는데, 그걸 또 유치라고 말하더군요. 젖니를 유치라고 하면 그게 문화 수준이 높아지는 겁니까? 오히려 삼둥이 아빠 송일국이 아이들에게 이를 닦게 하면서 "애들아, 이빨 닦자!"라고 하는 걸 보고 속으로 기특하게 생각했습니다.

문화에 대한 오해나 착각 때문에 무언가 수준 있는 말을 써야 한다는 강한 압박감이 한국 사회를 짓누르고 있습니다. 그런 부담감이 사람들로 하여금 실수를 줄여야 한다는 착각을 하게 만들고, 그런 착각을 할수록 그런 혐의가 있는 우리말을 쓰지 않으려는 관성을 갖게 됩니다. 그래서 상황 모면용 편법으로 자꾸 외국어를 갖다 붙이곤 합니다. 한자어를 대용하여 영어를 갖다 쓰는 요즘 세태가 그것을 반영합니다. 그 과정에서 가장 큰 희생을 당하는 것이 우리말입니다.

방송에서 이런 사례는 얼마든지 볼 수 있습니다. 〈고객님-손님〉은 둘째 치고, 몇 년 전부터는 치어라는 말이 방송에서 나오더군요. 치어라는 말은 옛날에 쓰이지도 않던 말입니다. 그런데 왜 그럴까요? 새끼이기 때문입니다. 예컨대 연어 새끼가 남대천에서 자란다고 해야 하는데, 이 새끼라는 말을 쓰고 싶지 않은 것입니다. 욕을 닮았기 때문이죠. 그래서 공중파에서 치어라는 학술용어를 차용한 것입니다.

이런 자발성 자국어 학대는 이미 일상화되었음을 '저렴하다'에서 또 느낍니다. 우리가 자랄 때, 그리고 얼마 전까지도 우리는 값싸다는 말을 많이 썼습니다. 그런데 어느 순간부터 저렴하다로 바뀌었습니다. 가만히 생각해보니 몇 년 전부터 공중파에서 그렇게 하기 시작한 후로 생긴 일들입니다. '값싸다'와 '저렴하다'를 보면 사람들의 언어 허영심이 얼마나 심각한가를 알 수 있습니다. 3음절과 4음절인데, 오히려 긴 말을 쓰면서 지켜야 할 그 어떤 것이 있다고 착각하는 것이지요. 그들이 언어를 통해 지키려고 하는 것은 자신의 허영심입니다.

오늘날 우리는 우리말을 지키지 않으려는 모든 백성들과 싸워야 하는 시대를 맞이했습니다. 옛날에는 남의 계층에서 쓰는 언어를 부러워하지도 않았고, 자신이 쓰는 언어를 부끄러워하지도 않았습니다. 계층사회였기 때문에 어차피 넘나들 수 없음을 아주 잘 알아서 자신들만의 언어를 써왔던 것입니다. 조선이 망하고 일제 강점기로 접어들면서 신분제가 비로소 없어집니다. 그리고 1933년에야 비로소 우리말의 규칙이 생깁니다. 이 표준어 규정에서 '표준어는 서울의 오늘날 교양 있는 사람들이 쓰는 것으로 한다.'는 원칙을 삼습니다. 문제는 교양 있는 사람들이 어떤 사람들이냐가 문제인 것이죠. 이 문제 때문에 오늘날 우리말은 큰 혼란에 빠져들게 된 것입니다. 서울의 교양 있는 사람들이 어떤 말을 쓰는지 잘 생각해보십시오. 조선시대에는 한문을, 일제강점기에는 일본말을, 해방 후에는 영어를 쓴 사람들이죠. 그들은 그렇게 살아오면서 우리나라의 지배층을 형성했습니다. 엄밀히 말해 서울의 교양 있는 사람들이란, 중산층이 아니라 지배층입니다. 그러니 그들의 문화가 우리말의 중심으로 선 것이고, 시골의 교양 있는 집안 출신인 제가 주변부로 밀려난 것입니다. 이것이 제가 군대 군의관에게 이빨로 쪼인트를 까인 원인이 된 지난 100년의 사연입니다.

저는 아직도 이 상황에 동의할 수 없습니다. 분명히 교양 있는 서울 사람의 말이 기준이라고 했는데, 그 교양 있는 사람이 우리나라의 상류층이자 지배층인 강남 사람들이 되어서는 안 된다는 생각입니다. 우리나라의 뼈대를 지난 5천 년 간 이루었던 사람들이 교양 있는 사람이어야 하고 그들을 저는 농사꾼이라고 생각합니다. 농사꾼들의 평범하고 쉬운 말이 우리말의 중심이 되어야 한다고 저는 생각합니다. 그런데 그런 사람들조차 자신의 말을 버리고 남의 말을 갖다 씁니다. 단체명을 보면 농사꾼이 아니라 농업인입니다. 농사꾼마저 자신의 언어를 버린 것입니다. 농사꾼이 언제부터 농업인이 되었단 말입니까? 농사꾼 두레가 언제부터 농협이 되었단 말입니까?

2) 조심해야 할 존칭어

앞서 사농공상 얘기도 했지만, 우리 사회에서 어른에 대한 공경 문화는 오래 되었고 뿌리가 깊어서 말들도 그런 경향을 많이 반영했습니다. 이번에는 우리가 일상생활에서 무심코 범하기 쉬운 사례를 몇 가지 살펴보겠습니다. 특히 어른들과 어울릴 때 어른에게 쓰는 말들이 많은데 그 중에서 실수를 가장 많이 하는 것을 몇 가지 알아보겠습니다.

먼저 술입니다. 술은 어른에게 약주라고 해야 합니다. "선생님, 약주 한 잔 올리겠습니다." 이렇게 말하는 것입니다. 술 올린다고 하면 틀린 것은 아니지만 어른에게는 특별히 약주라는 말을 쓰기 때문에 조심하는 게 좋습니다. 우리가 어른들과 말할 때 흔히 범하는 실수 중에 집도 있습니다. 어른들에게 말할 때는 집이라고 하지 않고 댁이라고 합니다. "선생님 댁은 어디신가요?" 이렇게 묻는 겁니다.

　잘 보면 약주나 댁은, 손아랫사람이 손윗사람에게 쓰는 말입니다. 따라서 친구나 동료들처럼 친한 사이에서는 쓰는 말이 아닙니다. 격식이 있고 상대하기 어려운 어른들에게 쓰는 존칭어죠. 제가 이빨이 비칭이 아니라고 말하니까 이에 반발을 하는 학생들이 있습니다. 특히 강남 대치동에서 살다가 전학 온 학생이 이빨을 짐승의 이에 쓰는 말이니 사람에게 쓰면 안 된다고 했다며 저의 설명에 토를 답니다. 그래서 가만히 생각해보니 이빨에 대한 잘못된 지식이 이런 존칭어에 대한 오해로부터 온 것이 아닐까 생각했습니다.

　만약에 강남의 점잖은 집안에서 이런 소리를 했다면 그 또한 틀린 것입니다. 네이버 사전에도 이빨은 이(치아)를 낮잡아 이르는 말이라고 풀었는데, 한 마디로 국립국어원을 폐지해야 할 근거를 만든 짓이라고 봅니다. 굳이 치아를 존칭어로 올려놓으려면 약주나 댁처럼 어른들에게 쓰면 실례가 되는 말이라고 해야 합니다. 어른들에게 쓰면 실례가 되는 말이 비칭(낮잡아 이르는 말)인가요? 이건 무식해도 너무 무식한 겁니다. 이 경우 존칭어의 반대말은 비칭어가 아니라 일상어입니다. 술이나 집은 비칭이 아닙니다. 이에 대한 존칭이 약주이고 댁일 뿐이죠. 이걸 혼동하는 사람들이 사전을 만들고 있으니, 우리 말글의 앞날이 어둡습니다. 국립국어원을 갈아엎지 않으면 우리말은 점차 궁지에 몰리고, 사전에만 남은 화석 언어가 될 것입니다.

　만약에 집안에서 이빨이 아니라 치아라고 써온 사람이 있다면 그때도 잘 골라 써야 합니다. 즉 친구에게 "야, 약주 한 잔 해라."라고 말할 수 없습니다. 약주가 어른에게 하는 존댓말이기 때문에 친구나 손아래사람에게 쓰면 안 되는 겁니다. 더더욱 자신에게 쓰면 안 되는 말이죠. 이걸 보면 치아도 어른에 대한 존칭어이기 때문에 자신이나 친구, 또는 손아래사람에게 쓰면 안 되는 말입니다. 틀리는 말이죠. "치아 닦으러 가야지.", "애들아, 치아 닦자." 이렇게 말하면 안 된다는 말입니다. 이건 "애야 약주 한잔 하자."라거나, "네 댁이 어디니?"라고 말하는 것과 같은 겁니다. 그러니 이런 굴욕을 겪을 위험이 다분한 '치아'라는 말을 왜 자꾸 쓰려는 건지 알 수가 없습니다. 고상하기보다는 자신의 무지를 드러낼 가능성이 훨씬 더 높은 말입니다.

　이나 이빨은 치아의 낮춤말이 아닙니다. 그냥 이이고 이빨일 뿐입니다. 강남의 몇몇 집안에서 쓰는 그 우아한 '치아'는 밥이나 술의 존칭과 같다고 본다면 그것 때문에 이나 이빨이 낮춤말이 된다는 것은 착각이자 무지일 뿐입니다. 치아는 그것을 쓰는 사람들이 있는 것이고, 이나 이빨은 온 백성이 쓰는 말입니다. 이걸 구별 못하는 사람들이 어떤 정책을 결정한다면 나라의 망신이고, 곧 언어의 자기학대일 뿐입니다.

3) 활터 용어와 호칭

이런 언어상의 혼란이 여실히 일어나는 곳이 우리가 활터에서 쓰는 호칭입니다. 몇 년 전에 성낙인 옹을 종로3가 〈지중해 다방〉에서 만나서 이런저런 얘기를 하는 중에 성 옹이 일본 얘기를 한 적이 있습니다. 즉 일본에서는 호칭이 분명하다고 했습니다. 예컨대 '선생'이라는 호칭은 교사와 의사 빼고서는 함부로 안 쓴다는 것입니다. 보통 사람들은 '상'이라고 한답니다. 우리나라로 치면 '씨'가 되겠죠. 그러면서 또렷한 기준이 없이 혼란스러운 우리 호칭을 아쉬워한 적이 있습니다. 성낙인 옹이야말로 표준어 규정에 해당하는 토박이 서울 사람이었습니다.

저는 국어를 전공한 사람이라서 성 옹이 겪는 불편함과 이상함을 충분히 이해하고도 남습니다. 충분히 공감한다고 했습니다. 예컨대 우리나라에서 존경받는 사람들로 대접받는 사람들을 대표하는 계층이 바로 교수입니다. 그래서 대학에 몸을 담았다는 낌새만 있으면 교수라는 말을 성 뒤에 붙여서 부릅니다. 그러나 무식도 이런 무식이 없습니다. 교수는 호칭이 아니라 직책명입니다. 직책과 호칭은 다릅니다. 이것은 조선시대의 관습에서 내려온 우리 사회의 특성이기도 합니다. 예컨대 당상관과 당하관은 정삼품에서 나뉘는데, 당하관은 나으리라고 불렀고, 당상관부터 영감이라고 불렀습니다.[3] 영감의 위인 정2품 이상은 대감이고, 대감의 위는 상감입니다. 따라서 정이품을 영감이라고 불렀다가는 당장 곤장 감입니다. 대감이라고 불러야 하는 것입니다. 조선시대는 이토록 엄정했습니다.

교수는 호칭이 아니라 직책명입니다. 호칭은 '선생'입니다. 제가 다닌 국어교육과에서는 모든 교수님들이 우리더러 자신을 교수라고 부르지 말고 선생님이라고 부르라고 해서 저희는 대학 4년 내내 선생님이라고 불렀습니다. 다른 학과에 교양 과목 들으러 가서 손을 번쩍 들고 질문할 때 '선생님'이라고 할 때 이를 지적하는 교수님도 있었는데, 저희는 아랑곳하지 않았습니다. 우리 학과장님이 교수가 틀린 호칭이라고 부르지 말라고 해서 그렇습니다, 이렇게 대답하곤 했습니다. 그렇지만 온 세상 사람들이 잘못 알고 있는 것과 싸운다는 것이 얼마나 어려운 일인가를 저는 평생토록 느끼며 살아왔습니다. 그런 싸움을 활터에서도 할 줄은 꿈에도 몰랐습니다.

교수는 대학에 몸담은 사람을 말하는 것이고, 교사는 초등과 중등에 근무하는 사람을 가리키는 말입니다. 우리가 학교에서 '김 교사님, 이 교사님.'이라고 호칭하지 않는 이유는 교사가 틀린 말이기 때문이 아니라 선생이라는 호칭이 따로 있기 때문에 그렇게 부르지 않는 것입니다. 그런데 선생을 두고 교수라고 부른다면, 중학교에서 선생님을 김 교사님 이 교사님이라고 부르는 것과 똑같은 일입니다. 그렇게 불러주는 분들에게 실례하는 일입니다. 그런데 대학에서는 그런 실

---
3) 이훈종, 『국학도감』, 일조각, 1997. 58쪽.

례를 해달라고 교수들이 요구합니다. 이런 무식한 자들이 대학에 몸담고서 이 세상을 호령하고 학생들을 부립니다. 옛날 같으면 곤장을 맞을 짓입니다.

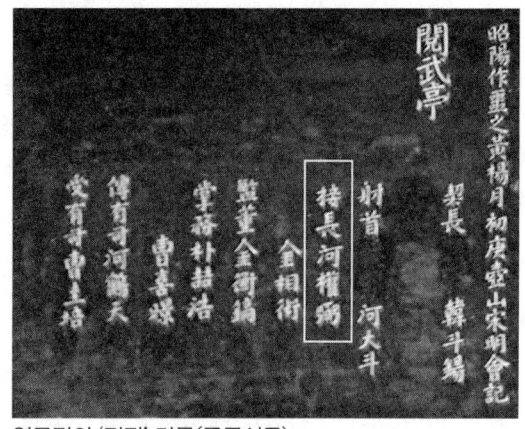
열무정의 '접장' 기록(국궁신문)

예절과 계층에 민감한 조선시대의 풍속이 살아있는 활터에서는 어떨까요? 활터에서 가르쳐주는 대로 하면 됩니다. 활터에서는 자신을 낮추는 말로 '사말'이라고 했습니다. 남에 대한 높임말로는 '접장'이라고 했습니다. 그러면 남을 부를 때 김 접장님이라고 하고, 자신을 말할 때는 사말이라고 하면 됩니다. 그렇게 몇 백 년을 내려왔습니다. 그런데 느닷없이 접장이 옛날 보부상들이 쓰던 용어라면서 활터에서 쓰면 안 된다는 주장이 나왔습니다. 우암정에서 실제로 일어난 일입니다. 그 논리에게 감화된 몇몇 사람이 자신을 접장이라고 부르는 것에 대해서 '나를 접장이라고 부르지 말아 달라.'는 황당한 요구까지 했습니다. 그래서 우암정에서는 접장이라는 말을 회피하는 경향이 한 동안 뚜렷했습니다. 결국 우암정에서 사범을 맡은 류근원 접장이 『국궁논문집 9』에 접장이 옛날부터 활터에서 씌어온 용임을 입증하는 논문을 쓰는 지경까지 갔습니다.[4]

사두나 부사두는 직책명입니다. 옛날에 벼슬 있는 사람들이 했습니다. 그래서 그 벼슬에 해당하는 호칭을 불러주면 되었습니다. 정삼품 당상관이면 영감님이라고 부르면 됩니다. 성문영은 정삼품 통정대부였기 때문에 영감님이라고 불렸을 겁니다. 사두님이라는 호칭은 직책 명으로 불린 것이어서 활터에서 임원회를 한다든지 할 때 쓰는 말입니다. 특별히 그 말이 쓰일 때를 빼고는 안 쓰인 것입니다. 예컨대 교수도 그가 교수임을 나타내야 할 상황에서는 호칭으로 쓰이기도 합니다. ○○대학교 ○○과 김 교수님을 소개한다든지 하는 상황 말입니다. 사실은 정확히 말하면 '○○대학교 ○○과 교수 김○○ 선생님'이라고 해야죠.

이랬던 활터 용어가 근대로 들어오면서 호칭화된 것입니다. 그래서 요새는 활터에서도 사두님 총무님 하는 특정 직책을 부르기도 합니다. 이건 자연스러운 일이기도 합니다. 그런데 그렇게 불린다고 해서 그것을 호칭으로 착각하면 안 됩니다. 사두나 총무가 호칭이 아니라는 것은, 그들의 임기가 끝나면 아무도 그렇게 불러주지 않는다는 것을 보아도 알 수 있습니다. 교사가 정년퇴임을 하면 여전히 호칭인 선생님으로 부릅니다. 그러나 그를 교사라고 부르지는 않습니다. 호칭과

---
[4] 이건호 외, 『국궁논문집9』, 온깍지총서3, 고두미, 2016. 37~48쪽

직책 명은 이렇게 다릅니다. 직책은 그가 그 직임에 있을 때만 붙는 것입니다.

따라서 활터에서도 직책명은 사두이지만, 호칭은 접장입니다. 접장으로 불러야 마땅하나, 그가 그런 직책에 있음을 나타내기 위해서 사두를 호칭 대용으로 쓰는 것입니다. 충분히 있을 수 있는 일입니다. 있을 수 있는 일이라고 해서 원칙을 혼동하면 안 됩니다.

접장이라는 말은, 접장이 되지 못한 사람이 있기 때문에 붙은 말입니다. 아직 몰기를 하지 못한 사람들이 있기 때문에 몰기를 한 사람에게 예우해주기 위해서 '접장'이라는 말을 만든 것입니다. 그런데 접장이 보부상들이나 쓰던 용어라며 쓰지 말아야 한다는 주장을 한 사람의 무의식에는 접장보다 더 좋은 말이 있기 때문입니다. 그건 명궁입니다. '명궁님, 명궁님!' 해주니까 접장보다 더 나은 말이라는 착각을 한 것이죠. 실제로 1980년대 들어 명궁이 생기고 1990년대 들어 명궁이 대량생산되면서 많은 사람들이 명궁이라고 불립니다. 그러니까 같은 접장 중에서도 그냥 접장이 있고, 명궁이 있게 된 것입니다. 그러니까 명궁이 된 사람은 자신이 접장과 분리되었으면 하는 바람이 생기는 것이죠. 그래서 명궁이라고 불러달라는 무언의 압력을 '접장'에게 한 것입니다. 즉 접장을 낮춤말로 만들면 저절로 자신이 높아진다고 착각한 것이죠. 그래서 보부상 어쩌고 하면서 궤변을 퍼뜨린 것입니다. 순진하고 무식한 몇몇은 거기에 부화뇌동하여 자신을 접장이라고 부르지 말라는 얼토당토않은 요구를 하게 된 것이죠. 그러면 활터에서 활쏘는 타정 사람들끼리 만나면 제일 먼저 물어야 할 것은 이것일 것입니다. "제가 당신을 뭐라고 불러드릴까요?" 헐!

명궁은 호칭이 아닙니다. 대한궁○협회에서 제도화하면서 만들어낸 말입니다. 원래 있던 명궁이라는 말은, 말만 있었지 실제로는 있지 않았던 말입니다. 더더구나 자기 입으로 할 말은 아닙니다. '아, 그 사람 참 명궁이지.'라는 말은 실제로 그 사람이 명궁이라는 말이 아니라 명궁처럼 활을 잘 쏘는 사람이라는 말입니다. 한 경지를 이루어서 모든 사람이 그렇다고 인정한 한량을 가리키는 말입니다. 그러니 자신은 부끄러워서 그런 말을 못 붙이는 말이죠. 누가 나를 명궁이라고 부르는데 거기에 그렇다고 대답한다면 정말 철면피입니다. 부끄러움을 모르는 사람입니다. 우리 전통 사회에서 명궁이란 주몽이나 이성계처럼 발군의 실력을 자랑하여 아무도 따를 수 없는 사람을 가리키는 극존칭이었습니다. 이 극존칭을 일반존칭 수준으로 끌어내린 것이 바로 대한궁○협회의 명궁 제도입니다. 그래서 누가 명궁이라고 하면 활을 쏘지 않는 일반인들은 이렇게 반응하죠.

"그럼 멧돼지도 잡고, 꿩도 잡을 수 있어?"

이건 사람들이 무식해서 그런 게 아닙니다. 명궁이란 게 원래 그랬던 겁니다. 그러니 대한궁○협회에서 명궁이라는 말의 수준을 얼마나 한심한 수준으로 끌어내렸는지 알 수 있습니다.

똑같은 단 제도가 있는 일본에서는 이러지 않았습니다. 단 별로 범사 연사 총사라는 이름을 두어서 수준을 달리 나타내는 말을 썼습니다. 그들에게 명궁이란 우리의 옛 풍속과 같아서 활을 완성한 사람에게만 붙일 수 있는 극존칭이었습니다. 죽어서 신이 된 사람에게나 붙일 수 있는 말입니다. 아무리 제도가 멋대로 만드는 것이라고는 해도 그것을 만드는 사람들은 고민을 좀 하면서 만들어야 합니다. 아무 생각 없이 만들어놓으면 그 뒤로 긴 세월을 두고 왜곡이 일어납니다. 고생하는 것은, 그런 말을 쓰는 사람들입니다.

요즘은 신궁이라는 말을 쓰기까지 한다네요. 저는 아직 그런 미친놈을 만나지는 못했지만, 어디 갔더니 그런 말을 쓰더라면서 풍문처럼 날아드는 소문을 가끔 듣습니다. 신궁이 하향 평준화되면 이제는 무슨 말을 써야 할까요? 그때는 무슨 말을 또 만들어낼지 한 번 지켜볼 일입니다.

말은, 생기고 쓰이고 죽는 생명체지만, 많은 사람들의 고민과 합의가 거기에는 있습니다. 활터는 그렇게 만들어진 말들이 수두룩합니다. 그런 말들이 지금까지 있던 자리에서 영롱히 빛나게 하는 것이 오늘을 사는 우리가 할 일입니다.

2. 말들의 물구나무

1991년 소련에서 쿠데타가 일어납니다. 고르바초프가 추진하던 페레스트로이카(개방정책)에 불만을 품은 공산당 일부 세력과 군부가 일으킨 쿠데타였습니다. 그때 러시아 연방 대통령이었던 옐친이 이를 진압하였고, 고르바초프는 물러났습니다. 그리고 공산당이 붕괴하면서 보리스 옐친이 대통령이 됨으로써 소련 연방은 완전히 해체되었고, 연방들은 각자 독립국가로 분리되었습니다. 그리고 오늘날의 지도가 형성되었죠.

이 당시 공산당 세력의 쿠데타는 실시간으로 전 세계에 보도되었습니다. 남의 나라 얘기여서 저도 무슨 영화나 되나 싶은 마음으로 구경했던 기억이 생생합니다. 그런데 저는 그 당시 그것을 보도하는 기자들의 언어가 좀 이상했습니다. 원래 진보와 보수라는 말은 프랑스 양당체제에서 온 말이고 진보파가 왼쪽에 앉아서 좌익, 보수파가 오른쪽에 앉아서 우익이라고 표현한 것으로 압니다. 그런데 근대사를 보면 공산주의는 그 전의 역사에서 볼 수 없는 엄청난 진보이론이고 사회변혁의 끝판왕이라고 할 수 있는 주장이어서 그 발생 때부터 좌익사상으로 간주된 것이었습니다. 즉 공산주의는 진보사상이고 공산당은 좌익이었습니다.

그런데 러시아의 쿠데타에 대해 보도하는 서방의 언론들은 이 개념을 완전히 거꾸로 썼습니다. 옐친은 공산당을 부인하고 서방의 민주주의를 자신의 정당 이념으로 내세운 사람입니다. 그런데 그가 진보가 되고 쿠데타를 일으킨 공산당이 보수가 되었습니다. 기자들은 진보와 보수를 완전히 거꾸로 쓴 것입니다. 온 세상 사람들이 그렇게 쓰다 보니 이제는 진보와 보수의 의미가 완전히 뒤섞여버린 상황이 되었습니다.

저는 언어를 전공한 사람이기 때문에 이때 벌어진 말들의 물구나무 현상에 대해서 또렷이 기억합니다. 저만 이렇게 생각하는가, 했더니 몇 년 뒤에 어떤 사회학자가 이 상황을 정확히 짚어서 저도 놀란 적이 있습니다. 앞서 정리한 개념을 정확히 지적하며 신문에 칼럼을 쓴 학자의 글을 읽으며 세상 사람들이 정말 자기 편한 대로 말을 사용하는구나 하는 새삼스러울 것도 없는 탄식을 한 적이 있습니다. 앞뒤가 뒤집힌 말을 쓰면서도 사람들은 자신이 이상하다고 생각하지 않는다는 게 더 신기합니다. 그때 사람들은 진보와 보수라는 말을 완전히 거꾸로 쓰고 있었습니다. 언어학의 전문 용어로 시니피앙과 시니피에(프랑스어에서 온 말)라고 하는데 겉말과 속뜻이 완전히 뒤집힌 상태로 사람들은 기사를 쓰고 말을 했습니다.

몇 년 뒤 저는 활을 배웠습니다. 그리고 또 몇 년 뒤 저는 앞서 말한 말들의 물구나무를 또 한 번 겪어야 했습니다. 바로 전통의 문제에 맞닥뜨린 것입니다. 제가 집궁하던 1994년 무렵에는 온 세상이 반깍지였습니다. 그렇지만 반깍지로 쏘는 그들은 모두 전통에 가까웠습니다. 그들의 행동이나 말, 활터에서 벌어지는 사풍이 2018년을 맞이한 지금과는 사뭇 달랐습니다. 그때만 해도 연궁중시라는 말을 모두 존중했습니다. 센 활을 쓰는 사람이 50호 정도였고, 활을 배울 때는 누구나 43호 정도로 배웠습니다. 저는 집궁 때부터 대회를 많이 다녔습니다. 제가 속한 활터에 사원이 적어서 그렇게 된 것입니다. 도내 대회는 거의 매번 나갔습니다. 거기서 만나는 150여명의 궁사들도 우리와 마찬가지였습니다. 지금처럼 강궁바람이 불기 전이었고, 전통에 대한 존중감이 있었으며, 모두 배우려는 태도로 마치 한 가족처럼 어울렸습니다. 남에게 불쾌감을 주는 언행을 함부로 하지 않았습니다. 모두 겸손했습니다. 특히 구사들을 존경하는 태도가 뚜렷했고, 구사들은 배우려는 마음을 놓지 않았습니다. 그래서 1990년대 말까지 저는 행복한 활쏘기를 했습니다.

그런데 이런 모든 상황은 반깍지 사법으로 쏘는 상태에서 만들어진 것이었습니다. 우리는 그것이 전통으로 알고 있던 것인데, 실제는 전통에서 벗어난 것이었습니다. 그 당시 사법이 전통에서 벗어난 것임을 아는 사람도 없었고, 그것에 대해 질문을 하는 사람도 없었습니다. 사풍은 대체로 전통의 범주에 머물렀지만, 사법은 벌써 전통에서 많이 벗어난 상황이었습니다. 이 상황에서 활에 대해 어떤 말을 하고 기록을 한다면 어떻게 될까요? 그대로 전통을 말한다고 생각하게 될 것입니다. 이런 상황에서 저는 1996년 『우리 활 이야기』를 썼습니다.[5] 그리고 그 후에 전통에 대한 질문을 하기 시작했습니다. 그리고 3년 뒤인 1999년에 『한국의 활쏘기』를 냈습니다.[6]

그 사이에 찾아낸 전통을 글로 엮은 것입니다. 비록 3년 밖에 안 된 기간이지만, 전통을 찾아가는 일은 어렵지 않았습니다. 앞서 말했지만, 사법이 약간 전통에서 벗어났을 뿐 다른 모든 부문

---

5) 정진명, 『우리 활 이야기』, 학민사, 1996.
6) 정진명, 『한국의 활쏘기』, 학민사, 1999.

은 그대로 전통을 간직하고 있었기 때문입니다. 전통을 찾아서 그것을 정리하는 일은 그리 어렵지 않았습니다. 해방 전후에 집궁한 구사들이 전국에 많이 살아 계셨고, 그들이 반깍지로 개종은 했을지언정 그들의 반깍지 궁체 속에 온깍지 궁체의 대부분을 간직하고 있었기 때문입니다. 반깍지로 개종한 구사들에게 그전의 온깍지 궁체를 물으면 다 답이 나왔습니다.『한국의 활쏘기』는 그렇게 해서 만들어진 책입니다. 그 책 속에는 저의 생각이 별로 없습니다. 구사들에게서 들은 것을 제 생각으로 재구성한 것입니다. 그 재구성 과정에서 제가 소화는 했을지언정 될수록 제 개인 생각은 넣지 않으려고 애썼습니다.

그리고 인터넷 시대를 맞이했습니다. 1998년에 이건호 접장이 처음 개인 국궁 사이트를 만들기 시작해서 우후죽순으로 많은 사이트가 생겼습니다. 그러자 전국의 활터상황이 실시간에 가깝게 공개되기 시작했습니다. 저는 처음에 이 현상을 아주 좋게 보았습니다. 그리고 초기 몇 년 간은 실제로 그렇게 운영되었습니다. 그런데 외국의 실전 활쏘기를 비롯해서 다양한 형태의 활들이 소개되고 그것을 따라하는 사람들이 생겼습니다. 게다가 생활체육에서 세계 민족궁 대회가 실시되면서 전 세계의 궁사들이 우리의 눈앞에서 자국의 민속궁을 쏘기 시작했습니다. 그리고 그 영향은 곧 우리 사회에도 밀려들었습니다. 활터와 상관없이 들판에서 자유롭게 활을 쏘는 사람들이 생긴 것입니다. 나아가 말 타고 활 쏘는 사람들도 생기고 활로 사냥하는 사람들도 생겼습니다.[7]

그리고 또 몇 년이 지나자 뜻밖의 상황이 벌어지기 시작했습니다. '전통'을 표방한 사람들이 나타나기 시작한 것입니다. 그 당시까지 저는 '전통'이라는 말이『조선의 궁술』을 뜻하는 말로 생각했습니다. 제가 집궁한 1990년대 초반까지 활터에 내려온 상황을 보면 사법만 반깍지로 바뀌었지 전통이라고 해도 크게 문제될 만한 것이 없는 상황이었습니다. 그것은『조선의 궁술』에 묘사된 사풍이 거의 그대로 간직되었기 때문입니다.『조선의 궁술』을 모르는 사람도 활터에 전해오는 분위기 때문에 그 분위기를 따르려고 했습니다. 그것이『조선의 궁술』과 똑같지는 않겠지만 어느 정도 일치하는 공통성을 간직한 채 그것을 존중하는 분위기였습니다. 사법도 마찬가지입니다. 반깍지로 바뀐 사법이긴 하지만 온깍지와 상당히 닮은 형태를 많이 간직한 편이었습니다. 요즘의 일그러진 반깍지 사법과는 또 다른 모습이었음을 저는 분명히 기억합니다.

민족궁 대회가 몇 차례 치러지고, 2010년을 지나면서 상황은 정말 뜻밖의 곳으로 펼쳐졌습니다. 각종 문헌이 공개되고 세계의 모든 활쏘기가 인터넷을 통해 소개되면서, 이것들이 뒤섞인 상태의 어떤 활쏘기가 나타나기 시작한 것입니다. 뭐, 이런 현상을 굳이 나쁘게 볼 것도 아닙니다. 동호인들이 모여서 비슷한 생각으로 활쏘기를 즐기겠다는데 그걸 누가 말리겠습니까? 그러나

---

7) 디지털 국궁신문 기사 참조.

이런 흐름 속에서 정말 경계해야 할 줄기들이 하나둘씩 나타나기 시작했습니다. 즉 그것은 1990년대까지 이어져온 활쏘기를 넘어서 조선시대의 활쏘기를 자신들이 하고 있다는 주장입니다.

1990년대까지 이어져온 활쏘기는 『조선의 궁술』의 연장선에 있는 것입니다. 그것이 비록 부분에서 원판과는 조금 달라졌을지 몰라도 어느 정도 원판을 들여다볼 수 있는 정도의 변형이라고 생각하면 될 것입니다. 그리고 조금만 수정을 가하면 원판으로 돌아갈 수 있는 가능성이 있습니다. 그리고 온깍지궁사회 활동을 통해서 그 원판 회복의 가능성을 확인할 수도 있었습니다. 세상 활터는 1990년대 이후 딴 세상으로 갔지만, 온깍지궁사회는 시계 바늘을 1940년대로 돌려 지금도 그때처럼 활쏘기를 합니다. 1990년대 말까지 벌어진 활터의 활쏘기가 1940년대의 연장이었음을 분명히 하려는 것이었습니다.[8]

그러나 2010년 무렵의 '전통' 담론은 다릅니다. 예컨대 조선시대에는 활쏘기가 전쟁에 사용되었고, 말 타고 쏘았으며, 사냥에도 사용되었습니다. 그런 흔적들이 많습니다. 책으로도 정리되었고, 그림으로도 남아있습니다. 그러면 1940년대의 전통을 지닌 우리 활쏘기에서 만들어진 사법으로 조선시대의 그러한 활쏘기를 해볼 수도 있겠지요. 충분히 할 수 있는 일이기도 합니다. 그런데 문제는 그렇게 한 것을 두고 과연 '전통'이라는 말을 붙일 수 있겠느냐는 것입니다. 우리가 아는 전통은 1940년대 무렵(1990년대 집궁회갑을 맞은 구사들의 활동시대)에서 흘러온 활쏘기인데, 그 활쏘기로 그 이전의 조선시대 모습을 흉내내본 것에 대해 과연 전통 활쏘기라고 할 수 있겠느냐는 것입니다. 이 부분에서 말들의 물구나무가 발생합니다.

핵심은 그것입니다. 『조선의 궁술』은 조선시대의 많은 활쏘기 중에서 유엽전 활쏘기라는 것이고, 그러니 그 전의 자료를 통해서 보면 유엽전 활쏘기만이 아닌 다른 활쏘기도 쐈을 것이라는 점입니다. 그러니 우리 조상들이 했던 활쏘기를 하겠다는데, 그게 전통이 아니라면 무엇이 전통이냐는 논리입니다. 말 타고 활쏘기도 전통 활쏘기이고, 육량전 쏘기도 전통 활쏘기이고, 편전도 전통 활쏘기이고, 실전 활쏘기도 전통 활쏘기이고, 나무 활로 쏘는 것도 전통 활쏘기이고, 사냥하는 것도 전통 활쏘기이다! 결국 이 말을 하고 싶은 것이죠.

과연 이런 주장이 맞을까요? 문제는 조선시대의 무관들이 말 타고 활을 쏠 때 지금 기사법을 하는 사람들과 과연 똑같이 했을 것인가? 하는 점입니다. 그건 알 수 없습니다. 똑같다고 믿고 싶겠지만, 설령 똑같다고 해도 지금 하는 그 동작이 조선시대의 동작은 아닙니다. 저는 그들이 틀렸다고 말하는 게 아닙니다. 그들은 그들이 노력한 만큼 충분히 보상을 받을 자격이 있다고 봅니다. 그러나 그것을 조선시대 무관들이 한 것이라고 말한다면 사정은 달라집니다. 설사 똑같은 동작을 했다고 하더라도 그것은 창작에 불과합니다. '전통'은 창작된 것에 붙을 수 없는 말입니다. 시

---

[8] 정진명 엮음, 『한국 활의 천 년 꿈, 온깍지궁사회』, 고두미, 2015. 33쪽.

니피앙과 시니피에가 다릅니다.

　그런데도 지금 전통을 말하는 사람들이 많습니다. 1940년대를 전통 활쏘기의 기준으로 한다고 선언한 온깍지궁사회에 대고, 그것은 온깍지궁사회만의 기준이라고 말합니다. 그들은 전통을 우리시대의 연장선이 아니라 조선시대로부터 찾는 것입니다. 1940년대의 원형을 바탕으로 만들어진 사법으로 조선 시대의 어떤 사법을 재구성하고 거기에 '전통'이라는 말을 붙입니다. 그 수많은 전통 가운데 온깍지궁사회의 주장도 '한 전통'으로 자리 잡힙니다. 온깍지궁사회를 그렇게 자리 지워 놓아야만 자신들도 '전통'의 한 귀퉁이에 비집고 들어와 끵겨앉을 수 있기 때문입니다. 전통이라는 말로 자신들의 불안한 상태를 위안 받고 싶은 것입니다. 그러면서 자신들의 그런 일그러진 욕심 때문에 정작 망가지는 것은 전통이라는 사실을 애써 눈감죠. 이것이 2018년에 맞은 우리의 자화상입니다.

　그러면 과연 여기서 말하는 '전통'이 전통일까요? 전통이 아니란다고 해서 전통이 아니 되고, 전통이란다고 해서 그게 전통이 될까요? 여기서 말하는 전통은 이제 말장난에 지나지 않습니다. 1991년 소련의 쿠데타를 두고 서방 언론들이 벌인 말글의 물구나무 세우기가 2010년 대한민국의 국궁계에서 벌어졌다는 사실이 저는 믿기지 않습니다. 이 말장난을 그치지 않으면 우리는 아예 전통이라는 말을 잃게 됩니다. 전통을 무력화시키는 것은 사이비 전통입니다. 우리 활에서 전통은 딱 1개뿐입니다. 하나가 전통이라면 나머지는 사이비입니다. 사이비를 진짜라고 우기면 세상이 혼란스러워집니다. 그러니 전통이 아니거들랑 전통이라고 하지 말고 그냥 나의 활쏘기라고 하십시오. 그것이 전통을 일그러뜨리지 않는 유일한 처신입니다. 전통 흉내 함부로 내면 전통이 망가집니다.

3. 거울

　2000년은 여러 가지로 의미가 있는 해입니다. 예수가 태어난 지 2000년이 되는 해이기도 하지만, 여러 가지 환경이 그 전의 세기와 달라진다는 의미가 첨가되면서 인터넷이 가져온 변화가 전 세계의 틀을 바꾸는 세기가 될 것이라고 누구나 말하고 기대했습니다. 그리고 실제로 그렇게 되어가고 있습니다. 기술혁신이 가져온 변화는 상상을 초월할 정도로 빨라서 그 변화의 봉우리에 선 한국에서는 10년만 흘러도 세대 간 소통이 잘 안 되는 상황에 직면했습니다.

　2000년은 국궁계에도 큰 소용돌이가 일어 18년이 지난 지금에 돌이켜보면 그 여파가 이렇게 커질 것이라고는 아무도 생각하지 못했습니다. 그 소용돌이란 다름이 아니라 온깍지궁사회입니다. 출범 당시 온깍지궁사회의 고민은 아주 단순했습니다. 시대와 사회 전체가 급격한 변화를 일으키는 중이고, 그 영향이 활터에도 밀려들어 오늘날 우리가 무엇을 배워야 할지 알 수 없으니, 무엇이 정답인지를 알아보자는 것이었습니다. 그렇게 소박한 질문을 하는 모임으로 출발했습니다. 그 과정에서 전통의 정체성으로 삼아야 할 기준으로 우리는 깍짓손 동작을 중요시 했고, 그것을 가리킬 말로 '온깍지'라는 용어를 썼습니다.[9] 그래서 모임 이름도 온깍지궁사회라고 했습니다.[10]

그런데 이 말이 등장하자마자 눈 깜짝 할 사이에 국궁계는 판이 갈리기 시작했습니다. 나의 사법이 온깍지냐 아니냐가 최대 관심거리가 된 것입니다. 그리고 극소수가 된 온깍지 궁사들 빼고는 이 상황을 받아들이기 힘든 것이 되었습니다. 지금까지 자신의 활터에서 선배들이 가르쳐줘서 그렇게 했을 뿐인데, 어느 날 갑자기 반깍지 궁사가 된 것입니다. 온깍지라는 말 때문에 졸지에 반깍지가 된 이 황당한 상황은, 그렇지만 부인할 수 없는 현실이기도 했습니다. 그래서 그런지 한 가지 독특한 현상이 나타났습니다. 온깍지 이론을 뚜렷이 비판하고 나서는 사람들이 없었다는 것입니다. 이유는 잘 모르겠습니다.

그렇지만 온깍지궁사회의 출현으로 인해 한 가지 분명해진 것이 있습니다. 겉으로 표현을 하든 안 하든, 우리 활의 전통이 무엇인가를 생각하는 일이 분명해졌다는 것입니다. 반깍지 궁사들은 현실의 목적이 분명한 까닭에 전통에 대한 '실험'을 하기 힘들었습니다. 이른바 대회나 승단이라는 눈앞의 목표 때문에 무엇이 전통인가를 몸으로 겪어보기는 쉽지 않은 일이었습니다. 깍짓손을 크게 뻗는 순간 시수가 뚝 떨어졌기 때문입니다. 그래서 '온깍지 사법은 시수가 나지 않는 옛날 사법'이라는 근거 없는 막연한 추정으로 자신의 전통 콤플렉스를 덮었습니다.

온깍지궁사회는 2001년부터 딱 7년 공개 활동을 했습니다. 온깍지궁사회는 지금까지 전통을 찾으려고 하는 과정을 실시간에 가깝게 공개했고, 굳이 어떤 답을 가정하지도 않았습니다. 다만 7년 활동을 접고 사계로 전환할 무렵에 『조선의 궁술』이 우리 전통 활의 답이다, 라는 사계원간의 합의에 도달했습니다. 그리고 각자 그렇게 알고 수련하는 중입니다. 그리고 1년에 한두 번 모여서 만나는 정도입니다. 그렇게 한 지 벌써 10년이 넘었습니다. 이제 온깍지궁사회는 잔잔한 호수와 같습니다. 그런데 많은 사람들이 거기 와서 들여다봅니다. 거기 얼비친 자신의 모습을 보고는, 그것을 온깍지궁사회의 얼굴이라고 단정합니다. 그리고 거기에 얼비친 대상을 향해 무어라고 말을 합니다. 사람들이 온깍지궁사회를 보면서 자신의 위치를 확인하려 드는 것입니다. 어느덧 온깍지궁사회가 거울이 된 것입니다.

거울은 있는 그대로 비추는 것 같지만, 사실은 보고자 하는 사람이 보고 싶어 하는 것만을 보여

---

9) 정진명, 『이야기 활 풍속사』, 학민사, 2000. 215쪽.
10) 『한국 활의 천 년 꿈, 온깍지궁사회』 7쪽.

거기한량과 장족한량.

줍니다. 아침에 일어나서 거울을 들여다보는 아가씨에게 거울은 무슨 말을 해줍니다. 턱이 너무 각졌네, 깎아야겠어! 저런, 눈이 무꺼풀이네, 쌍커풀 수술을 해야겠어! 이런 말들을 끊임없이 속삭이죠. 아니라고 부인을 하다가 결국은 수많은 아가씨들이 정형외과를 찾아갑니다. 그리고 비슷비슷한 얼굴이 되어 거리를 활보하죠. 이와 똑같은 일들이 온깍지궁사회를 들여다보는 사람들에게서 일어납니다.

2007년 공개 활동을 접은 온깍지궁사회가 하는 일이란, 비공개 친목 모임을 하는 것이고, 그런 얘기 중에 무언가 정리할 게 있으면 국궁논문집을 내는 일 정도입니다. 그것도 비공개로 합니다. 결과는 공개되지만 과정은 공개되지 않습니다. 공개할 필요가 없는 사사로운 일입니다. 그런데 그런 온깍지궁사회를 들여다보면서 사람들은 수많은 말들을 합니다. 그런 것들 중에서 우리에게 들리는 말은, 가만히 들어보면, 거울이 하는 말들입니다. 우리에게 전통이 무엇이냐고 묻습니다. 우리는 『조선의 궁술』이라고 분명히 답을 했는데도 『조선의 궁술』에 대해 묻습니다. 그리고 자신의 귓속으로 들려오는 말을 우리가 한 대답이라고 믿습니다.

인터넷을 보면 온깍지 얘기가 꽤 많습니다. 소란을 일으켜서 사람들의 관심을 끌려는 사람들일수록 온깍지 어쩌고 많이 떠듭니다. 정작 당사자인 온깍지궁사회 사람들의 이야기는 없고, 그렇다더라는 논조로 자신들의 주장을 떠벌입니다. 그런 이야기들은 모두 거울과 대화한 것들입니다. 우리 온깍지궁사회의 얘기가 아니라, 자신들이 우리에게서 들었으면 하는 그런 이야기죠. 자신들의 얘기를, 온깍지궁사회와 대화한 양 말하는 것인데, 가만히 들어보면, 거의 독백 수준입니다. 말이 좋아서 독백수준이지, 어찌 들으면 미친 놈 잠꼬대하는 것 같기도 합니다. 무엇이 그들을 그렇게 절박하게 만든 것일까요? 그들은 무엇에 그토록 쫓기는 것일까요?

거울은 말이 없습니다. 말이 없는 거울 속에서 무언가를 읽어내는 일은, 거울 탓이기보다는 그것을 들여다보는 사람의 탓이 큽니다. 온깍지궁사회는 어떤 결론을 내린 적도 없습니다. 다만 질문 한 가지를 하였을 뿐입니다. 우리 활쏘기에서 전통이란 무엇인가?

4. 말귀

'말귀'란 말은 참 희한합니다. 말이란 귀로 듣는 것인데, 말귀라뇨? 말에 귀가 달렸다는 뜻인가요? 말에 귀가 달리면 어떻게 될까요? '말귀를 못 알아듣는다.'는 말을 하기도 합니다. 귓구멍은 있는데 말의 뜻을 알아듣지 못한다는 말입니다. 그러고 보면 말에는 상대가 알아들을 수 있는 말과 못 알아듣는 말이 있음을 구별하려고 만든 말임을 알 수 있습니다. 이게 무슨 소릴까요?

귀는 사람의 말만을 듣는 게 아닙니다. 사람의 말 이외에도 수많은 소리들이 쏟아져 들어옵니다. 그 소리 중에는 뜻이 있는 것이 없고 뜻이 없는 것이 있습니다. 바람소리나 새소리는 뜻이 없지만 귀로 들어와서 사람이 그 소리를 인식합니다. 그렇지만 귓구멍으로 들어오는 모든 소리를 사람이 듣는 것은 아닙니다. 사람은 들을 생각이 있을 때만 듣습니다. 선생님의 강의 소리는 자장가 같습니다. 점심 먹은 뒤의 5교시 수업은 자장가와 같아서 선생님은 분명히 뜻있는 소리를 보내지만, 듣는 사람은 자장가 소리로 듣습니다. 듣는 사람에게 그 뜻 있는 소리를 구별할 힘이 없는 것입니다. 그래서 웅웅거리며 자장가 흉내를 냅니다.

이와 같이 듣는다는 것은 어떤 의미를 해석하려는 의지가 있을 때 가능한 일입니다. 나아가 그럴 의지가 있다고 해도 이해력이 떨어지면 또한 이해할 수 없습니다. 철학책을 읽다보면 눈으로는 읽는데 무슨 뜻인지 이해하지 못하는 것과 같습니다. 이와 같이 듣기는 하는 데 좀처럼 이해할 수 없는 말들은 귀가 없는 것과 마찬가지입니다. 들을 귀가 없는 것입니다. 이렇게 들을 귀가 있고 없는 것을 나타내려고 말귀라는 말을 만들어낸 것입니다.

답답한 것은, 빤히 알 수 있는 내용도 못 알아듣는 사람들이 많다는 것입니다. 그리고 더 심각한 것은 말귀를 못 알아듣는 것을 떠나서 알아들을 마음이 없는 경우입니다. 분명히 앞사람의 말을 들어야 하는데 들을 생각이 없는 사람은 전혀 다른 뜻으로 받아들입니다. 그래서 그런 놈들 때문에 마침내 화가 벌컥 난 예수는 한 마디 합니다. "귀 있는 자는 들으라!" 예수의 설교를 들으려고 모인 사람들이 고흐처럼 제 귀를 잘라낸 사람들이 아닙니다. 다들 귀가 있습니다. 귀 없는 사람이 있겠어요? 그런데 귀 있는 자는 들으라고 한 것은, 실제의 귀가 아니라 말귀를 뜻하는 것입니다. 그러니 "말귀가 있는 자는 들으라!"고 번역했어야 하지 않겠는가 하는 아쉬움이 있습니다.

세상에는 있으나마나 한 귀를 달고 사는 사람들이 정말 많습니다. 마음이 떠난 귀에는 말귀가 없습니다. 그냥 멋으로 뚫린 구멍일 뿐입니다. 귀청이 찢어진 상태의 귀와 다를 것이 없어서 안경다리를 걸치기 위해 존재할 뿐입니다. 우리 활에서 전통을 얘기하다 보면 꼭 이런 상황을 맞닥뜨립니다. 그래서 예수처럼 저도 한 마디 합니다.

"귀 있는 자는 들으라!"

뭐, 그렇다고 제가 예수 같다는 얘기는 아닙니다. 그냥 말이 그렇다는 거죠. 흑!

그렇지만 '말귀'란 말이 있는 것을 보면 굳이 예수가 아니라도 우리 조상님들은 모두 이런 고민을 했던 모양입니다. 어리석은 중생 하나가 활을 쏘다가 말귀에 막혀 답답해 할 것을 알고 오래 전에 누군가 '말귀'라는 말을 만들어 한글사전에 등록을 한 것 같습니다. '말귀'가 막힌 사람들에게 말을 할 때마다, 그래서 제 '말문'이 턱턱 막힐 때마다, 말귀를 만들어 사전에 등록해주신 그 분에게 감사를 드립니다. '귀'가 뚫릴 때까지 '문'을 닫아야 한다고 생각은 하지만, 그게 제 뜻대로 되지 않는 것도 고질병입니다.

저는 그래도 한 세월 활을 쏘다 보니 내가 한 말 중에서 무엇이 실수인지를 가늠할 줄 압니다. 그러나 요즘 신사 중에는, 사람이 한 평생 살아가며 저지를까 말까 한 엄청난 양의 실수를 집중 몇 달, 또는 몇 년만에 다 저질러놓는 사람도 많습니다. 특히 생각에 틈 들일 시간을 주지 않는 인터넷의 즉시성은 겉똑똑이 신사들에게 평생 지고 갈 마음의 짐을 실컷 저질러놓기 좋은 환경을 만들어서, 자신이 무슨 말을 하는지도 모르고 떠들게 해줍니다. 퍼 담을 길 없는 그런 말들이 인터넷을 도배합니다. 돌에 새긴 습사무언이 무색합니다. 생각하면 돌에 새긴 문구들은, 그것을 방지하는 것이기보다는, 그것이 그렇게 하라고 알려주는 표지석처럼 느껴집니다. 습사무언의 뜻은, 떠들어서는 안 되는 말이지만, 너희는 실컷 떠들어도 된다는 뜻으로 변했습니다. 정심정기는 원래 몸과 마음을 바르게 하라는 뜻이지만, 너희들은 몸과 마음을 꽈배기처럼 비비 틀어도 된다는 뜻입니다. 흑흑!

5. 활터의 말

말 얘기가 나온 김에 말 얘기를 조금 더 하겠습니다. 말은 원래 수렵 채집 시대에 생긴 정보전달 수단입니다. 인류가 200만년 동안 진화해온 동물이니, 그 과정은 먹이를 찾아 떠돌던 일이었고, 그 과정에서 정보를 서로 전달하기 위해 나타난 것이 말이라는 수단입니다. 그래서 말의 원래 기능은 정보와 사실을 정확히 전달하는 것이었습니다. 예컨대, 겨울이 왔다(죽을지도 모른다), 봄이 왔다(이제 살았다)부터 시작해서 어디에 가면 무슨 과일이 있고, 어느 골짜기에 무슨 동물이 살고 있으며, 어디에 가면 물이 있고, 동굴이 있다. 이런 식입니다.

따라서 말의 첫 번째 기능은 사실과 정보를 남에게 전달하는 기능이었습니다. 그렇지만 인구가 늘어나고 생활환경이 조금씩 바뀌면서 말도 여러 가지 기능을 나타내도록 분화됩니다. 예컨대 갑골문에 나타난 문자는 사실이나 정보를 전달하는 것이 아니라 신의 뜻을 묻는 것이었습니다. 어쩌면 신의 뜻을 물으면서 그것도 '사실'이라고 생각했을지 모릅니다. 우리는 지금 그들이 기대하던 신이 없다는 것을 잘 알고 있지만, 당시 사람들은 신이 없을 수 없는 상황에서 살았기 때문에 갑골에 나타나는 지표를 보고 사실이라고 생각을 했겠지요. 그렇지만 어쨌거나 언어의 발달과정에서 보면 그것은 정보전달의 기능이 아니라 판단과 신성의 기능을 갖게 되었다는 것을 알 수 있습니다.

이런 말의 기능은 그것을 쓰는 주체에 따라서도 많이 달라집니다. 주체의 성별을 나누면 이런 언어의 특징이 더욱 잘 드러나죠. 특히 활터에서 느끼는 점이기도 합니다. 즉, 남자들은 과장의 말을 쓰고, 여자들은 위안의 말을 씁니다. 이래서 여자와 남자는 같은 말을 쓰면서도 전혀 다른 뜻으로 쓰는 것이고, 이런 것을 이해하지 못하여 큰 오해가 일어나고 싸움이 생깁니다.

남자들은 우리 전통 사회에서 익힌 관습에 따라 자기 과시에 능합니다. 허풍을 치고 과장을 하여 자기가 힘이 있는 존재임을 드러내려고 합니다. 어쩌면 닭이나 동물들의 경우 겉모양이 암컷보다는 수컷이 더 화려한데, 사람에게는 말에 그 화려한 자취가 남았는지도 모른다는 생각도 해봅니다. 이런 식의 남성 중심 사회가 5천년간 이어져왔고, 그런 사회에서 약자이던 여자들은 결국 위안 받고 싶어하는 상황에 맞닥뜨립니다. 그래서 여자들이 쓰는 말들은 대부분 위안의 말입니다. 그래서 감성에 기대는 경우가 많고, 그래서 여성들이 남성보다 문학이나 예술을 훨씬 더 잘 이해하는 까닭이기도 합니다. 반면에 남자들은 자신을 확대하기 위한 방법에 골몰하여 대부분 정치의 언어를 구사합니다. 남을 지배하려 들고 그러기 위해서 자신을 크게 보이려고 합니다. 허영기 가득한 과장을 하죠.

그래서 수렵채집이 끝난 오늘날의 세상에서는 크게 과장의 말과 위안의 말이 공존합니다. 그렇지만 그 말들의 시작은 사실과 정보를 전달하기 위한 것이었다는 사실을 종종 잊습니다. 그리고 정보전달의 말은 우리가 일상생활에서 늘 쓰면서도 자주 잊고 사는 것들이기도 합니다. 그런 말들이 과정의 말과 위안의 말에 파묻혀 정작 제 기능을 다하지 못하기 때문이죠. 오늘 날씨 추워? 라고 묻는 아내의 말은 실제로 춥느냐의 정보를 요구하는 것도 같지만, 옷을 사달라는 위안의 말일 가능성이 높기 때문입니다. 눈치가 빨라야 사는 시대가 된 것입니다. 사실 말로 하는 것보다는 어떤 말이 암시하는 그 사람의 심리를 파악하는 것이 우리 시대의 중요한 생존 전략이자 비법이 되었습니다. 말은 정보전달을 위한 도구로부터 멀찌감치 떠난 것입니다.

그렇다면 활터에서 쓰이는 말은 어떨까요? 활터에서 쓰이는 말은 정보를 전달하기 위한 것들이 대부분입니다. 온깍지, 반깍지, 깍짓손, 흘려쥐기, 반바닥, 하삼지, 보궁, 한오금, 고자, 시위……. 조금만 살펴보아도 감정으로 받아들일 말들이 아님을 알 수 있습니다. 그것은 화살을 목표물에 맞히어야 하는 기술과 연관된 말들이기 때문에 그렇습니다. 개인의 감정이나 자기 과시를 위해 쓰일 수 있는 말이 별로 없습니다. 이런 현상은 활터에서만 그런 것이 아닙니다. 기술 관련 부분에서는 거의 다 그렇습니다. 자칫 잘못 받아들였다가는 자신이 망하는 상황에 이르기 때문에 그 말이 전하고자 하는 정확한 뜻을 파악하는 것이 가장 시급하고 중요한 일이 됩니다. 이것이 활터에서 마주치는 말들의 모습입니다.

이런 전통은 오래도록 잘 지켜져 왔습니다. 조선 시대 내내 활을 잘 쏘면 그가 어떤 지위에 있든 능력을 인정받았고, 그를 토대로 입신양명 했습니다. 이런 것은 최근에 국궁신문에 소개된 조선무관 김수정 장군이 육량전으로 벼슬 생활에서 승승장구한 것을 보아도 알 수 있습니다.[11] 그리고 근대 스포츠로 체질을 개선한 이후에도 그것은 마찬가지였습니다.

그렇지만 최근에 이런 정보전달의 말들을 무색하게 만드는 일들이 비일비재로 일어납니다. 즉 정보전달의 말을 자기과시의 말이나 위안의 말로 쓰려는 성향이 나타나기 때문입니다. 예컨대 접장에 대한 용어를 시비 삼아서 쓰면 안 된다느니 하는 허황된 주장들이 그렇습니다. 접장이라는 용어가 실제로 활터에서 쓰인 엄연한 사실을 무시하고 제 수준에 맞추어 보부상들이 쓰는 말이니 활터에서는 쓰면 안 된다는 주장들은 체면치레용 자기과시의 말로 쓰인 경우입니다. 게다가 요즘은 또 명궁이라는 말이 갑자기 등장해서 남자들의 자기과시욕을 한껏 부추기는 뜻으로 쓰입니다. 정보전달과 사실의 말에서 '명궁'이란 현실에 존재하기 힘든 것입니다. 따라서 명궁이란 사실의 말이 아니라 과장의 말에 해당합니다.

어느 한 분야가 발전하려면 현실을 직시하는 풍토가 만들어져야 하고, 현실 직시는 허위의식부터 걷어내는 데서 시작합니다. 활터에서는 사실의 말이 가장 중요하고 그것 중심으로 담론이 이루어져야 합니다. 그래서 저는 될수록 사실의 말을 쓰려고 하고, 그러다보니 가끔 날선 말을 하게 됩니다. 사람이 살아가는 데 때로 과장의 말도 위안의 말도 필요한 법이지만, 그런 말들로 뒤덮어서는 안 될 일들이 있습니다. 그것은 사실을 전달하고자 하는 영역에서 무언가를 말할 때입니다.

활터에서 사실이란 두 가지를 말합니다. 활 쏘는 기술과 관련된 부분이 그 하나이고, 전통과 관련된 부분이 그 하나입니다. 이중에서 가장 민감하고 착각하기 쉬운 부분이 전통과 관련된 부분

---

11) 디지털 국궁신문, 김수정 장군 관련 기사(2018) 참조.

입니다. 활쏘기의 전통은 실체가 있는 부분입니다. 내가 그렇게 생각한다고 해서 그럴 수 있는 것이 아니라 그럴 수밖에 없는 분명한 뼈대가 있는 영역입니다. 이런 사실이 있는 부분에 대해 자신의 감정을 넣어서 위안의 말로 덮는 순간 전통에 대한 왜곡이 이루어집니다. 전통은 내가 어찌할 수 있는 것이 아닙니다. 타협의 대상이 아니고 협상의 대상도 아닙니다. 엄연한 사실입니다. 그 '사실'에 '과장'이나 '위안'의 말을 덮여봤자, 혼란만 부추길 따름입니다. 그런다고 해결될 일이 아닙니다. 사실은 100년이 흘러도 그대로 사실입니다. 세월이 흐른다고 해서 사실이 바뀌지는 않습니다. 이런 것을 두고 감정으로 덮어야 아무런 득이 되지 않습니다. 나아가 혼란만 일어납니다.

저는 지금까지 사실의 말을 하려고 노력해왔습니다. 과장의 말이나 위안의 말은 활터의 전통을 제대로 지키는 데 별로 도움이 되지 않는 정치의 언어이기 때문입니다. 개량궁의 등장과 더불어 불과 30년 밖에 안 되었는데도 전통이 일그러지는 것을 보고서 그것을 바로 잡는 일은 사실을 밝히는 것이라고 믿었기 때문입니다. 그리고 그런 마음으로 『한국의 활쏘기』와 『이야기 활 풍속사』를 집필했습니다. 그리고 그것으로 다 끝났다고 생각하고 더는 활에 관한 글을 쓰지 않으려고 했습니다. 그러나 제 뜻과는 상관없이 자꾸 글을 쓰는 일이 되풀이 되고 있습니다. 그 덕에 지금까지도 이 짓을 하는 중입니다. 자괴감이 듭니다.

최근(2018)에 온깍지궁사회를 향해서 쏟아진 도발성 글들은 저의 이런 생각을 무색케 하는 일들이었습니다. 자신들이 생각한 어떤 결론을 '창작'해놓고는 거기에다가 온깍지궁사회의 주장을 갖다 맞추려고 하고, 맞지 않으면 왜 맞지 않느냐고 따지는 일들을 당하면서 언어의 문제를 다시 한 번 고민하게 된 것이고, 그 결과 하지 않아도 될 말을 이렇게 하는 중입니다. 이 끝없는 소모전을 언제까지 해야 할지 그저 대략난감할 뿐입니다.

지금 활터에 필요한 말은, '과장'이나 '위안'의 말이 아니라 '사실'의 말입니다.

온깍지 교육의 이론과 실제
— 온깍지활쏘기학교 지도자반 교본 —

정 진 명(교두)

머리말

2012년 2월 온깍지활쏘기학교를 처음 열었습니다. 2018년 현재 63명의 졸업생을 배출했고, 온깍지동문회가 조직되어 해마다 4차례씩 동문들의 경기 모임을 열어서 그간 배우고 갈고 닦은 실력을 서로에게 비춰보며 날로 발전해갑니다.

온깍지활쏘기학교 카페 첫 화면에는 이런 글이 있습니다.

한국활의 천년 얼
온깍지활쏘기학교

온깍지활쏘기학교는 오늘까지 이어온 우리의 활쏘기 전통을 배우는 곳입니다. 현재 우리가 거슬러갈 수 있는 가장 오랜 시기의 모습을 '있는 그대로' 보존하고 배우고 이어가려는 것입니다. 이런 태도는 당연히 온깍지궁사회 활동의 연장선에 서는 일입니다. 온깍지궁사회의 활동 당시 우리가 거슬러갈 수 있는 가장 오랜, 그러면서도 현재 구사들이 정확히 기억하는 시대는, 한국전쟁 이전의 시기입니다. 서기로 치면 1940년대입니다.[1]

활의 역사에서 1950년대는 단절의 시대입니다. 1950년 6월에 한국전쟁이 터졌고, 3년 동안 전국이 초토화 되었으며, 정전협정 이후에는 전후 복구로 나라 전체가 힘겨웠던 시절이었습니다. 이런 때에 활을 쏜다는 것은 지탄의 대상이 될 수밖에 없는 상황이었습니다. 그래서 그런지 1958년에야 처음으로 제1회 전국 남녀 활쏘기 대회가 열립니다.[2]

---

1) 류근원 정진명, 『전통 활쏘기』, 온깍지총서2, 고두미, 2015. 10~11쪽.

한국전쟁 이전 시대의 기억은 온깍지궁사회에서 대담한 수많은 구사들로부터 정확성을 확인했고, 또 성낙인 옹의 고증과 그가 남긴 유품으로부터 우리가 정확히 알 수 있습니다.[3]

자료와 구사들의 말을 통해서 확인된 것입니다. 그렇기 때문에 온깍지활쏘기학교에서는 그 시대를 기준으로 사풍과 사법을 가르칩니다.

이렇게 하여 우리가 알게 된 사풍과 사법은 오늘날과는 많이 다릅니다. 서로 다른 이 2가지를 비교하면, 활터가 그 동안 어떤 변화를 거쳐 왔는지 손금 보듯 알 수 있고, 그것이 우리 활의 미래에 과연 어떤 영향을 줄 것인지도 짐작할 수 있습니다.

문화나 풍속은 어느 쪽이 더 옳거나 더 좋거나 하지 않습니다. 그것 자체로 그 시대와 지역을 대표하는 것입니다. 그러니 우리가 1940년대를 기준으로 한다고 해서 모든 활량들이 우리를 따라와야 한다고 여기지 않습니다. 풍속의 속성 상, 굳이 그럴 필요도 없습니다.

그와 동시에 한 가지 더 분명해지는 것이 있습니다. 우리가 그러는 것을 남들로부터 간섭받지 않을 권리가 있다는 것입니다. 활터의 어느 누구도 우리가 그렇게 사는 것에 대해 이래라 저래라 할 수 없습니다. 그들의 지금 모습이 그들의 몫인 것처럼, 우리가 추구하는 모습은 우리의 몫입니다.

그렇지만 우리는 이런 당연한 일들이 현장에서 제대로 지켜지지 않는다는 사실을 누구보다 더 잘 압니다. 온깍지궁사회 또는 궁사에 대한 왕따와 은근한 핍박은 현재진행중입니다. 그렇다고 해서 우리의 꿈을 포기할 수 없는 것도 엄연한 현실입니다.

온깍지활쏘기학교의 목표는 또렷합니다. 1940년대의 사풍과 사법을 가르치고 보존한다는 것입니다. 그럼으로써 우리 스스로 국궁계의 기준이 될 것입니다.

1. 남을 가르친다는 것

자신이 무엇을 아는 것과, 그것을 남에게 가르친다는 것은 정말 다른 일입니다. 가르치는 사람은 우선 알아야 합니다. 그렇지만 삶도 그렇고 활도 그렇고 모든 기준이 헝클어진 오늘날 '안다'는 행위 자체가 참 난감한 것임을 여러분들이 더욱 잘 알 것입니다. 올바로 아는 것도 힘든데 남을 가르쳐야 하는 상황이 우리 앞에 놓였습니다.

그렇지만 가르치지 않을 수도 없는 상황이 되었습니다. 그래서 우리가 그간 고민하고 공부했

---

2) 김집, 『황학정백년사』, 황학정, 2001. 132쪽.
3) 정진명, 『활쏘기의 어제와 오늘』, 온깍지총서4, 고두미, 2017. 99~125쪽.

던 내용이라도 주변 사람들에게 알려주어 그들이 올바른 길을 갈 수 있도록 우리가 이끌어야 합니다. 그러자면 몇 가지 가르침에 대한 기준을 성글게나마 세워야 합니다.

1) 가르치려는 욕심을 경계한다

남을 가르치는 사람은 먼저 욕심을 부리지 말아야 합니다. 가르침에서 욕심이란 '많이', 그리고 '빨리' 알려주려는 것을 말합니다. 가르치는 사람은 이미 아는 사람이기 때문에 그것을 전달해주려고 하지만, 배우는 사람은 아직 모르는 사람이어서 그것을 다 받아들이지 못합니다. 안다는 결과는 시행착오를 거치면서 다져지는 것인데, 아무리 간단한 앎이라도 받아들이는 사람이 그것을 내 것으로 삼는 과정이 필요하고, 그러는 데까지는 반드시 시간이 걸립니다. 그래서 배우는 사람이 그것을 제대로 받아들일 수 있는 과정을 물끄러미 지켜보아야 하고 기다려주어야 합니다. 보는 사람은 답답하고 조바심이 납니다. 마음이 급하다고 서둘면 안 됩니다. 설익은 채로 받아들이면 나중에 큰 오해로 발전합니다. 그러므로 느긋하게 기다려야 합니다. 옛 선사들이 이런 탄식을 했습니다.

"길은 먼데 해는 벌써 저무네!"

알 만하면 끝나는 것이 삶입니다. 그래도 이 넋두리를 한 분은 뭔가를 안 분이죠. 그렇지만 알거나 말거나 해는 저뭅니다. 이 삶이 다 끝나갈 때쯤에서야 깨달음이 오죠. 그렇다고 서둘러서 될 일은 더욱 아닙니다. 가르침은 더더욱 그렇습니다. 이번 생에 안 되면 다음 생에라도 한다는 마음으로 서둘지 말아야 합니다.

가르칠 때 서두르면 오해가 생깁니다. 제대로 다 알지 못했는데 새로운 것을 가르치면 진도가 너무 빨라서 배우는 사람이 벅찹니다. 나중에는 질리게 되죠. 이른바 '학문(學問)'은 〈묻기를 배우다〉는 뜻입니다. 묻는 방법을 배우는 것이 학문입니다. 이미 정해진 앎을 받아들이는 것이 아니라 궁금한 것을 묻는 것이 학생의 일이고, 그에 대한 답이나 방향을 알려주는 것이 스승입니다. 그러니 학생이 의문을 일으킬 때까지 끈질기게 기다리는 것이 스승의 할일입니다. 묻지도 않는데 미리 가르쳐주는 것은 학생을 질리게 하고, 결국은 공부하기 싫도록 유도하는 역효과를 낳습니다.

특히 활쏘기에서는 더욱 유의해야 합니다. 과녁 맞히는 기술 하나 배우고서 득도한 듯이 잘난 체하는 것이 요즘 사람들의 행태입니다. 배울 생각은 눈곱만큼도 없는 세태입니다. 그런 사람들에게 가르쳐주려고 나섰다가는 고맙다는 소리보다는 귀찮다는 소리를 더 듣게 됩니다. 자칫 가르쳐주고 욕먹는 것이 요즘 세상입니다. 그러니 와서 가르쳐달라고 사정하기 전에는 절대로 가르쳐주려고 할 필요가 없습니다.

2) 그릇을 보고 가르친다

'검은 머리 짐승은 거두지 말아야 한다.'는 말이 있습니다. 사람들 하는 짓이 그렇다는 것입니다. 키워준 고마움을 모르고 원수를 갚는다는 말입니다. 못된 짓 하는 놈을 욕하려고 하는 말인데 이게 자업자득일 경우가 많습니다. 사람이 찾아오면 안 거둘 수 없는 것이 인지상정인데, 결과가 안 좋으면 이런 소리를 하죠.

사람을 가르친다는 것이 이렇습니다. 기술을 가르쳐주면 그 기술을 익히고 난 뒤 동종 업계의 경쟁자로 바뀌는 일이 흔하죠. 같은 직종을 놓고 기술을 겨루는 것이라면 위의 말이 맞아떨어집니다. 그럴 수밖에 없습니다. 그래서 차례와 순서를 정해서 가르쳐야 합니다. 그러다보면 어느 단계에서 그 사람의 본색이 드러나고 결국은 배움을 다 마치지 못하게 됩니다. 사람을 가르친다는 것은 사람을 알아본다는 말입니다. 아무나 다 가르친다고 해서 내가 예상한 결과로 나타나는 것은 아닙니다. 엉뚱한 결과가 나타나기도 합니다. 그래서 사람을 가르치되 봐가면서 천천히 그 사람에 맞게 가르치는 것입니다.

사람을 봐가며 가르친다는 것은 안 가르쳐주려는 것이 아니라 그 사람에게 맞는 수준에서 가르치라는 것입니다. 처음부터 모든 것을 다 가르칠 수는 없습니다. 그렇게 한다고 해도 받아들이는 사람이 못 알아듣습니다. 그래서 순서와 절차에 맞추어서 꼼꼼히 가르쳐야 합니다. 그러다보면 배울 사람은 배우고 떠날 사람은 떠납니다. 떠난 사람 원망할 필요가 없습니다. 사람이 다 제 그릇대로 사는 겁니다. 그러니 한꺼번에 가르쳐주려는 욕심을 버리면 자연스레 일이 풀립니다.

3) 가르침의 수준 : 나를 알아야 남을 가르친다

사람은 가르쳐준다고 해서 그것을 다 받아들이는 것이 아닙니다. 수준이 낮은 사람은 수준이 높은 단계를 이해하지 못합니다. 아마도 활을 처음 배울 때를 생각하면 쉽게 이해할 것입니다. 몇 년 뒤에 깨달은 말은 이미 집궁 초기에 사범으로부터 들은 말입니다. 이미 들었는데도 수준이 낮아서 못 알아들은 거죠.

교육은 그렇습니다. 그러니 남을 가르칠 때 배우는 사람이 자신의 말을 다 알아들을 거라고 생각하면 안 됩니다. 그러면 어느 수준에서 가르쳐야 할까요? 이걸 알려면 자신이 어느 수준인가를 알아야 합니다. 여러분이 생각하는 여러분의 수준은 어떤가요? 여러분은 우리나라의 평균 한량들에 비해 얼마나 우리 활에 대해서 안다고 생각하십니까?

제가 답을 드리지요. 온깍지학교를 졸업한 여러분은 우리나라에서 0.1% 안에 드는 고위학력자와 같습니다. 아마도 몇 년 전에 나온 국궁에 대한 박사학위 논문을 읽어보셨을 것입니다. 어떻던가요? 형편없지 않던가요? 여러분이 아는 수준에 비하면 그 박사학위 논문의 수준이라는 것이 유치원 애들 장난 하는 것으로 보이지 않던가요?

그렇습니다. 여러분은 그렇게 많은 것을 몸으로 머리로 알고 있습니다. 그것은 여러분이 현재의 국궁계와는 전혀 다른 체험을 지난 시간 동안 해왔기 때문입니다. 1940년대의 활쏘기를 배움으로써 요즘 활터가 왜 그렇게 되었는지를 시간차 순으로 환히 알게 되고, 이미 지금은 사라진 편사를 비롯하여 한량놀음이 눈앞에서 벌어지는 생생한 현장을 몸소 겪었습니다. 이렇게 몸으로 직접 겪은 것이기에 머리로만 활을 이해하는 박사들보다 훨씬 더 많은 것을 아는 것입니다.

이런 여러분이 다른 사람을 가르친다고 할 때 맞닥뜨릴 가장 큰 문제는, 수준 차이가 너무 나서 여러분의 말을 다른 사람들이 이해하기 어렵다는 것입니다. 소꿉장난하는 아이들에게 상대성이론을 설명해야 하는 것과 같습니다. 그러니 여러분은 여러분의 말을 이해하지 못하는 사람의 심정을 먼저 헤아려야 합니다. 수준을 최대한 낮추어 모든 사람이 이해할 수 있을 만큼 친절하고 자세하게 설명해주어야 합니다. 그러자면 남에게도 자신에게도 너그러워야 합니다. 마음이 조급하면 아무것도 안 됩니다. 한꺼번에 많은 것을 알려주고 보여주면 배우는 사람이 받아들이지 못합니다. 하나씩 깨우쳐주고 한 개씩 보여주어야 합니다. 될수록 천천히 차근차근 보여주고 깨우쳐주어야 합니다.

4) 가르침은 백년지대계

백년지대계(百年之大計)라는 말이 있습니다. 농사는 1년의 계획으로 짓는 것이지만, 가르침은 백년 뒤를 내다보고 계획한다는 말입니다. 100년을 못 사는 사람이 100년 뒤를 생각한다는 것은 정말 놀라운 일입니다. 자기 대에 혜택을 보지 못할 짓을 한다는 얘기죠. 오직 사람만이 이런 짓을 합니다.

제가 베이비붐 세대로 태어난 까닭에 우리 사회가 급격히 겪은 변화를 저도 모두 겪었습니다. 제가 학교 다닐 때의 환경에 견주면 지금은 정말 상전벽해라고 할 만한 세상이 되었죠. 그런데 그런 변화의 밑바탕에 교육의 힘이 있었다는 것은 한국 사회를 바라보는 모든 사람들의 한결같은 시각입니다. 교육은 가장 더디지만 가장 큰 변화를 가장 빨리 가져오는 방법입니다. 그것은 우리의 현실을 보아도 그렇습니다.

온깍지활쏘기학교는 2012년 2월에 처음 열었습니다.[4]

2018년 현재 햇수로는 6년이지만, 그 동안 우리가 겪은 변화는 굉장합니다. 겉으로 드러나는

---
4) 『전통 활쏘기』(유인물, 2012) 99쪽.

용유도 바닷가 솔포(제4회 인천 전통 활쏘기 한마당 2018).

현상들도 그렇지만 활쏘기 학교 입학 전과 후를 비교하면 나에게 어떤 변화가 나타났는지 쉽게 확인할 수 있습니다. 활을 보는 눈이 완전히 바뀌고 활을 대하는 마음이 딴판으로 달라졌다는 사실만큼은 분명할 것입니다. 이것이 교육의 힘입니다. 그러니 앞으로 다른 사람들을 가르칠 여러분은 이런 변화를 눈여겨봐두어야 합니다. 그것이 우리가 일으킬 변화의 진실이기 때문입니다.

우리는 짧은 미래에 일어날 작은 변화를 가르치는 것이 아닙니다. 100년 뒤의 활터 모습을 꿈꾸며 그리로 가는 길을 알려주는 것입니다. 지금의 움직임은 작아도 앞으로는 다를 것입니다.

5) 방향

대전에 사는 어떤 사람이 서울로 간다고 집을 나섰는데, 한낮에 해를 마주보고 가는 중이라면 그는 틀림없이 길을 잃은 것입니다. 해를 마주보고 있다면 남쪽으로 가는 증거겠지요. 어떤 움직임에는 반드시 방향이 필요합니다. 방향은 목표 때문에 생기죠. 목표가 없으면 이리저리 갈팡질팡하다가 시간만 허비할 뿐입니다.

일단 목표가 분명하면 목적지에 도달하는 시간은 사람마다 다를 수 있습니다. 서울로 가는 길만 해도 고속도로, 국도, 지방도, 산길 같은 수많은 길이 있습니다. 가장 빨리 가는 길은 고속도로겠지요. 그렇다고 해서 고속도로만이 가장 좋은 것은 아닙니다. 고속도로는 시간을 줄이지만, 도로표지만을 보고 가게 됩니다. 주변 풍경을 볼 수가 없습니다. 반면에 국도나 지방도는 속도가 늦기 때문에 주변의 풍경을 구경하면서 갑니다. 산으로 이어진 길은 가장 늦게 목적지에 도달하겠지만, 소풍 길처럼 가장 많은 구경을 하면서 갈 수 있습니다.

배움도 이와 같습니다. 경제성과 속도만을 강조하는 교육은 목적을 이루는 데는 좋지만, 사람의 삶을 메마르게 합니다. 지난 60여년 한국 사회의 변화는 이런 생각을 많이 하게 하는 과정이었습니다. 오늘날 삭막해진 한국사회의 모습을 보면 우리가 걸어왔어야 할 길이 꼭 지금 걸어온 이 길 뿐이었을까? 하는 질문을 하게 합니다. 도착한 뒤의 평화와 행복 대신 도착함으로써 잃어버린 지난 세월의 가치를 아쉬워한다면 그 여행은 반드시 좋았던 것은 아닐 것입니다.

가르침에서 가장 중요한 것은 목적입니다. 그리고 그리로 다가가는 방법입니다. 목적지만 정확하면 우리는 느리더라도 언젠가는 다다를 수 있다는 확신을 하게 됩니다. 그리고 설령 우리가 셈하는 시간 안에 도착하지 못한다고 해도 가는 길이 행복합니다. 목적과 과정 어느 하나도 소홀하지 않는 행복한 공부의 비결입니다.

활에서 우리 학교의 목적지는 『조선의 궁술』입니다. 그리로 가는 여러 길을 우리는 압니다. 그렇기 때문에 더 중요한 것은 우리가 『조선의 궁술』을 향하고 있다는 것입니다. 지금 우리의 활쏘기가 『조선의 궁술』이 아니라고 해도 행복합니다. 지금 그리로 가는 중이니, 언젠가는 『조선의 궁술』에 다다를 것이기 때문입니다.

2. 활을 가르친다는 것

활을 가르친다는 것은 무엇을 뜻할까요? 뭘 가르친다는 것일까요? 언뜻 보면 아주 간단한 질문 같습니다. 좋은 세상이라면 대답은 간단합니다. 즉 100년 전의 질문이라면 너무나 간단합니다. 전통 사법을 가르친다고 하면 됩니다. 『조선의 궁술』로 정리될 내용을 가르치면 될 것입니다.

1) 사풍의 중요성

그러나 그때로부터 100년이 지난 지금 이 물음은 정말 어렵고 난처한 것이 되었습니다. 사법에서 전통이 사라진 지 오래고, 사이비들이 전통 행세를 하는 세상이 되었기 때문입니다. 사이비 전통을 전통으로 알고 사는 사람이 전통을 가르친다면 그는 죄를 짓는 것이 아니라고 생각하겠지만, 실제로는 역사 앞에 돌이킬 수 없는 죄를 짓는 것입니다.

따라서 활을 가르친다는 것은, 활터에서 배운 근거 모를 사법과 행실을 가르치는 것이 아닙니다. 활터에서 하는 몸가짐과 움직임이 어떤 성격을 띤 것인가를 물어서 확인해야 함을 뜻합니다. 활터에 올라가서 배우면 그것이 곧 우리 활의 전통이 되는 행복한 시대는 끝났다는 얘기를 하는 겁니다. 그렇게 생각 없이 배웠다가는 몸 망치고 전통 일그러뜨리는 망나니가 됩니다. 그러니 활터에서 무얼 가르친다는 것은, 활터에서 벌어지는 온갖 것들의 기원과 흐름을 알고 어떤 것을 배워야 하는가 하는 것을 제시해준다는 뜻입니다.

활쏘기는 과녁을 맞히는 목표가 있기 때문에 언뜻 보면 사법이 활의 전부일 것 같습니다. 어찌 보면 실제로 그렇기도 합니다. 그러면 사법을 배우는 것으로 활쏘기에 대한 배움은 끝이 납니다.

그러나 우리는 그게 그리 간단한 문제가 아니라는 것을 잘 압니다. 지난 입문반 교육을 통해서 우리는 전통의 문제가 어떠한 것인지 아주 잘 알고 그렇게 실천해왔습니다. 결국 활을 가르친다는 것은 활터의 현실을 점검하여 옳은 길을 택한다는 것이고, 그 과정에서 사법보다 사풍이 더 중요함을 깨닫게 된다는 것을 의미합니다.

활을 가르친다는 것은, 활터를 둘러싼 환경의 의미를 밝히고, 사풍을 통해서 올바른 전통의 의미를 확립함을 뜻합니다. 그래서 가르침이 활터에서는 이토록 어려운 것입니다.

2) 달라진 환경에 대해 알기

사법보다 사풍이 더 중요해진 것은 세월의 변화 때문입니다. 달라진 사회 환경을 설명하지 않으면 오늘날 왜 사풍이 문제인지를 알 수 없습니다. 따라서 지난 세월 변화해온 활터 환경을 먼저 설명해야 합니다.

5천년의 역사를 자랑하는 우리 활의 모습은 일단 『조선의 궁술』로 정리되었습니다. 1929년의 일입니다. 이 책이 나온 이후 우리는 이 책 속의 전통을 이어받으면 되는 단순한 과제를 받았습니다. 그런데 그 후 벌써 100년 가까이 흘렀습니다. 그 사이에 『조선의 궁술』은 서서히 잊혔고, 우리 활에는 전통을 위협할 만한 몇 가지 중대한 변화가 일어났습니다. 그에 대해 알아보면 그간 일어난 변화의 심각성과 시국의 중요성을 알 수 있습니다.

① 개량궁

1970년대 접어들어 국궁계에는 큰 변화가 일어납니다. 개량궁의 출현이 그것입니다. 이것이 나올 당시에는 나중에 이렇게 큰 영향을 미치리라고는 아무도 생각지 않았습니다.

개량궁이라는 말에서 볼 수 있듯이, 전통 활쏘기의 가장 큰 문제점은 장비였습니다. 비싸기도 할뿐더러 다루기가 쉽지 않아서 활을 쏘는 사람들은 무언가 다른 선택의 여지가 있기를 바랐고, 때마침 서양으로부터 양궁이 들어왔습니다. 양궁은 올림픽 종목에 채택되면서 대중화가 시작되었고, 화공 제품으로 만들어 보급이 쉬워지면서 대중화라는 목표를 쉽게 이루었습니다.[5] 바로 이 매력이 국궁에도 적용되어 새로운 장비로 시도된 것이고, 그 결과 여러 차례 시행착오를 거쳐서 1980년대로 접어들면 각궁을 대신하는 성과를 냅니다.

손쉽게 다루고 값싸게 구할 수 있는 장비의 출현을 탓할 이유는 없습니다. 오히려 환영해야 할 일입니다. 이런 예상대로 개량궁은 개량에 개량을 거듭하면서 각궁을 밀어내고 한량들의 활쏘기 장비로 단단히 자리 잡습니다. 멸종 위기에 직면한 각궁은 협회의 승단 제도에서 각궁 죽시를 써야 명궁이 될 수 있다는 제한에 힘입어 겨우 목숨을 부지하는 지경에 이릅니다.

그렇지만 벌써 40년이 흐른 지금 시점에서 보면 개량궁의 등장은 뜻밖의 상황을 불러들였고, 그 상황은 우리 활의 본질을 생각하게 하는 중요한 일이 되었습니다. 즉 개량궁이 사법의 변화를 불러온 것입니다. 활쏘기의 핵심은 당연히 사법입니다. 그리고 그 사법은 장비를 이용하는 원리로부터 유추된 것입니다. 그런데 장비가 달라지면서 사법의 내용까지도 변화를 일으킨 것입니다.

그 결과 전통 사법은 온깍지에서 반깍지로 변질을 일으켰고, 이것은 각궁의 모양까지도 바꾸는 뜻밖의 결과에 이르렀습니다. 즉 오늘날 각궁은 해방 전후의 시기와 달리 모두 바가지 활로 바뀌었습니다. 그것은 발시할 때 각궁에서도 개량궁 느낌이 나도록 만들어 달라는 활량들의 요구 때문에 궁장들이 호응한 결과입니다.

이게 얼마나 무서운 일인가 하면, 활을 쏜 지 40년이 넘는 구사들도 모조리 반깍지로 개종했다는 사실에서 이 사안의 심각성과 중대성을 엿볼 수 있습니다. 전통 사법의 내부 원리를 재정비하지 않으면 개량궁이라는 장비가 주는 함정으로부터 벗어날 수 없습니다. 게다가 개량궁에 익숙해진 사람들의 사법을 비판할 수 없게 됩니다. 또렷한 논점을 파악하지 않으면 개량사법에 대한 비판은 애초부터 어렵습니다. 반깍지 궁사들이 자신들의 사법이 잘못되었다는 것을 깨닫기까지는 한 세월이 걸립니다. 그리고 특별한 기회가 아니면 그런 깨달음을 전혀 모르고 폐궁에 이릅니다.

온깍지 사법은 건강에 좋은 사법이고, 반깍지 사법은 맞추기 용이라는 것이 사법 논쟁의 핵심입니다.[6] 맞추기 용은 전통이 아닙니다. 벌써 『조선의 궁술』에서 선언한 내용입니다. 우리 사법은 유엽전의 전통이고, 유엽전은 체육에 적합한 것이라고!

② 정간

정간은 '사이비 예절'입니다. 사이비란, 그렇다고 여기는 사람을 말릴 필요는 없지만, 모두가 그렇게 되어야 한다고 하면 큰 문제가 되는 것입니다. 오늘날 정간이 그렇습니다.

---

5) '국궁대중화의 현황과 과제', 육사 세미나, 2001. ; 『활쏘기의 어제와 오늘』 220쪽.
6) '전통 사법 논쟁의 두 축', 『국궁논문집10』, 온깍지총서5, 고두미, 2018. 221~225쪽.

정간의 기원은 전라도 지역의 일부 활터에서 자신들의 조상을 기리던 행사인데, 그것이 정간이라는 글씨를 판자때기에 써 붙이고 강제로 경례를 시키는 관례로 시작된 것입니다. 당연히 싸가지 없는 신사들의 버르장머리를 고치려고 구사들이 만든 강제 예절입니다. 전라도 일부 활터에서 자기들끼리 그렇게 하며 지내는 것까지 우리가 말릴 필요는 없습니다. 그것은 종교의 자유이기도 하고, 예절의 지방색이기도 하기 때문입니다.

그러나 이것을 전국의 모든 활터에서 해야 한다고 강변하는 순간, 그것은 일제 강점기하의 왜놈들이 강요하던 궁성요배나 신사참배와 다를 바가 없어지는 것입니다.[7] 그리고 그것은 국궁의 미래에 큰 어둠이 되기 때문에 도저히 받아들일 수 없는 일입니다. 결국 2003년 청주 우암정에서 정간이 도끼에 찍혀나가는 사건이 터졌습니다. 이 사건 이후 국궁계는 은연 중 양극화가 시작되었습니다. 정간에 대한 반발과 합리화가 격렬하게 진행되는 중입니다.

정간은 단순히 거기에 인사를 하는 것으로 그치지 않습니다. 많은 욕망들이 이 정간의 주변에서 '사실'을 보지 못하게 합니다. 결국 사실을 왜곡하고 시대와 동떨어진 자신의 일그러진 욕망을 투영하여 미래를 어둡게 합니다. 그런 현실을 생생하게 보여주는 사례가 있습니다.

우암정에서 충주로 이적하려던 고영무 접장이 충주의 활터로부터 퇴짜를 당한 적이 있습니다. 그 이유가 바로 "정간배례를 할 거냐? 안 할 거냐?"는 물음에 "하지 않겠다."고 대답한 것이었습니다. 정간이 이미 활을 쏘는 한량까지 활을 쏘지 못하게 만든 최초의 사건이었습니다. 이 사실은 정말 중대합니다. 활쏘기라는 지고지순한 행위를 하지 못하게 막는 귀신이 활터에 산다는 뜻이기 때문입니다.[8]

정간은 오늘도 전국의 한량들에게 신사참배 하라고 호령을 하며 활터 복판에 떡하니 붙어있습니다. 정간신도들은 오늘도 정에 올라가자마자, 사람에 대한 등정례 대신 정체를 알 수 없는 신 앞에 머리 숙입니다.

③ 궁도

궁도는 일본 말입니다. 1930년대 일본의 군국주의가 강화되면서 그전의 전통 문화를 교육제도로 편입시키는 과정에서 나타난 현상입니다. 이때 모든 행위를 '도'로 포장하여 제국주의 교육구조 안으로 편입시킵니다. 유술을 유도로, 격검을 검도로, 유미(弓)를 궁도로, 심지어 쇳덩어리 들어 올리는 기술을 역도로 만듭니다.

당연히 이런 분야는 제국주의 신민을 만들어내고 군국주의 국민을 만들어내는 요소로 작용합

---

7) 『활쏘기의 어제와 오늘』 19쪽.
8) 『활쏘기의 나침반』 56쪽.

니다. 국민이란 '황국신민'의 준말입니다. 그래서 1990년대 들어 '국민'학교가 초등학교로 바뀌는 촌극까지 겪었습니다. 촌극이라고 말하는 것은, 너무나 졸속으로 바뀌었기 때문입니다. 오히려 초등학교가 아니라 소학교로 바뀌는 것이 바람직한 일입니다. 일본에서도 북한에서도 기초교육과정은 소학교라고 합니다. 초등이니 중등이니 고등이니 하는 말은 교육과정의 편성에 붙는 행정용어입니다. 초등은 소학교 과정이고, 중등은 중학교와 고등학교 과정이며, 고등은 대학교 과정을 말합니다. 소학교 중학교 대학교 구조였는데 중학교 6년제를 3년으로 나누면서 중학교 고등학교가 된 것입니다. 고등학교라는 새 말이 나왔기 때문에 소학교가 싫다면 저등학교라고 하는 것이 더 정확한 용법입니다. 고등의 반대말은 초등이 아니라 저등이기 때문입니다. 저등학교가 아니라면 하등학교라고 해야 합니다. 高의 반대말은 低나 下입니다.

우리는 '국민'학교 교육을 받았기 때문에 나도 모르는 사이에 일본 군국주의 교육의 유산을 물려받은 것입니다. 유신 정권 하의 군사교육이 그렇고, 국기에 대한 경례문을 낭송하는 것도 그렇습니다. 그런 행동에 익숙해진 사람들의 눈에 콩깍지가 씌어 엄격한 제도를 활터에 요구한 것이고, 그 연장선에서 뜬금없이 '정간'이라는 판자때기가 등장한 것입니다. 이 정간의 등장이 유신헌법이 종말을 향해 치닫던 1970년대 후반이라는 것은 많은 생각을 하게 하는 일입니다. 활터는 아직도 왜놈들이 통치하던 황국신민 시절의 묘한 분위기에 머물렀습니다. 자신들이 좋아서 그 자리에 머물면 그만인데, 남한테까지 강요하는 게 문제입니다. 창씨 개명한 나까무라로 살든 말든 그건 자신들이 선택할 몫인데 한창 젊은 후배들한테까지 날마다 천황이 계신 동쪽을 향해 90도 절을 하라고 요구하는 것은 늙은이들의 망령이라고 하지 않을 수 없습니다. 정간은 도대체 누구를 위하여, 누구에게 하는 행위일까요? 아무도 답을 하지 못합니다. 그러면서 날마다 머리를 조아립니다.

궁도는 일제 강점기에 처음 들어와서 단체 이름으로 쓰였습니다.[9] 그러다가 일본 군국주의가 태평양 전쟁을 준비하며 광기를 부리던 1940년 들어 대회 용어로 쓰입니다. 심지어 이름마저 조선신궁봉찬을 기념하는 대회로 바꿉니다.[10] 이에 대한 이의 제기가 벌써 20년도 넘었고, 실제로 활쏘기 대회나 궁술대회 또는 국궁대회로 바뀐 사례도 있습니다. 황학정에서 개최하는 종로전국대회나 경기남부 10개정 대회에서는 활쏘기대회, 수원 화성에서 열리는 대회는 궁술대회, 육군사관학교에서 열리는 대학생 대회와 종로구청장기는 국궁대회라고 하였습니다.[11] 그렇지만 활

---

9) 이헌정, '근대 일본 궁도에 대한 고찰', 『국궁논문집9』, 고두미, 2016. 165~166쪽.
10) 『활쏘기의 어제와 오늘』 143쪽.
11) 디지털 국궁신문 기사 참조. '본래이름 찾은 호남칠정궁술경기회'(2015. 11. 01.), '제5회 종로 전국 활쏘기 대회 결과'(2015. 10. 22.), '경기남부10개정 친선대회 명칭 변경'(2018. 11. 12.), '궁술대회 용어 정착'(2018. 10. 21.), '제3회 육군사관학교장기 대학생 국궁대회'(2017. 12. 15.) ; '활터용어의 다양화'(온깍지아카데미 카페 사풍공부방 241번 글)

터는 아직도 궁도를 버리지 못하는 사람들로 가득합니다.

④ 민족주의

일본 제국주의에 당한 설움을 역사관으로 풀어낸 것이 민족주의입니다. 이 민족주의는 조금만 더 세력을 키워 나라 밖으로 나가면 제국주의가 됩니다. 오늘날 우리나라 기업들이 외국에 나가서 하는 짓을 보면 제국주의의 복사판임을 여실히 볼 수 있습니다. 총칼만 안 들었을 뿐, 자본으로 착취를 일삼는 행태는 우리가 지난 세월 그렇게 당한 짓을 남에게 베푸는 것이니, 하룻밤 자고 그 전날을 기억하지 못하는 것과 같습니다.

활이 우리 민족이 만들었기 때문에 최고라는 식의 어리석은 접근은 우리 활의 세계화를 막는 지름길입니다. 우리 것이니 우리만 배우겠다는 발상입니다. 그러니 우리 활을 민족주의 관념으로 접근하는 것은 우리 스스로 무덤을 파는 결과에 이를 뿐입니다.[12]

우리 활은 우리 겨레에게서 나왔지만, 우리 겨레만의 것이 아니라 세계의 훌륭한 문화유산입니다. 세계인들이 언제든지 배워서 즐길 가치가 있는 한국의 전통입니다.

3. 무엇을 가르쳐야 할까?

1) 사법의 재해석

1929년 『조선의 궁술』이 나온 뒤로 우리는 전통에 대한 고민을 할 필요가 없어졌습니다. 있는 그대로 따라 하기만 하면 됩니다. 그런데 해방 이후의 어지러운 정국은 『조선의 궁술』을 잊는 과정에 불과했습니다. 결국 『조선의 궁술』을 잊고 산 세월이 40년이 넘자 앞서 말한 사이비 예절과 얼토당토 않는 궤변이 날개를 펴고 『조선의 궁술』이 차지했던 자리로 끼어든 것입니다. 그 사이에 우리 활과 활터는 일그러질 대로 일그러져 이젠 돌이키기 어렵게 되었습니다.

잘못을 바로잡는 데는 반드시 기준이 필요합니다. 그 기준은 『조선의 궁술』입니다. 여기에 있는 것은 전통이고 없는 것은 사이비입니다. 사법도 마찬가지입니다. 『조선의 궁술』이 사법의 전통이고 정통입니다.

『조선의 궁술』속 사법은 각궁 사법입니다. 바로 이 점을 또렷이 해야 합니다. 문제는 『조선의 궁술』이 쓰이던 시절의 각궁이 지금과 달라졌다는 것입니다. 이렇게 각궁의 모양까지 달라진 이

---

12) 정진명, '국궁의 3대 장애 비판', 『국궁논문집』 제4집, 온깍지궁사회, 2005.

유는 개량궁 때문입니다. 대한궁○협회의 승단 제도가 4단까지는 개량궁에 카본살을 허용하고 5단부터 각궁 죽시만을 쓰도록 규정했기 때문입니다. 당연히 사람들은 시수를 생각하여 개량궁에 카본살을 씁니다. 개량궁을 쓰면 줌을 밀어 쏘는 반깍지 사법으로 가기 마련이고, 줌통이 딱 받치면 불편합니다. 그래서 궁장에게 개량궁 느낌이 나는 활을 만들어 달라고 주문합니다. 줌통이 크고 목소가 푹 꺼지며 한오금이 멀리 붙은 바가지 활이 그 주문에 대한 답입니다.

따라서『조선의 궁술』속 사법을 제대로 배우려면 활부터 제대로 갖추어야 합니다. 활을 얹어 줌통 밑으로 손을 펴서 넣었을 때 손등까지 들어가야 하고, 줌이 아주 작아서 자연스럽게 흘려줄 수 있어야 합니다. 목소는 살아야 하고 한오금은 줌통 쪽으로 붙어서 깍짓손이 제 작까지 충분히 당겨질 수 있어야 합니다.

2) 전통의 문제

무엇을 가르쳐야 할 것인가 하는 문제를 활에서 고민할 때 답은 간단합니다. 전통을 가르쳐야 한다는 것입니다. 우리 활에서 전통이란『조선의 궁술』을 말합니다.[13] 그렇지만『조선의 궁술』은 책입니다. 글이기 때문에 글이 지닌 한계도 있습니다.『조선의 궁술』속 사법을 읽다 보면 이해가 가지 않는 부분이 7~8군데 나옵니다. 책을 쓴 사람에게 듣지 않으면 도저히 판단할 수 없는 대목들입니다. 비정비팔을 설명한 부분이 그렇고, 만개궁체 그림 속 턱밑에 걸린 살대가 그렇습니다.[14]

이것은 무엇을 의미하느냐면, 책으로는 사법을 제대로 배울 수 없다는 것입니다. 사법은 동작으로 하는 것이기에 동작을 할 때 지켜야 할 내면의 원칙과 원리가 있습니다. 그것은 어떤 글로도 표현할 수 없습니다. 설사 글로 쓴다고 해도, 읽는 사람은 자신의 동작을 근거로 받아들이기 때문

---

13)『전통 활쏘기』100쪽.
14)『조선의 궁술』40쪽. 만개궁체

성낙인 근영.

에 본래의 뜻대로 받아들이지 못합니다. 반드시 일그러지고 굴절됩니다. 그래서 그 부분은 사람에게 배워야 합니다. 그러면 누구에게 배워야 할까요?『조선의 궁술』은 그것을 쓴 사람에게 배워야 합니다. 그런 사람이 있을까요? 이런 의문에 대한 답이 바로 성낙인 옹입니다.

성 옹은 명실 공히 우리 모임의 스승입니다. 조선궁술연구회장 성문영 공의 외동아들로 경기중학교에 다니던 1941년에 집궁하였는데, 온깍지궁사회 활동 시에 우리가 꾸준히 찾아뵙고 여러 가지 문제를 상의 드렸고, 궁금증을 풀었습니다. 그 과정에서 앞서『조선의 궁술』에 글로는 알 수 없는 부분에 대한 갈증을 해결하였습니다.

전통은 아무리 뛰어난 개인이라고 하더라도 다 알 수 없는 영역이 있습니다. 반면에 아무리 더디고 재주 없는 사람이라 하더라도 꾸준히 전통을 따르면 10년 정도에서 전통의 비의를 터득합니다. 이것이 전통의 위대함입니다. 아무리 머리가 좋고 뛰어난 천재가 나타난다 하더라도 전통의 고갱이보다 더 알차게 될 수는 없습니다. 이것이 우리가 활 공부를 제대로 하며 알게 되는 놀라운 사실입니다.

3) 온깍지궁사회

이와 같이 말이나 글로는 해결 안 되는 문제점을 어떻게든 풀고 찾아보려고 만든 단체가 온깍지궁사회입니다. 전국에서 회원들을 모집하여 출범한 온깍지궁사회는 전통의 실상을 찾아보려고 한 단체입니다. 그래서 매년 2차례 모임을 갖되 전국을 돌아다니며 구사들을 찾아뵈었습니다. 세미나를 열어서 구사들의 말을 들었고, 토론을 했고, 구사들이 가르쳐주는 대로 사법을 연마했습니다. 2001년부터 2007년까지 7년간 공개 활동을 했습니다.

이 과정에서 문제가 되는 전통의 여러 의문들이 거의 다 해결되었습니다. 지역별로 독특한 풍속이 있고 사풍이 있지만, 사풍과 사법의 기준은『조선의 궁술』이 되어야 한다는 것입니다.

온깍지궁사회의 가치는 전통에 대한 물음을 정직하게 던졌다는 것과, 7년 활동 끝에 우리의 전통은『조선의 궁술』에서 찾아야 한다는 사실을 재확인한 것입니다. 이제 우리 활의 전통이『조선의 궁술』이라는 사실은 움직일 수 없는 분명한 현실이 되었습니다.

4) 시수와 온깍지

온깍지가 널리 보급되려면 시수가 잘 나는 사람이 있어야 한다는 말을 많이 듣습니다. 맞는 말입니다. 그렇지만 그렇게까지 하면서 온깍지를 보급시키려 애쓸 필요는 없습니다. 시수라면 이미 우리 조상들이 충분히 입증해주었습니다. 우리가 오늘날 그들처럼 시수를 내지 못한다고 해서 온깍지를 배우지 말아야 할 근거로 삼는 것은, 오늘날 한복을 제대로 입는 사람이 없으니 옛날에도 한복을 제대로 입는 사람이 없었다는 결론을 내는 것과 같습니다. 시수는 개인이 알아서 이룰 성취이지 시수가 전통 사법을 부인할 근거가 될 수는 없습니다. 굳이 시수에 얽매어 온깍지를 널리 보급하려 할 것 없습니다. 온깍지를 배우는 것도, 안 배우는 것도, 모두 제 복입니다. 온깍지는 사라지지 않습니다. 이를 정확히 알고 이해하는 사람이 있는 한, 전통은 면면히 이어갈 것입니다.

5) 반깍지 사법의 정체

반깍지 사법이 만들어진 데는 크게 2가지가 작용했습니다. 개량궁의 등장과 양궁의 영향입니다. 개량궁은 각궁과 달리 처음엔 말랑말랑하다가 만작으로 갈수록 힘이 더 듭니다. 각궁은 처음부터 끝까지 일정한 힘을 주게 되죠. 바로 이 차이가 반깍지 사법을 낳게 된 것입니다. 깍짓손이 점차 힘을 더 주어야 하기 때문에 잡아당기는 데 급급하게 됩니다. 결국 깍짓손을 버티어야 힘을 줄 수 있고, 그렇기 때문에 뒤로 뺄 여유가 없게 됩니다. 그래서 줌을 밀고 깍짓손을 놓치는 방식으로 가게 된 것입니다.

그렇지만 이렇게 쏘는 것은 옛날부터 봉뒤라는 활병으로 간주했기 때문에 사람들은 깍짓손을 발여호미로 뽑지 못하는 것에 대해 늘 마음의 부담을 지게 됩니다. 그런데 이런 마음의 부담을 털어버릴 수 있는 환경이 만들어집니다. 즉 양궁이 등장한 것이죠. 양궁은 깍짓손을 그 자리에서 놓고 마는 사법입니다. 이런 형태의 사법이 존재한다는 것을 국궁계에 알려준 것입니다. 국궁을 하는 사람들도 양궁의 깍짓손 모양을 보고서 그렇게 해도 된다는 자기 위안을 삼을 수 있게 된 거죠. 이렇게 하여 개량궁이 등장한 1970년대 이후 반깍지 사법은 국궁계에서 당당히 자리 잡게 됩니다. 1990년대로 접어들면 온깍지 한량이 자취를 감추게 됩니다. 온깍지궁사회가 결성되던 2000년에 우리가 조사한 바에 따르면 전국에 30여명 정도만이 온깍지 사법으로 쏘고 있었습니다. 불과 20년만에 사법의 흐름이 뒤집어진 것입니다.

지금은 반깍지가 전통이 아니라는 것을 알면서도 본래의 자리로 돌아갈 생각을 하지 않는 시대가 되었습니다.[15] 어떻게든 반깍지를 정당화하려고 하는 생각이 여기저기서 감지됩니다. 그 첫 번째 논리는 시수가 온깍지보다 반깍지가 더 낫다는 것입니다. 그러나 이것은 환상에 지나지 않습니다. 지금의 시수를 토대로 온깍지궁사를 평가한다면 국궁인 구성 비율로 봐도 불공평하다는 것을 쉽게 알 수 있습니다. 전체 1만명인 국궁인 중에 5천명이 온깍지 한량이라면 이런 평가가 정당하겠지만, 온깍지 한량이 100명도 채 안 되는 현 시점에서 1만 명과 비교하여 시수를 따진다면 누가 봐도 기본이 안 된 결론이라는 것을 알 수 있습니다. 오히려 한 줌밖에 안 되는 온깍지 궁사들 가운데서 명궁이 꾸준히 나오고 있다는 것을 감안하면 온깍지 한량의 시수는 결코 반깍지 한량에 못지않다는 것을 거꾸로 입증하는 것입니다.

반깍지 사법은, 개량궁의 등장과 양궁의 사법이 영향을 준 정체불명의 사법입니다. 시수가 낫다고 하여 그것이 전통의 근거가 될 수는 없습니다. 전통은 시수로부터 오지 않습니다. 그런 시수를 가능케 했던 사회의 관습과 배경으로부터 옵니다. 전통은 전통 나름의 뿌리가 있습니다. 그 뿌리는 사법이 아니라 사풍입니다.

4. 어떻게 배울 것인가?

이렇게 해서 답은 분명해졌습니다. 우리 활의 기준은 『조선의 궁술』이 되어야 한다는 것이며, 그것을 처음으로 재확인한 모임이 온깍지궁사회라는 것입니다. 온깍지활쏘기학교는 온깍지궁사회에서 재확인한 전통을 가르치려고 만든 학교입니다. 따라서 온깍지활쏘기학교에서는 『조선의 궁술』과 온깍지궁사회의 전통을 이어받아서 가르칩니다.

이렇게 하여 배움의 목표를 정하면 그 다음으로 방법이 나와야 합니다. 어떻게 배울 것인가 하는 방법론입니다. 어떻게 배울 수 있을까요? 『조선의 궁술』에 담긴 전통을 오늘날 우리가 배우려면 몇 가지 조건을 갖추어야 합니다.

1) 연궁

연궁은 자신이 충분히 당겨서 이길 수 있는 활을 말합니다. 따라서 연궁의 기준은 자신에게 있는 것이지 수치

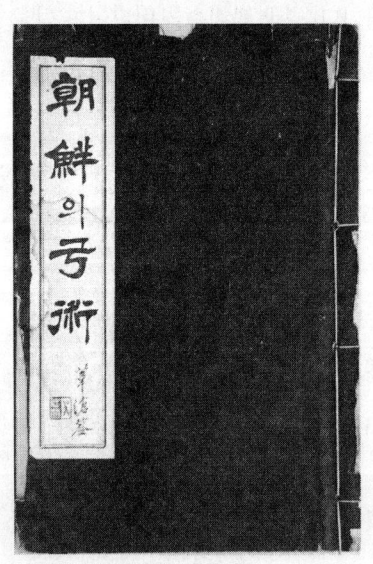
성문영 공의 손때가 묻은 책.

---

15) 『활쏘기의 지름길』 20쪽.

화시켜서 얼마라고 단정 지을 수 없습니다. 연궁을 써야 하는 까닭에 대해서도 충분히 설명해주어야 합니다.

반깍지에서는 이런 고민을 할 필요가 없습니다. 반깍지에서는 우리가 일상생활에서 쓰는 그 힘을 그대로 씁니다. 즉 일할 때 쓰는 근육을 그대로 활에서도 씁니다. 그러나 온깍지에서는 매우 다릅니다. 전통 사법에서는 일상생활에서 거의 쓰지 않는 근육을 씁니다. 예컨대 하삼지로 줌을 쥐라고 하는데, 그렇게 해보면 새끼손가락 쪽의 근육이 가장 강하게 작용합니다. 이것이 팔의 바깥쪽을 따라서 등으로 연결되는데 이를 등힘이라고 합니다. 손만 그런 것이 아니고 몸통의 안쪽에서 일어나는 힘의 짜임도 모두 평상시에는 쓰지 않던 근육들입니다.

이와 같이 평상시에는 잘 안 쓰던 근육을 쓰기 때문에 몸이 힘듭니다. 그리고 그런 움직임에 몸이 적응하는 시간이 필요해집니다. 보통 활터에서 욱심을 빼라는 말을 하는데, 이렇게 욱심이 어느 정도 빠지는 데 걸리는 시간이 3년 정도입니다. 물론 열심히 하는 사람 기준입니다. 활터에서 열심히 한다는 것은 1주일에 적어도 4일 이상은 활터에 나가는 사람을 말합니다.

이와 같이 평소 쓰지 않던 근육을 쓰는 사법에서는 자칫하면 몸을 다치게 됩니다. 그래서 처음에 연한 활로 연습해야 하는 것입니다.

사람의 움직임은 일상생활의 반복성으로 인해 일정한 규칙성을 지닙니다. 근육의 측면에서 보면 쓰는 근육만 계속해서 쓴다는 말입니다. 계속 쓴다는 것은 닳는다는 것을 뜻합니다. 그래서 결국 피로강도를 이기지 못하고 고장 나죠. 50견 같은 병이 그런 것입니다. 50년쯤 쓰면 어깨 언저리의 힘줄이 피로강도를 이기지 못해 고장 나는 병이죠. 그런데 평상시 하지 않던 동작을 하여 안 쓰던 근육을 쓰면 평상시 쓰던 근육의 부담이 훨씬 덜하게 됩니다. 이렇게 평상시 안 쓰던 근육을 움직여서 쓰게 만드는 것을 '역근(易筋)'이라고 합니다.[16] 옛 글에 보면 〈달마 역근경〉이라고 있는데, 달마의 체조를 말하는 것이고, 주로 비틀거나 연하게 풀어서 긴장을 이완시키는 작용을 하도록 하였습니다. 참선하는 사람들이 가만히 앉아서 시간을 보내기 때문에 그로 인해 생기는 문제점을 보완하기 위한 동작으로 엮인 체조법입니다. 이런 전통을 적극 활용한 것이 퇴계 이황의 체조법인 〈활인심방〉이기도 합니다.[17]

이런 전통은 중국무술에서 잘 계승하였는데, 특히 내가권 무술로 분류되는 문파에서 잘 볼 수 있습니다. 태극권, 팔괘장, 형의권, 팔극권 같은 무술이 그런 갈래들입니다.[18]

우리 활은 세계의 여러 활 중에서 이런 내가권 무술의 특징을 가장 많이 지닌 활입니다. 그러니

---

16) 정진명, 「국궁의 전통 사법에 대한 고찰」, 청주대학교교육대학원 석사학위논문, 2003. 31쪽.
17) 이황, 『활인심방』, 예문서원, 2006.
18) 『활쏘기 왜 하는가』 204쪽.

다른 나라의 활 이론을 우리 활에 적용 시키면 밝힐 수 있는 내용보다는 가려지는 내용이 더 많게 되는 모순에 맞닥뜨립니다. 특별한 방법으로 접근하지 않으면 오히려 많은 것을 잃게 됩니다.

역근은 평상시 거의 안 쓰던 근육을 쓰는 것이기 때문에 처음 배우는 단계에서 센 활을 고르면 몸을 다치기 쉽습니다. 갓난아기들의 근육에다가 무기를 쓰는 것과 같은 상황입니다. 그러니 연궁을 쓰라는 것은 몸을 보호하고 양생으로 가는 기초 조건에 해당합니다.

강궁은 허세에 불과합니다. 강궁을 쓴다고 해서 바람을 이길 수 있는 것도 아닙니다. 바람을 이기기 전에 몸이 먼저 망가집니다. 빈대 잡으려다 초가삼간 태우는 격입니다.

연궁의 기준은 발시 순간의 힘을 말합니다. 깍짓손을 당겨서 만작한 뒤에 발시를 하는데, 그때 다른 힘을 더 추가하지 않고 그 자리에서 똑 뗄 수 있는 힘을 말합니다. 이런 세기 산정 방법을 '온깍지 식'이라고 이름 붙였습니다.[19] 발시할 때 어떤 힘을 더 쓰면 그것은 활이 세다는 증거입니다. 옛날에는 활의 세기를 재는 방법이 없었습니다. 단순히 활을 당겨보고서 등급을 매겨 정했는데 연하, 연중, 연상, 중힘, 실중힘, 실궁, 강궁, 막막강궁이 전부였습니다. 이 중에서 성낙인 옹이 쓰는 연상급 활은 42호(lb)였습니다. 그러니 35호 내외가 연하, 38호 내외가 연중, 42호 내외가 연상이라고 보면 실궁은 50호가 채 안 되는 세기였을 것으로 추정됩니다.

저는 현재 개량궁 36호(송무궁)를 씁니다. 화살은 죽시 7돈입니다. 무겁까지 살을 보내는 데 아무런 문제도 없습니다. 오히려 36호 활은 저에게 세다는 느낌이 듭니다. 35호 정도가 저에게는 딱 알맞은 세기입니다.[20]

연궁을 쓰면 자신의 몸이 어떻게 움직이는지를 아주 잘 볼 수 있습니다. 그리고 그런 힘쓰기에 익숙해지면 바람을 이기는 방법을 터득하게 됩니다. 활 쏘는 사람들 뒤에서 보면 화살이 날아가는 모습이 사람마다 다릅니다. 특히 무겁 쪽에서 화살들을 살펴보면 살마다 모두 힘이 다릅니다. 어떤 화살은 땅에 꽂힐 때까지 힘차게 날아오는가 하면 어떤 화살은 마치 던져놓은 것처럼 힘없이 툭 하고 떨어집니다. 이런 차이는 한량이 어떤 방식으로 힘을 쓰는가 하는 것에서 나옵니다. 강궁을 쓰면 이런 것을 알아볼 겨를도 없고 방법도 없습니다. 오직 연궁으로 쏠 때만이 이런 고민을 하고 그 고민을 통해 생각지도 못한 멋진 방법을 찾아낼 수 있습니다.

생각해보십시오. 36호 연궁으로 7돈 죽시를 걸어 쏘는데, 바람을 무시하고 그냥 쏴대도 화살은 과녁으로 들어간다는 사실을! 55호 활로 7돈 쓰는 사람의 살줄과 별로 다르지 않습니다. 오히려 더 힘차게 날아갑니다.

이게 저만의 일이 아닙니다. 제 옆에서 몇 년째 활을 쏜 이상열 접장은 42호 가야궁을 쓰는데,

---

19) 정진명, 『활쏘기의 지름길』, 학민사, 2018. 56쪽.
20) 『활쏘기 왜 하는가』 311쪽.

최근에 죽시를 7.5돈으로 바꾸었습니다. 그런데도 화살이 자꾸 넘어서 고민이 많습니다. 8돈이나 8돈 가옷(반)은 되어야 맞을 것 같다고 툴툴거립니다. 하다하다 안 되어 이제는 입꼬리 언저리의 깍짓손을 광대뼈까지 높여서 표를 조절하는 방법을 생각 중입니다. 이게 이상한 게 아니라 아주 당연한 겁니다. 온깍지 사법이 활에서 내는 효율은 우리의 상상을 초월합니다. 36호를 쓰는 제가 7돈 죽시를 쓰고, 42호를 쓰는 이상열 접장이 7.5돈을 쓰니, 만약에 활을 47호쯤으로 올린다면 화살은 8.5돈이나 9돈쯤으로 올려야 합니다. 만약에 50호가 넘는 세기라면 죽시 무게는 1냥(10돈)으로 올려야 합니다. 그래야 궁시의 합이 맞을 겁니다. 그렇지 않은가요? 실제로 50호가 넘는 각궁을 쓰는 이자윤 명무는 오랜 세월 9돈짜리 죽시를 썼습니다.

연궁으로 다져지지 않은 궁체는 활의 세기에 의존하게 됩니다. 결국 강궁에 경시를 잡게 되어, 연궁에 중시라는 옛 사람들의 결론과는 거꾸로 가죠.

2) 죽시

전통 사법을 배우는 데는 당연히 각궁과 죽시를 써야 합니다. 그렇지만 각궁은 구하는데 돈도 많이 들고 또 배우는데 시간이 많이 걸립니다. 돈과 시간을 많이 들여야 정체를 드러내는 것이 각궁입니다. 그러다 보니 전통에 관심을 가진 사람들에게 지금 당장 각궁을 쓰라고 할 수는 없는 노릇입니다. 그래서 우리는 우선 죽시를 쓰도록 권합니다.

각궁과 개량궁을 비교하면 전통사법에서는 개량궁이 각궁보다 훨씬 더 불편합니다. 우선 발시할 때 줌이 단단히 버티어야 하는데, 개량궁은 줌이 물렁해서 발시 순간에 물컹 하고 밀립니다. 그래서 깍짓손이 야물게 떨어지지 않습니다. 결국 표가 고정되지 않고 발시 순간에 흩어집니다.

그래서 온깍지활쏘기학교에서 주관하는 대회에서는 굳이 개량궁을 막지 않습니다. 각궁이 더 편하고 유리한데, 더 불리하고 불편한 개량궁으로 참여하겠다는 것을 막을 이유가 없습니다. 전통사법에서 시수는 개량궁보다 각궁이 더 안정됩니다.

활은 이렇지만 화살은 이와 좀 다릅니다. 화살은 굳이 죽시를 써야 합니다. 카본살과는 느낌이 많이 다릅니다. 당연히 죽시가 카본살보다 변수가 더 많습니다. 그런데도 죽시를 쓰는 까닭은 많습니다.

우선 느낌이 다릅니다. 생명이 있는 나무와 화공재질의 느낌이 다릅니다. 변수가 더 많을 때 경기의 재미가 더 다양하고 풍부합니다. 그리고 대나무를 그렇게 다루고 만든 우리 조상들의 숨결을 느낄 수 있습니다.

게다가 전통을 대하는 태도 면에서 볼 때 각궁은 여러 가지 선행 조건이 해결되어야 하지만, 죽시는 마음먹는 즉시 구할 수 있습니다. 즉 성의만 있다면 언제든지 마련할 수 있다는 말입니다.

전통에 대한 그런 정도의 성의를 보이지 않는 사람이라면 굳이 우리가 활에서 '전통'을 고집할 필요도 없을 것입니다. 그런 사람을 상대로 무얼 가르친다는 것은 무의미한 일입니다.

죽시는 전통을 대하는 그 사람의 태도를 볼 수 있는 지표입니다. 효율성만을 추구하는 오늘날의 활터에서 그 효율성이 다가 아니라는 것을 상징으로 보여주는 것이 바로 죽시입니다. 온깍지 활쏘기학교의 모든 경기에서 죽시를 기본으로 하는 것은 그런 까닭입니다.

3) 온깍지

전통 사법은 당연히 온깍지로 해야 합니다. 온깍지는 깍짓손의 상태를 기준으로 붙인 이름입니다. 그런데 그 깍짓손의 상태가 전통사법에서 중요하기 때문에 전통 사법을 상징하는 말로 자리 잡은 것입니다.

반깍지와 온깍지가 같은 바탕에서 갈라진 것이 아니냐고 물을 수 있습니다. 옛날에는 그랬습니다. 전통 궁체가 고스란히 살아있던 1970년대 중반까지 여러 상황을 비춰보면 그럴 듯한 말입니다. 그러나 개량궁이 등장한 이후의 반깍지는 온깍지와는 전혀 다른 세계로 흘러갔습니다. 그 원인은 양궁 때문입니다. 양궁의 동작이 그래도 된다는 고정관념을 퍼뜨리는 작용을 했고, 그를 바탕으로 내면화가 시작되어 이젠 온깍지와는 완전히 다른 차원의 사법으로 자리 잡은 것입니다.[21]

반깍지 궁체로 활을 당기면 발시할 때 깍짓손의 힘으로 떼지 못합니다. 당연히 줌손을 밀어내야 합니다. 그렇기 때문에 몸이 저절로 앞으로 나가고 턱이 들립니다. 활쏘기는 이미 앞발이 과녁 쪽으로 더 나간 상태이기 때문에 의식 없이 힘을 쓰면 몸은 앞으로 더 나갑니다. 뒤가 허하죠. 그렇게 궁체를 다듬어 가면 몸은 점차 앞으로 나갑니다. 나중에는 턱이 들리는데, 턱이 들리면 목뼈가 구부러집니다. 그런 구부러진 동작을 오래 하면 목 디스크가 옵니다. 곧 폐궁에 이르죠. 반깍지 궁사들이 걸어가는 필연의 과정입니다. 아직 그렇게 되지 않았다고 자위할 때가 아닙니다. 지금 당장만 그러지 않을 뿐이지 미래는 목 디스크를 향해 열려있습니다. 목 디스크는 허리 디스크를 유발하고 결국 몸의 중심축이 무너지는 결과에 이릅니다. 활을 아니 쏨만 못한 지경에 이르는 것입니다.

'온깍지'라는 말은 온깍지궁사회에서 처음 쓴 말입니다. 실제로 처음 문자화 한 책은 『이야기 활 풍속사』(2000)입니다. 이 말이 쓰이자마자 인터넷의 영향으로 전국에 순식간에 퍼졌고, '온깍지 사법'이 정리된 이후 이 말은 전통 사법과 같은 의미로 쓰였습니다.

---

21) 『활쏘기의 지름길』 29쪽.

과녁과 마주서면 사람은 본능처럼 과녁을 바라봅니다. 이런 조건 때문에 결국 한량은 과녁 속으로 빨려듭니다. 이래서 반깍지가 되어도 의식을 못하는 것입니다. 온깍지라는 말의 함의는 바로 이와 같이 활에서 앞쪽으로 쏠릴 수밖에 없는 자신을 경계한다는 의미가 있습니다. 그래서 발시 순간 과녁이 아니라 자신의 깍짓손을 봐야 합니다. 깍짓손의 움직임이 일정해지면 화살이 맞는 것은 확인할 필요도 없습니다. 온깍지 사법에서는 깍짓손이 그만큼 중요합니다.

활에서 깍짓손을 본다는 것은 마음의 눈을 뜬다는 것을 의미합니다. 눈은 바로 앞의 과녁에 쏠리기 마련이지만, 마음은 늘 자신의 몸을 바라봐야 합니다. 이게 처음에는 잘 안 되는데 훈련을 하면 됩니다. 이 훈련이 잘 되면 이제 자신의 어느 곳이든 다 볼 수 있는 내면의 눈을 갖추게 됩니다. 이런 눈은 일상생활로 넓힐 수 있습니다. 이렇게 되면 매 순간이 성찰의 순간이 되고, 결국 깨달음으로 이어집니다. 활쏘기를 서서 하는 선(立禪)이라고 표현하는 것도 이런 방법상의 원리 때문에 그렇습니다. 선방의 수련법도 이와 다르지 않습니다. 화두를 잡는 것도 마찬가지입니다. 화두를 한 순간도 놓지 않는 것이 깨달음의 기초방법입니다. 화두를 놓지 않은 채로 일상생활을 지속하는 것입니다. 그런 훈련이 활에서도 가능하고 꼭 그러해야 하기도 합니다. 활쏘기에서는 그 시작이 깍짓손이고, 그 손의 상태를 마음의 눈으로 따라가는 것이 바로 온깍지입니다. 온깍지의 도착점은 우주 본체의 깨달음이자 자기완성입니다.

5. 교육 방법론

이제 신사가 찾아왔을 때 해야 할 지도자의 몫을 정리하겠습니다. 신사들이 배우러 올 때는 우리가 온깍지활쏘기학교에서 배운 내용을 배우려고 오지 않습니다. 신사들의 관심은 아주 단순합니다. 과녁 잘 맞히는 방법을 알고 싶은 것이고, 인터넷에서 돌아다녀보니 '온깍지'라는 게 있는데 이게 뭔가 하는 단순한 호기심 때문에 오는 것입니다.

그러면 가르쳐야 할 우리는 그들의 요구에 정직하게 응해야 하는 걸까요? 이게 중요한 질문입니다. 결코 그렇지 않습니다. 배우러 오는 사람의 궁금증만을 풀어주는 것이 가장 바보 같은 지도자입니다. 자신의 호기심을 풀고 나면 떠나는 것이 당연한 순서입니다. 제 궁금증이 해결되었는데 더 이상 남아있을 이유가 없습니다. 떠나는 게 당연합니다. 뒤도 안 돌아보고 떠납니다. 떠나는 그들을 욕할 게 아닙니다.

온깍지활쏘기학교에서는 교육비를 책정하여 돈을 받고 가르칩니다. 돈을 받지 않고 무료로 가르치면 수많은 사람들이 몰려들 것입니다. 그런데 실제로 교육비를 받고 지원자를 받아보면 1회에 서너 명에 불과합니다. 가장 많은 때가 7명이었습니다. 이까짓 활을 배우는데 돈을 들일 필요가 있을까 하는 것이 호기심을 일으킨 사람들의 생각입니다. 교육비 20만원이 아까워서 안 오는 겁니다.

실제로 그들이 내는 교육비는 제가 공짜로 드리는 책값보다도 더 쌉니다. 오히려 교육비 이상의 책을 드립니다. 공짜가 아니라 이익을 보는 셈이죠. 그렇지만 밖에서는 이런 사실을 알 리 없습니다. 그래서 제 주머니에서 나가는 돈에 대한 아까움만 있는 것이고, 그래서 배울 마음을 선뜻 내지 못하는 것입니다. 게다가 주변을 돌아보면 활이라는 게 돈까지 내가면서 배울 그런 건덕지가 없다고 판단하기 쉽죠. 누구나 활터 가면 다 맞힐 수 있으니까요. 그게 그 사람의 활 인생을 결정짓는 것입니다. 자업자득입니다. 누구를 탓할 것도 없습니다. 꼭 제 생각만큼, 또 제 그릇만큼 배우고 사는 겁니다.

따라서 가르침을 줄 때는 반드시 턱을 만들어야 합니다. 그 턱을 넘어 들어온 사람들만 가르쳐야 합니다. 그 턱을 없애면 숫자는 불어날지 몰라도 쭉정이만 더 늘어납니다. 쭉정이가 문제인 것은 쭉정이기 때문이 아니라 속이 비었는지 찼는지를 겉보기로는 알 수 없다는 것입니다. 나의 가르침을 무색하게 하고 돌아다녀도 뭐라고 할 수 없습니다.

여기서는 쉽게 생각해볼 수 있는 몇 가지 턱에 대해 말하려고 합니다. 그리고 이것은 교육의 효율성을 유지하는 방법과도 긴밀한 연관이 있습니다.

1) 교재

교재는 반드시 준비해야 합니다. 유인물을 만들어도 좋지만, 어차피 살펴보게 될 거『한국의 활쏘기』를 구해보도록 하는 게 좋습니다.

제가 25년 활을 쏘면서 정말 이해되지 않는 게 있습니다. 모든 걸 다 가르쳐주려고 하는 것입니다. 사람이 모든 걸 다 가르쳐줄 수는 없습니다. 뼈대만 가르쳐주면 나머지는 알아서 하는 겁니다. 나머지는 어떻게 알아서 할까요? 관련 자료를 알아서 찾아보는 것이죠. 요새는 인터넷을 하도 뒤지고 다녀서 이상한 정보를 가득 떠안고 옵니다.

더 이상한 것은 이런 줄을 뻔히 알면서도 활터에 신사가 오면 장비를 구해주면서 책은 구해주지 않는 것입니다. 활터 풍속을 비롯해서 사법의 비법까지 다 책에 있습니다. 책을 보면서 이해가 가지 않는 것을 물으라고 하면 됩니다. 그러면 신사 스스로 배우는 것이고, 책으로 터득되지 않는 것만을 가르쳐주면 됩니다. 그러면 사범 노릇하기 편합니다. 그러면 될 걸 뭘 일일이 시시콜콜 다 입 아프게 가르쳐주는지, 참 저로서는 알다가도 모를 일이고, 좀처럼 이해할 수 없는 일입니다.

신사가 오면 당연히 활 화살 깍지 전동 같은 장비를 사도록 안내합니다. 거기에다가 책을 포함시키면 사범의 할 일이 확 줄어듭니다. 절반 이상 줄어듭니다. 책 보고 알아서 배우는 신사를 잠 간씩 점검만 해주면 됩니다.

2) 죽시

앞서도 말했지만, 죽시는 화살만의 문제가 아닙니다. 활을 대하는 태도와 관련이 있습니다. 우선 신사가 오면 화살 길이를 정해줍니다. 화살은 '류명무 식'으로 정해주고, 활은 '온깍지 식'으로 정해주면 됩니다. 그런 다음에 화살을 죽시로 구해오라고 하면 됩니다.

이렇게 하면 신사는 대부분 이 지시를 지키지 않을 겁니다. 주변 사람들을 보면 다 개량궁에 카본 살을 쓸 거거든요. 처음부터 죽시를 쓸 게 아니라고 생각합니다. 값싼 카본 살로 한 번 구해서 영원히 쓰려고 하죠. 그런 관행으로부터 벗어나는 게 여간 힘든 일이 아닙니다. 그게 그 사람의 그릇입니다. 그런 사람에게 뭘 가르칠 수 있겠어요.

그러니 죽시를 구해오라는 지시는 신사의 마음가짐을 볼 수 있는 중요한 조건입니다. 신사 때부터 죽시를 쓰다 보면 나중에 카본 살의 문제점을 스스로 다 알게 됩니다. 시수 때문에 카본 살에 집착하는 어리석음과, 그런 어리석음 위에 조장된 입승단 제도의 문제점, 거기에 발광하는 활터 사람들의 한계를 또렷이 마주하게 됩니다. 그러다가 자기의 갈 길을 정하게 됩니다. 갈 사람은 가고, 남을 사람은 남죠. 남은 사람들이 쭉정이 같지만, 남은 그 사람들이 정말 알맹이입니다. 쭉정이는 날아가서 땅에 파묻혀도 썩고 맙니다. 그러나 알맹이는 땅 속에 파묻히는 순간부터 새로운 생명을 잉태하여 싹을 틔웁니다. 죽시는 쭉정이와 알맹이를 골라내는 키 노릇을 합니다.

온깍지활쏘기학교에서는 교육비를 받지만, 교육비가 없는 활터 현장에서 가르침의 문턱 노릇은 죽시가 합니다. 죽시를 기준으로 사람을 골라서 가르치시기 바랍니다.

3) 책과 턱

신사들이 감당해야 할 문턱을 높이는 방법도 있습니다. 온깍지를 가르쳐달라고 찾아올 정도의 신사이면 나름대로 지식이 있고 소신도 있기 마련입니다. 이들을 가르치기가 쉽지 않다는 뜻입니다. 이런 사람들의 오만을 꺾지 않으면 제대로 된 가르침은 이루어지지 않습니다. 짧은 지식 몇 가지 얻고 마는 경우가 대부분입니다. 그래서 문턱을 좀 더 높일 필요가 있는데, 그때 책으로 하면 됩니다.

제가 활쏘기에 관한 책을 10여 권 썼는데, 그 중에서 빼놓을 수 없는 4부작이 있습니다. 이 4부작으로 우리 활에 관한 내용을 총망라했습니다. 다음과 같습니다.

『한국의 활쏘기』
『활쏘기의 나침반』
『활쏘기의 지름길』
『활쏘기 왜 하는가?』

『한국의 활쏘기』는 우리 활에 관한 종합 안내서이자 입문서입니다. 우리 활에 관한 모든 정보가 담겼습니다.

『활쏘기의 나침반』은 『조선의 궁술』 이후 변화된 활터 환경 때문에 무엇이 올바른 활쏘기인가를 알 필요가 생겼고, 그런 필요 때문에 쓰게 된 책입니다. 『조선의 궁술』이 제대로 지켜졌다면 쓸 필요도 없는 그런 책이었습니다. 전통을 제대로 지키지 못한 활터 현실 때문에 그렇게 변해온 과정을 정리한 책입니다.

『활쏘기의 지름길』은 전통 사법에 대한 글입니다. 온깍지 사법이 발표된 뒤로 많은 사람들이 사법에 관심을 보였지만, 그것을 제대로 가르쳐주는 곳도 없고, 그에 대한 설명도 없어서 많은 시비가 되었는데, 그에 대한 답으로 전통 사법을 강의한 것입니다. 따라서 〈온깍지 사법〉으로 정리된 사법의 원리를 자세히 설명한 것입니다.

『활쏘기 왜 하는가?』는 활쏘기를 할 때 벌어지는 여러 가지 문제를 다룬 것입니다. 온깍지궁사회 카페에 연재되었던 글을 중심으로 엮은 것인데, 우리가 활에 관한 근본 질문을 할 때 맞닥뜨리는 여러 문제들을, 그 동안 온깍지궁사회 사계 활동을 통해 해결한 내용으로 정리한 것입니다. 원래 이 연재는 부산 사직정의 미카엘라 여무사가 질문을 함으로써 시작되었습니다. 미카엘라는 슬로바키아 출신으로[22] 10대부터 태권도를 비롯하여 동양권의 여러 운동을 배웠는데 고등학교를 졸업하고 한국으로 와서 여러 무술을 접하다가 마지막에 양익 스님이 만든 금강영관에 뿌리를 내린 여무사입니다.[23] 금강영관의 일부가 세상에 나와 알려진 것이 선무도입니다.

이 4부작을 읽으면 활에 관한 근본 물음을 다 해결할 수 있습니다. 신사들의 고민을 해결하려

---

22) 미카엘라 바라노비초바(Michaela Baranovičová). 슬로바키아(Slovakia)의 수도 브라티슬라바(Bratislava) 출생. 2011년 부산 사직정에서 집궁. 부산 혜화여고 국궁 지도교사.
23) 최종열, 산사에서 무예를 배우다, 새로운사람들, 2006.

면 이 책을 언젠가는 읽어야 합니다. 그런데 신사에게 이 책을 읽고 오라고 하면 가르칠 게 별로 없습니다. 그들이 일으키는 의문에 대한 몇 가지 답만 해주면 됩니다. 그렇게 쉬운 길을 놔두고 시시콜콜 모든 것을 다 입으로 가르쳐주려드는 요즘 사범들을 저는 참 이해하기 어렵습니다.

찾아온 신사에게 화살 길이와 활 세기를 정해주고, 이 4부작을 읽은 뒤에 다시 찾아오라고 하면 됩니다. 그러면 신사의 인내심과 성실성을 단박에 확인할 수 있습니다. 이렇게 조건을 갖추고 다시 찾아온다면 그 신사는 한 번 성심껏 가르쳐볼 만합니다. 대부분 신사들은 이 현실과 다른 주문과 엄청난 과제 때문에 그 길로 도망가서는 돌아오지 않습니다. 이렇게 걸러진 사람은 가르쳐도 됩니다.

온깍지학교 교육과정의 뼈대는 『전통 활쏘기』입니다. 이 교재를 중심으로 교육과정을 재구성하여 현실에 맞게 응용하면 됩니다.

4) 가르침과 말

제가 근무하는 충북예술고는 가끔 명인들을 초청해서 그들의 예술에 대한 이야기를 듣고 실기를 보기까지 합니다. 며칠 전에는 해금의 강은일 명인이 와서 해금 이야기를 들려주었습니다. 그 여자는 단국대 교수라는데 젊은 편인데도 해금 산조를 들어보니 이미 소리 속에 심이 단단히 들어서 내공이 상당했습니다.

강의 내용 중에 '말로는 5%, 몸으로는 95%'라는 표현이 있었습니다. 몸으로 하는 모든 기예는 같은 운명임을, 이 말을 들으며 저는 직감했습니다. 그렇습니다. 우리가 가르친다고 하지만, 말로 가르칠 수 있는 것은 5%에 지나지 않습니다. 나머지는 몸으로 익혀가야 하는 것이고, 거기에 드는 시간은 사람마다 천차만별입니다. 평생을 해도 안 되는 사람이 많습니다. 그렇지만 분명한 것은, 혼신을 다할 때 전통의 기예 부문은 10년이면 그 희망을 본다는 것입니다.

물론 이 10년은, 스승이 5%를 말로 가르쳐줄 때의 일입니다. 엉터리들이 제 소견으로 주먹구구식 지도를 하면 10년이 아니라 100년이 가도 안 됩니다. 몸이 익지도 않았는데 말부터 꺼내고 자랑부터 늘어놓는 요즘 국궁계의 작태로는 3생을 윤회해도 안 될 일입니다.

그러니 활을 가르치려는 사람들은 자신이 느낀 곳까지만 말하고, 절대로 넘겨짚어서 말하면 안 됩니다. 말은 반드시 몸에 다다라야 합니다. 그러지 않은 말들은 결국 자신의 목을 치는 부메랑이 되어 돌아옵니다.

활은 참 어려운 운동입니다. 몸으로 터득해야 하는 것이기 때문입니다. 그런데 세상에 너무나 많은 말들이 끓어 넘칩니다. 그래서 더욱 배움이 힘듭니다. 가르침은 더욱 힘듭니다.

6. 미래는 과거를 꿰뚫고 간다

시간은 마치 강물처럼 한 방향으로 흘러가는 것 같지만, 세월을 좀 지내놓고 보면 그렇지 않다는 것을 알게 됩니다. 비슷비슷한 사건들이 끝없이 되풀이 되며 시간의 마디를 만들고 달팽이집처럼 원뿔의 표면을 따라 흘러갑니다. 그래서 우리가 역사를 배우는 것입니다. 지난날의 어떤 시점에서 겪은 일들이 오늘날 그대로 되풀이 됩니다. 그러면 우리는 지난날의 그 사건으로부터 교훈을 얻습니다. 그리고 문제의 발견과 동시에 해결책을 찾아냅니다. 이것이 역사가 우리에게 주는 교훈이고, 우리가 굳이 복잡한 역사를 배우는 이유입니다.

1) 활터란 무엇인가?

오늘날 활터는 무엇인가요? 오늘날의 활터는 사격장에 지나지 않습니다. 활과 화살이라는 원시시대의 도구로 목표물을 맞히는 것 이외에는 관심이 없습니다. 그것을 최적화하기 위한 제도가 승단 제도이고, 1등부터 몇 등까지 등수를 매겨 상장과 그에 딸린 코딱지만한 상품을 나눠주는 시합입니다. 오늘날의 활터는 온통 이것에만 관심이 쏠렸습니다. 결국 사격장 수준으로 전락한 것이 우리 주변의 활터입니다.

이렇게 되면 주 관심사 이외의 배경으로 물러서는 것들이 있습니다. 그게 무엇일까요? 잘 생각해보시기 바랍니다. 과녁 두들겨 패는 것 이외에 무엇이 있을까요? 활터 운영을 위한 임원들이 있고, 활을 쏘기 위한 방식이 있으며, 구성원들 간에 불편함이 없도록 순서를 정하는 일들이 있습니다. 이런 걸 뭐라고 부를까요? 이런 걸 싸잡아서 '사풍'이라고 합니다.[24]

활터가 사격장으로 변해갈수록 '사풍'은 '사법'의 뒷전으로 밀려납니다. 과녁 잘 맞히는 사람이 왕 노릇합니다. 그 사람이 사풍에 대해 무지해도 아무도 그것을 지적하지 않습니다. 그러면서 그 전부터 이어져온 사풍이 사법 세계의 왕 노릇 하는 사람들 때문에 하루아침에 변합니다. 이런 일을 제가 집궁한 후 지금까지 수도 없이 겪었습니다. '정간'이 그렇고, '궁도'가 그렇고, '명궁'이 그렇습니다. 아무 생각 없이 강조하며 활터는 사격장으로 바뀌어가는 중입니다.[25]

활터는 사격장이 아니다!

이 말이 어려운 말인가요? 결코 어렵지 않습니다. 그런데도 사람들이 좀처럼 못 알아듣습니다. 어려운 말이 아닌데도 못 알아듣는 것은 마음이 딴 데 가 있기 때문입니다. 마음이 꼬부라지고 비

---

24) 『활쏘기의 나침반』 37쪽.
25) 정진명, '활터에 떠도는 착각과 무지', 온깍지궁사회 카페 '활 전문자료' 메뉴

틀어져서 그게 그 말인데도 엉뚱한 말로 들리는 것입니다.

근래에 이런 것으로 인해 불거진 문제가 바로 '접장'과 '멍에팔'입니다. 활터에서 남의 존칭으로 잘 쓰이던 '접장'이란 말을 보부상들이 쓰던 천한 말이라고 강변을 부리며 인터넷에서 헛소리하는 사람이 나타났습니다. 거기에 부화뇌동하는 사람들이 덩달아서 설치자, 결국 『국궁논문집9』에서 정식 논문으로 다루어 접장 용어가 옛날부터 내려온 아름다운 말이라는 것을 입증했습니다. 그러자 접장에 대한 헛소리가 잠잠해졌습니다. 활터가 얼마나 경망스러운 수준으로 굴러떨어졌는가를 여실히 보여주는 사례였습니다.

또 멍에팔도 마찬가지입니다. 인천의 구사들로부터 멍에팔은 좋지 않은 것이라고 분명히 전해 듣고서 그것을 온깍지궁사회 카페에 소개한 지도 20년이 넘었습니다. 그런데 어느 날 인터넷에서 멍에팔 사법이라는 말이 나타나더니 계속해서 멍에팔을 추구해야 한다는 주장이 나돌았습니다. 결국 이것에 대해서도 『국궁논문집9』에서 정식 논문으로 다루어 용어의 뜻을 원상복구 시켰습니다.

이런 황당한 일이 발생하면 정말 많은 사람들의 정력을 낭비시킵니다. 접장은 물론이고 멍에팔의 경우, 박순선 권무가 인천지역의 구사들을 일일이 찾아다니며 녹취를 하고 대담하느라고 진땀을 뺐습니다.[26] 전통을 모르는 사람들이 저질러놓은 똥을 치우는 일도 이렇게 힘듭니다. 똥은 치워도 냄새는 남는 법이어서, 접장과 멍에팔에 관한 궤변은 앞으로도 계속해서 국궁계를 유령처럼 떠돌며 순진한 신사들을 골탕 먹일 것입니다.

활터는 무엇일까요? 우리 생각에 활터가 사격장일 리는 없습니다. 그렇다면 활터는 어떤 곳이라고 봐야 할까요? 이에 대한 답이 나름대로 있어야 합니다. 그래야 그를 바탕으로 미래로 나아갈 수 있습니다. 이것이 없이 현재의 관행대로 미래를 향해 나아간다면, 활터는 사격장이나 오락장으로 변할 것입니다.

활터가 무엇이냐는 질문에 대해 현재 활터에 몸담은 사람들의 답은 모두 다를 것입니다. 그 사람의 가치관과 세계관에 따라서 다른 눈으로 볼 것이고 그에 따른 결과가 나올 것입니다.

그러나 우리는 온깍지궁사회 활동을 거쳐 온깍지활쏘기학교에 이르렀고, 온깍지활쏘기학교의 교육을 통해서 일정한 합의에 이르렀습니다. 즉 활터는 사격장이 아니라는 것입니다. 활터는 오락장이나 사격장이 아니라, 우리의 전통 문화를 간직한 복합문화공간이라는 것입니다. 과녁 맞히는 일은 활터가 지닌 기능의 일부에 지나지 않는다는 것입니다. 저의 생각으로는 과녁 맞히는 일이 활터에서 차지하는 것은 전체의 30% 정도에 지나지 않습니다. 나머지는 무엇일까요? 답은 자명합니다. '사풍'입니다.

---

26) 박순선, '멍에팔 고찰', 『국궁논문집9』 50~111쪽.

그러면 사풍의 어떤 부분이 그런 기능을 차지할까요? 이제 이에 대한 답이 우리의 숙제로 남은 것입니다. 우리만이 아니라 오늘 2018년을 사는 전국의 모든 한량들에게 남은 숙제입니다.

2) 전통은 우리의 또 다른 미래

미래라고 말하면 언뜻 어떤 모양일지 알 수 없다고 여깁니다. 그러나 미래는 반드시 오늘 우리가 생각하고 실천하는 대로 나타납니다. 우리가 현재의 모습을 이렇다고 규정하면 그 모습대로 미래가 다가옵니다.

활터는 현재 어떤 모양이 없습니다. 지역마다 다르고 활터마다 분위기가 다릅니다. 그 중에서 어떤 것을 기준으로 정하여 그렇다고 생각하고 합의하여 지키면 활터의 미래는 바로 그렇게 만들어지기 마련입니다. 이 점을 말하는 것입니다. 그래서 현재의 구성원들 의식이 중요합니다.

그렇다면 활터의 미래는 오늘날 활터 구성원들의 생각을 들여다보면 알 수 있다는 얘기입니다. 오늘날 활터는 어떤가요? 활터 사람들은 승단대회에 합격하여 명궁이 되는 것이 목표이고, 전국대회에서 우승하여 상금 타먹는 것이 목표입니다. 이렇게 목표가 단순화하였습니다.

그렇다면 이런 오늘날의 활터가 보장하는 미래의 모습은 어떤 걸까요? 역시 지금과 마찬가지 모습입니다. 하얀 러닝셔츠 같은 옷을 입고 5단이 되어 전국대회 상금을 휩쓸어오는 것. 그것이 활터의 목표입니다. 그리고 모든 구성원들이 그렇게 생각하면 10년 안에 활터는 그렇게 변합니다. 100년 후라고 해서 달라지지 않습니다. 100년 후의 활터도 지금 말한 그 모습대로 결정됩니다. 미래는 그곳을 향해서 흘러갑니다.

그런데 이렇게 활터의 미래를 정하고 나면 뭔가 허전하지 않은가요? 저만 그런가요? 그렇지 않을 겁니다. 이러면 뭔가 이상할 겁니다. 이러는 게 좋다고 생각하는 분은 삶을 너무 쉽게 사시는 겁니다. 그러면 활터의 미래는 어떠해야 할까요?

미래가 어떨지는 몰라도 적어도 이런 식이 되어서는 안 된다는 것에는 공감할 것입니다. 그러면 미래의 다른 모습을 그리려면 우리는 무엇을 보아야 할까요? 이 때 적절한 답이 '과거'입니다. 과거의 우리 모습을 들여다보면 우리가 버려야 할 것과 골라야 할 것이 나타납니다. 그 중에서 골라야 할 것을 골라서 정리하여 우리 것으로 바로세우면 그것이 바로 미래의 모습이 됩니다.

활터에서 과거란 무엇일까요? 전통을 말합니다. 활터의 전통을 살펴보면 우리가 미래에 만날 모습을 확인할 수 있습니다. 그러면 우리의 과거에서 무엇을 본받아야 할까요? 이런 곤란한 질문에 후배들 고민하지 말라고 우리 선배들은 기준을 또렷이 세워놓았습니다. 『조선의 궁술』이 그것입니다. 이 책을 기준으로 이어받을 것과 버려야 할 것을 정하면 됩니다.

그런데 『조선의 궁술』이 나온 후로 『조선의 궁술』에는 없는 것들이 생겼습니다. 이런 것들은 어떻게 해야 할까요? 이런 질문은 할 필요도 없습니다. 그런 사이비들에 신경 쓰기에는 시간이 아까울 따름입니다.

온깍지궁사회 활동을 하면서 우리가 이어받아야 할 것들을 꾸준히 찾아냈고, 고민하며 그것을 이어 받으려고 애썼습니다. 그러한 것들을 살펴보면 다음과 같습니다.

① 편사

편사는 서울과 경기 일원에 있던 활터의 풍속입니다. 편을 짜서 참가하여 기량을 겨루는 놀이이기에 편사라는 이름이 붙었습니다. 해방 전에는 장안편사를 비롯하여 서울 지역에 편사가 있었고, 이 서울편사는 개성까지 이어져 개성편사가 열리곤 했습니다. 해방 후에는 점차 시들해져서 서울지역에서는 1970년대로 접어들 무렵에 완전히 사라집니다.[27]

서울에서 사라진 편사는 인천을 비롯하고 고양 같은 지역에서 근근이 유지되었고, 1970년대 초반까지는 서울과 인천끼리 하는 경인 편사도 존재했습니다. 2000년대로 접어들면 인천편사만 남게 되는데, 이마저도 최근에는 제대로 시행되지 못하여 사양길로 접어드는 중입니다. 자칫 편사의 명맥이 끊길 위험에 놓였습니다.

인천에는 현재 여영애 여무사가 이끄는 인천편사를 잇는 모임이 사단법인으로 활동하는 중입니다. 온깍지궁사회에서는 편사의 중요성을 감안하여 서울 편사의 형식으로 대회를 치렀고, 그 전통은 온깍지활쏘기학교로 이어져, 내내 봄 모임에 〈온깍지 활쏘기 한 마당〉을 편사형식으로 운영하는 중입니다. 그간 몇 차례 치러진 '온깍지 편사'가 그것입니다.

② 활 백일장

활 백일장은 해방 전부터 경기도 지역에서 벌어지던 활쏘기 풍속입니다. 이것이 1970년대로 접어들면 점차 사라집니다. 현재 활 백일장의 형식을 제대로 알고 시행하는 곳은 없어서 몇 백 년의 전통을 이어온 풍속이 끊어질 위기에 처했습니다.

이를 걱정하던 차에 온깍지동문회 학소대 동문들이 팽성에서 처음으로 모여 활 백일장 계획을 구체화 하였습니다. 활백일장계승회를 꾸렸고, 정만진 학소대 사백이 회장을 맡았습니다.

활 백일장은 예선전이 있고 비교전이 있습니다. 예선전에서는 누구나 원하는 만큼 표를 사서 쏠 수 있습니다. 표는 비교권을 말합니다. 아무 거리에나 큰 솔포를 놓고 1중을 하면 5등 비교권, 2중을 하면 4등 비교권, 3중을 하면 3중 비교권, 4중을 하면 2등 비교권, 5중을 하면 1등 비교권을 얻습니다.[28]

---

27) 고익환 대담(1999.01.19.)

온깍지 교육의 이론과 실제 **59**

예선전을 보통 규모에 따라 다르지만 3일 내외로 하고 마지막 날 비교전을 합니다. 5등비교부터 시작해서 마지막 1등 비교전까지 치르는데, 이때 과녁거리나 과녁 크기는 주최 측에서 멋대로 결정합니다.

③ 한량놀음

한량이란 말에는 좋지 않은 뜻이 스며있습니다. 특별한 직업 없이 빈둥거리며 논다는 뜻이 그것입니다. 당연히, 한량 자신이 아닌 다른 사람들의 생각이 반영된 것입니다. 한 낱말에 이런 뜻이 서리는 데는 그 말이 쓰인 사회의 오랜 배경이 있습니다. 우리는 그 말과 연관이 있는 사람들이므로 그 말의 유래에 대해서도 잘 알아야 합니다.

'한량'이라는 말의 뜻에 대해 자세히 풀이한 첫 번째 책은 『한국의 활쏘기』(1999)입니다. 이 책에서는 그 동안 전해온 활터의 말과 역사학자들의 연구를 종합하여 '한량'이란 말이 어떤 과정을 거쳐 왔으며 어떤 모습으로 오늘에 이르렀는가 하는 것을 자주 자세히 살폈습니다. 결론은 한량이라는 말은 고려 후기부터 현대까지 꾸준히 쓰인 말이었다는 것입니다.

조선시대는 양반이 지배한 사회이고 양반은 문반과 무반을 아울러 가리키는 말입니다. 문반과 무반 모두 과거제도를 통해서 등용합니다. 이 제도가 부실한 조선이라는 나라를 500년이나 유지하는 뿌리가 되었음을 여러 역사학과 사회학의 연구 결과가 알려줍니다.

조선시대에 출신하는 유일한 방법이 문과와 무과였고, 당연히 이 두 과에는 응시생이 생기게 됩니다. 이들을 거자(擧子)라고 하는데, 문과 지망생과 무과 지망생을 가리키는 말이 달랐습니다. 문과 지망생을 '유학'(幼學)이라고 했고, 무과 지망생을 '한량(閑良)'이라고 했습니다.[29]

한량들은 주로 관청의 활터에서 군관들의 심부름을 하고 그들의 지도를 받으며 훈련을 하는 부류들이 있었고, 관청이 아닌 곳에서는 지역이나 개인의 활터가 그 노릇을 했습니다. 그래서 이들이 무과에 합격하기를 지역 발전 차원에서 지원했고 후원했습니다. 이들에 대한 후원회가 바로 '사계(射契)'입니다. 영암의 사포계나 영광 육일정의 사계, 강경 덕유정의 사계가 그런 흔적들입니다.[30]

조선시대 무과는 1894년 갑오경장 때 폐지됩니다. 이때 활쏘기도 무기에서 제외되어 활쏘기는 비로소 무기의 기능을 상실합니다. 이에 따라 무과를 위해 존재하던 활터들이 일제히 사라집니다. 이 위기감을 『조선의 궁술』에서는 '마치 비로 쓸어버린 듯이'라고 표현합니다.

---

28) 활 백일장 개최 요강, 온깍지활쏘기학교 카페.
29) 이성무, 『한국의 과거 제도』, 집문당, 1994.
30) 디지털 국궁신문 기사 참조.

이렇게 되기까지는 전국 어디에나 활쏘기를 연습하는 사람들이 활터를 중심으로 지역사회에 흩어져 존재하게 됩니다. 이들은 주로 활쏘기를 연습하는 사람입니다. 그렇지만 사람이 날마다 모여서 활'만'을 쏠 수는 없는 노릇입니다. 그러다보니 이들 사이에 나름대로 규율이 생기고 그들만의 풍속이 생깁니다. 바로 그것이 '한량놀음'이고, 그 주체가 한량입니다.[31]

한량놀음은 활쏘기를 하다가 재미거리로 여무사나 기생들과 어울려 노는 풍속입니다. 활쏘기에는 반드시 획창이 따라 붙습니다. 남자가 하는 것을 한량획창이라고 하고 소리꾼이 하는 것을 기생획창이라고 합니다. 기생이라는 말을 기피하게 된 해방 후의 습속 때문에 남도창에서는 기생획창이라는 말 대신에 호중이라는 말로 바뀌어 오늘날에 이어집니다.

한량놀음의 절정이 선호중입니다. 4시까지 불을 쏜 한량이 남은 한 발을 획창에게 넘겨주고 호중을 먼저 해달라고 요구하는 것입니다. 그러면 쏘기 전에 5시5중을 한 것으로 간주하고 기생획창을 합니다. 이 막시를 맞추지 못하면 이제 한량은 '전동볼기'를 맞습니다. 〈춘향가〉 중의 '10장가'를 부르며 전동볼기를 칩니다. 이런 식으로 노는 것입니다.[32]

이 놀이는 1960년대까지 끈질기게 이어집니다. 나중에는 점차 사라져서 그 흔적이 시상식 때 간간이 나타나기도 하는데, 얼굴에 숯으로 낙서를 하는 것이 그것입니다. 원래는 붓으로 먹물을 찍어서 안경을 그리는 것입니다. 호중까지 곁들여서 하는 행위는 1970년대로 접어들면 사라져서 보기 힘들어집니다.

그런데 이때 활터에서 이런 놀이를 하던 주체인 '한량'들이 어떤 존재인가 하는 것이 몹시 궁금합니다. 활터에서 한량으로 지낸 사람들은 대부분 직업이 없는 사람들이었습니다. 직업을 가질 수가 없었습니다. 봄 시즌과 가을 시즌이 오면 전국의 활터를 떠도느라고 일정한 직업을 가질 수 없는 것입니다. 그러다 보니 이들의 말로는 순탄치 못한 경우가 많았습니다. 한창 때는 시수를 내어 배우러 오는 사람도 많고 상도 타서 생활비에 충당하는 여건이 되었지만, 늙으면 이도저도 안 되어 활터에서 사범을 지내면서 남들의 각궁이나 얹어주며 용돈을 겨우 벌어 쓰는 정도였습니다. 그래서 많은 한량들이 가정으로부터 버림을 받았습니다. 가정을 돌보지 않았으니, 가족들의 홀대는 당연한 결과이기도 했습니다.

바로 이런 사연 때문에 한량이라는 말에 좋지 않은 분위기가 스며든 것입니다. 할 일이 없이 노는 사람을 뜻하는 말이 되었죠. 그런데 정확히 말하면 이들의 생활 행태는 조선시대의 무과에서 발생한 것이고, 입신출세하기 전에는 반드시 그런 단계를 거치는 사람들이 있기 마련입니다. 그런 사람들은 입신출세를 하기도 했겠지만, 그러지 못하거나 그런 상황을 오히려 자신의 존재 형

---

31) 정진명, '한량놀음 계승 방안', 『활쏘기의 어제와 오늘』 269쪽.
32) 박문규 대담(대전 대동정)

태로 즐기며 살아가는 사람들도 있기 마련입니다. 그들은 어떤 사람들일까요? 주로 예술 계통에 종사하거나 조선의 뒷골목 문화를 담당하는 사람들이었습니다. 예술 계통에서 독립생활이 가능한 계층은 누구일까요? 기생입니다. 기생은 국가에서 영업을 허락한 거의 유일한 계층입니다. 뒷골목의 패싸움이 주로 기생방에서 시비가 되어 일어나는 것을 보면 그런 특징을 알 수 있습니다.

그러면 이들 주변에는 반드시 사람이 모입니다. 기생이 생업을 할 수 있는 존재라면 그 대상이 누구일까요? 양반일까요? 임금일까요? 물론 이들도 있겠지만, 이들은 정기 행사 때나 만나는 사람들입니다. 평상시에는 기생의 생업을 가능케 한 존재들이 기생방에 드나들었을 것입니다. 그들이 누구이며 그들을 뭐라고 불렀을까요? 그에 대한 답이 바로 한량입니다. 기생과 짝을 이루는 말은 한량인 것입니다. 기생은 이 한량들에 기대어 존재할 수 있는 사람들이었습니다. 기생들의 생존을 도와주고 함께 하는 존재가 한량인데, 이들이 무과 제도의 영향 하에 활터에서 가장 강력한 결속력을 보인 것이고, 지역의 활터가 이들의 본거지가 된 것입니다. 심지어 이런 활터는 관아의 일부 기능을 떠맡기도 합니다. 강경의 경우 옛날부터 상업으로 유명한 곳인데, 워낙 물산이 빈번하다 보니 사람들도 많아서 관청에서 손님 대접의 일부를 덕유정 사계에 위임했다고 합니다. 덕유정의 오랜 구사들이 하는 얘기입니다.[33]

한량은 조선 시대 문화의 담당자라고 할 수 있습니다. 연기자가 아니라 누리는 쪽이죠. 그래서 모든 것을 조금씩은 다 알아야 합니다. 소리, 춤, 활, 붓글씨, 경전까지 두루 알아야 합니다. '활량북'이라는 말이 있습니다. 박자를 제대로 딱딱 넣지 못하고 어설프게 치는 북을 가리키는 말입니다.[34] 당연히 춤에도 '한량 춤'이 있습니다. 이 춤을 보면 정말 멋집니다.

조선 5백년간 이어졌던 문화의 주체들이 활터에 1960년대까지 활동했고, 그 체험을 한 사람들이 아직도 활터에 남았다는 것이 중요합니다. 조선의 문화가 활터로 들어와서 끝까지 명맥을 유지한 것입니다. 활터에 조선 문화의 지킴이던 활량들이 가장 늦게까지 남았습니다. 지금 사라져가는 활터의 풍속은 대부분 이들의 유산입니다. 조선 500년간 이어진 전통문화의 꼬리뼈가 활터에서 점차 사라지는 중입니다.

우리 온깍지활쏘기학교는 그 끝자락을 붙잡고 버둥대는 중입니다. 어깨가 무겁습니다.

④ 애기살

1894년 갑오경장 때 무과폐지의 영향으로 사라진 무기가 여럿입니다. 그 중에서 조선의 가장 중요한 무기였으면서도 이제는 눈을 씻고 보아도 찾을 수 없는 것이 바로 편전이라 부르는 '애기살'입니다. 표준어로 하자면 '아깃살'이겠지만, 옛날 무인들이 '애기살'이라 불렀기에 우리도 애기살이라고 불러야 할 것 같습니다.[35] '휘궁'이나 '과녁' 같은 말들도 마찬가지죠.

애기살을 처음 소개한 것도 『한국의 활쏘기』입니다. 영집궁시박물관의 협조를 얻어서 애기살

제2회 편전대회 모습(2017 평택 느새터).

을 구하여 현재의 사법을 토대로 애기살 사법도 복원했습니다. 그래서 2002년 온깍지궁사회의 국궁논문집에서 애기살 복원에 관한 내용을 정리했고, 실제로 통영 열무정에서 제1회 편전대회를 열었으며, 이후 편전은 우리 주변에서 흔히 볼 수 있는 한국의 문화상품으로 자리 잡았습니다. 국궁계에서도 이에 대한 관심은 이어져 2017년 평택 팽성 들녘(느새터)에서 15년만에 제2회 편전대회가 열리기도 했습니다.

⑤ 육량전

육량전은 화살촉의 무게가 6냥이나 나간다고 해서 붙은 이름으로, 조선시대 무과의 가장 중요한 과목이었습니다. 활쏘기의 여러 기능 중에서 멀리쏘기 능력을 확인할 수 있는 것이었기 때문에 조선 시대 내내 시험과목으로 중시했습니다. 그렇지만 무과 폐지와 함께 우리 주변에서 자취

---

33) 이준구(강경 덕유정 사백) 대담.
34) 박문규 대담
35) 『한국의 활쏘기』 300쪽.

를 감추었습니다.

이러던 것을 처음으로 복원한 사람이 이건호(디지털 국궁신문 운영자)입니다. 파주 영집궁시박물관의 협조를 얻어서 일본에서 찾은 자료의 제원을 토대로 복원했고, 그것을 온깍지궁사회에서 주관하여 여러 차례 발시 시험을 거친 것입니다.[36]

촉의 무게가 6냥이기 때문에 실제로 화살을 제원대로 복원하면 8냥 이상 나갑니다. 오늘날 우리가 쏘는 활들 중에서 제법 센 활로 쏴보면 60미터 정도 나갑니다. 이런 살을 200보나 쐈던 우리 조상들의 능력은 지금 보면 신의 재주에 가깝습니다.

조금만 관심을 두면 되살려 쓸 수 있는 전통이 활터에는 정말 많습니다.

계변가화(신윤복) 속의 정량궁.

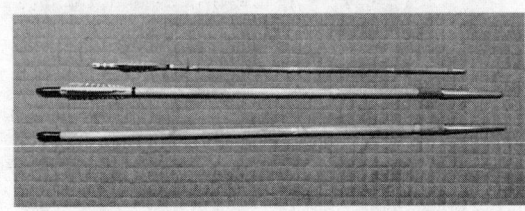

유엽전(위)과 육량전(아래)

3) 활터의 미래 모습

활터가 단순히 오락장이나 사격장이 아님을 인식하고, 사풍이 우리 활의 뼈대이자 바탕이라는 것을 안다면 전통의 중요성은 새삼 강조할 것도 없을 것입니다. 그렇다면 오늘날의 활터 모습과, 이렇게 전통이 살아있는 앞날의 활터 모습은 어떻게 다를까요? 어떻게 달라져야 할까요? 이번에는 활터의 미래 모습을 조금 더 자세히 그려보겠습니다.

① 과녁

◆ 모양

현재의 과녁 모양은 1958년 제1회 전국 남녀 활쏘기 대회를 치르기 위해 처음으로 도입된 것입니다.[37]

---

36) 디지털 국궁신문 기사 참조.
37) 정진명, '1958년 필름으로 본 황학정', 『활쏘기의 어제와 오늘』 177~189쪽.

그 당시까지만 해도 전국의 활터 상황은 중앙의 통제가 전혀 미치지 않았습니다. 그러다가 이 대회를 기점으로 하여 제도가 확산되기 시작했고, 그 중에는 과녁 모양도 있습니다.

이 대회 이전까지는 『조선의 궁술』에 그려진 모양대로 과녁 중앙에 관만 까맣게 그려진 상태였습니다. 이 관의 크기는 과녁을 가로세로 각기 3등분하여 그 가운데 생기는 네모만을 까맣게 칠하는 방식이었습니다.[38] 이것을 관(貫)이라고 합니다. 우리가 '관중'이라고 말하는 것은 바로 이 부분을 맞혔다는 것이고, 무과에서는 이 부분을 맞히면 점수를 더 주었습니다. 관중이 아니고 가장자리라면 '변중'이겠지요.[39]

그런데 가로세로 3등분하여 가운데 부분을 검정 칠하면 관이 과녁의 한 가운데에 오게 됩니다. 그런데 『조선의 궁술』에 나타난 관을 보면 복판에서 아래로 조금 처졌습니다. 이것은 무과의 유습인데, 과녁을 둘 놓을 경우에 관 위에 순서를 표시하기 위하여 一, 二, 三 숫자를 썼기 때문입니다. 글자가 들어갈 만큼 위로 여유를 두다보니 관이 아래로 조금 처진 것입니다. 오늘날 과녁에 있는, 우리가 흔히 눈썹이라고 말하는 一 표시는, 실제로는 한자의 숫자였던 것입니다.[40]

가장 달라진 것이 홍심입니다. 이 홍심은 무과 과녁에는 없었고, 다른 과녁에 있던 것입니다. 그런데 무과 과녁이 터과녁으로서 점차 커지다 보니 관이 과녁의 중심점 노릇을 하지 못하게 되고, 그 결과 새로운 중심점이 필요해져서 홍심을 과녁 안에 그려넣은 것입니다.[41]

따라서 미래의 과녁에서는 이 홍심을 없애야 합니다. 현재의 과녁을 가로세로 3등분하여 가운데 부분만 검정 칠을 하고 그 위에 一자를 그려 넣는 것입니다. 과녁이 여럿일 경우에는 번호를 붙여 가면 됩니다. 예를 들면 이런 식(一 二 三 亖 亖 亖 七 -- 九 十)으로 그리면 되겠지요. 九는 H로 변형해서 그려도 됩니다. 가운데 획을 길게 하면 과녁에 그리기 딱 좋습니다.

◆ 크기

과녁의 크기는 두 가지를 써야 합니다. 현재의 과녁은 편사용입니다. 현재의 크기는 현재의 크기대로 존중해야 합니다. 원래의 터과녁 크기는 가로가 4.6에 세로가 6.6입니다. 지금 과녁의 가장자리 흰 띠를 없앤 크기입니다. 이것이 점점 커진 이유는 편사 때문입니다. 편사에는 획창이 따라 붙는데, 연3중부터 지화자가 붙습니다. 그런데 터과녁은 작아서 연3중하기가 힘듭니다. 그래서 흥을 돋우려고 조금씩 크게 만들다 보니 오늘날의 과녁 크기가 된 것입니다. 따라서 습사용 과녁으로는 오늘날의 과녁을 그대로 씁니다.

---

38) 『국조오례의』 '군례' 서례.
39) 조선궁도회 자료.(성낙인 옹 유품)
40) 이형상, 『탐라순력도』, 제주시, 1994.
41) 『활쏘기의 어제와 오늘』 177~189쪽.

그런데 이렇게 하면 문제가 되는 부분이 있습니다. 즉『조선의 궁술』에 있는 말이 죽어버리고 만다는 것입니다.『조선의 궁술』에는 소살판, 살판, 대살판, 시수꾼이라는 말이 있습니다. 시수에 따라서 등급을 가리키는 말입니다. 1획 50시 중에서 15시를 맞추는 사람을 소살판이라고 불렀습니다. 20시를 살판, 25시를 대살판, 30시를 시수꾼이라고 불렀습니다.[42] 이때 사용된 과녁은 옛날 터과녁입니다.

따라서『조선의 궁술』속에서 죽어가는 이 말들을 살리려면 원상복구 해야 합니다. 그래서 우리는 온깍지 사습 제도를 두어서 이 제도를 살리려고 애쓰는 중입니다.

따라서 과녁도 현재의 습사용 과녁과 사습용 과녁을 나누어서 용도에 따라 써야 할 것입니다.

◆ 거리

과녁거리도 문제입니다. 현재의 과녁거리는 145m인데, 이것은 1969년에 결정된 일입니다. 6년 전인 1963년에는 147m였고, 그 이전에는 150m였습니다. 이렇게 과녁 거리가 오락가락 한 것은 자의 길이 기준이 달라졌기 때문입니다.

원래 과녁 거리는 조선시대 무과 유엽전의 거리입니다. 조선시대 무과 유엽전은 120보 거리에 놓았는데, 1보는 주척으로 6척입니다. 따라서 주척을 어떤 것으로 정하느냐에 따라서 과녁 거리가 들쭉날쭉해지는 것입니다.

조선 세종 때의 주척 1척은 20.795㎝이거나 21.028㎝였습니다.[43] 연구자에 따라서 결론이 조금씩 다른 결과입니다. 여기에 6을 곱하고 다시 120을 곱하면 과녁 거리가 나옵니다. 149.724㎝나 151.401㎝가 됩니다. 해방 전에 집궁한 분들이 모두 과녁 거리를 150m로 기억하는 것은 바로 이것 때문입니다. 구사들의 기억에 의하면 20.795㎝이 더 정확하다고 봐야죠. 이 주척을 목수들이 쓰는 영조척으로 환산하면 31.220㎝가 됩니다. 이 자는 세월이 지나서 영조 때에 이르면 다시 기준 자를 청동으로 만들어 전국 관아에 돌리는데, 그 구리자를 정밀 조사한 결과 30.8㎝가 나왔습니다. 영조척 30.8㎝는 주척으로 환산하면 20.759㎝가 되고, 여기에 6을 곱하고 다시 120을 곱하면 과녁 거리가 나옵니다. 결과는 149.466㎝입니다. 해방 전 구사들의 기억이 아주 정확했음을 알 수 있습니다.

1963년에는 기준 자를 바꿉니다. 일본 자 30.3cm를 적용하죠. 조선시대 영조척과 주척의 비율이 1:0.674였기 때문에 이것으로 환산하면 주척 1척은 20.422㎝가 됩니다. 여기에 6과 120을 각기 곱하면 147.039㎝가 나옵니다. 대한궁도협회에서 1963년에 과녁거리를 147m라고 확정

---

42)『조선의 궁술』부록 7쪽.
43) 정진명, '자에 관한 문제',『한국의 활쏘기』27~39쪽.

활쏘기 대회 모습(1958년 서울)

한 것은, 일본 영조척 기준에 조선의 주척 환산법을 적용한 결과입니다. 일본의 기준 자를 조선의 비율로 환산한 거죠.

1969년에는 더욱 대범해집니다. 이런 복잡한 셈법을 버리고, 일본 주척 길이 19.998㎝를 적용합니다. 여기에 6과 120을 각기 곱하면 143.985㎝가 나옵니다. 이걸 반올림하여 144m로 한 것인데, 실제로는 145m입니다. 이 1m 오차는 셈법이 다른 데서 오는 것입니다. 일본 자 1칸은 1.818m인데, 여기에 민간에서 전해오는 과녁 거리 80칸을 적용시켜 얻은 것이 145.44㎝입니다. 143.985㎝와 145.44cm 사이에서 5단위로 끊어지는 간편함을 택한 셈입니다.

이런 과정을 꼼꼼히 살펴보면 오늘날 과녁 거리 145m는 망한 나라의 후예들이 겪는 혼란을 상징처럼 보여주는 숫자입니다.

앞으로 과녁거리도 습사용 과녁은 현재의 거리를 존중하고, 시습용 과녁은 150m로 해야 합니다.

② 복장

옛날에 복장은 따로 정할 필요가 없었습니다. 보통 사람들은 한복을 입었고, 무관은 철릭을 입었습니다. 그렇지만 시대가 바뀌면서 복장이 다양해졌고, 이것을 어수선함으로 받아들인 협회

임원들이 제안하여 오늘날의 흰 빛으로 전신을 감싼 것입니다. 정구복이 그 원형입니다.

전통의 모습이 가장 잘 살아있는 분야가 옷입니다. 이 옷에서 전통을 살리지 않으면 활에서 우리 모습은 볼 수 없습니다. 그래서 우리는 '전복'을 기본으로 하여 그 이상의 한복을 입는 것으로 제도를 정비했습니다. 쾌자, 답호, 철릭, 융복, 두루마기까지 다 허용합니다. 다만 생활 속에 살아있는 것을 살려 입기 바라는 마음이고, 그래서 전복을 기준 복장으로 정한 것입니다. 전복과 두루마기가 가장 무난한 일상복입니다.

복장만 이렇게 정해도 활터의 모습은 대번에 바뀔 것입니다. 아무리 생각해도 정구복을 모델로 한 오늘날의 흰 옷 일색 복장은 뭔가 좀 아닌 것 같습니다.

③ 온깍지 사습

『조선의 궁술』에는 실력에 따른 차별을 두어 사람을 부르는 이름이 있습니다. 이를 되살려서 우리는 '온깍지 사습'을 실시합니다. 150m 거리에 무과 과녁을 놓고 1획 10순을 쏘는 것입니다. 1년에 4차례 실시하여 일정한 시험을 통과한 사람에게는 자격증과 홍패를 줍니다. 그 결과 2017년에 최초의 소살판이 나왔습니다. 학소대의 정만진 사백이 제1호 소살판에 올랐습니다.

④ 화살 차는 방향

화살은 두루마기를 입고 그 안에 차기 때문에 옷깃 사이로 나오도록 찹니다.[44] 현재의 방향과는 정 반대입니다. 지금 우리가 치르는 경기에서는 모두 이렇게 하고 있습니다.

궁대에는 끝에 마구리가 달려있습니다. 요즘 사람들은 그 쓰임을 모르고 주머니인 줄 알고 아예 지퍼를 달아서 깍지 같은 소품을 넣기도 합니다. 그렇지만 마구리는 화살촉을 넣는 곳입니다. 화살촉에는 흙이 묻기 마련이고 그것이 두루마기나 옷을 더럽히기 때문에 그것을 예방하려고 만든 것입니다. 마구리에 촉을 밀어넣고 두루마기를 입으면 화살은 옷깃으로 삐져나올 수밖에 없습니다. 그래서 지금과 반대 방향이 된 것입니다.

⑤ 경기 운영 및 획창

경기 운영도 좌달이와 우달이를 적용하고 될수록 옛 법에 가깝도록 합니다. 옛 법이란 1940년대를 말합니다.

또 반드시 한량획창을 합니다. 요즘은 마이크에 대고 "관중!"을 외칩니다. 그래서 분위기를 다음 사람이 조금이라도 늦게 쏘면 한 번 더 관중을 외칩니다. 빨리 쏘라는 뜻이죠. 설자리의 분위

---

44) 『활쏘기의 어제와 오늘』 346쪽.

획창 모습(2018 엄유정, 이소정).

기를 흐리고 한량의 마음을 바쁘게 압박합니다.

"벼언~" 하고 획창을 해야 하는 것은, 바로 뒤이어질 기생획창(호중) 때문입니다. 요즘처럼 관중!을 외치고 나면 소리꾼들이 획창을 하고 끼어들 틈이 없어집니다. 전통이 이렇게 도막도막 끊어지는 것입니다. 전통을 제대로 잇기 위해서라도 한량획창을 해야 합니다.

4) 활터 운영과 임원

활터는 대표인 사두가 있고, 그를 보좌하는 교장과 행수가 있으며(요즘은 부사두로 대체됨), 사무를 담당하는 총무가 있습니다. 이러한 것들도 세월의 흐름에 따라서 많은 변화를 겪었습니다.

① 임원 명칭

활터 임원을 가리키는 말도 지역에 따라 옛날에 쓰던 말을 살려 씁니다. 활터 대표는 '사수'와

'사두'를 함께 씁니다. 중부 이남에서는 대부분 활터 대표를 '사수'라고 썼습니다. 그래서 온깍지 학교와 관련된 활터에서는 사수라는 말을 많이 씁니다. 뚝방터의 대표도 사수라고 부릅니다. 온깍지동문회의 대표는 '회두'라고 하고, 각 권역별 모임 대표는 '사백'이라고 합니다.

장무, 권무, 유사 같은 좋은 말들도 있습니다. 장무는 요즘으로 치면 이사에 해당하는 것이고, 권무는 행사를 진행하는 사람을 말하며, 유사는 행사 주체를 말합니다. 특히 유사는 일이 있을 때만 잠시 맡는 임시직입니다.

② 유사

유사제도는 아주 좋은 것인데, 점차 사라지는 중입니다. 제가 단양에서 청주로 나왔을 때가 1999년 겨울이었는데, 그때만 해도 우암정에는 유사제도가 있었습니다. 몇 명을 한 묶음으로 동아리지어서 그 달의 월례회 비용을 분담시키는 것이었습니다. 월례회에 참가하지 않는 회원들에게도 일괄 부담하여 오래도록 활터를 비운 사람들의 비용이 쌓이자 그것에 대한 부담 때문에 참가하지 않은 사원들의 반발을 샀던 기억도 있습니다.

그렇지만 유사제도는 잘 운영하면 활터의 소속감과 유대감을 살리면서 임원진의 부담을 줄이고, 동시에 사원들이 임원의 일을 체험해볼 수 있는 아주 좋은 제도입니다. 안양정의 경우는 전국에서 모범이라고 할 만큼 유사 제도가 아주 잘 운영되는 활터입니다. 무성궁술회(장수바위터)의 경우를 소개합니다.

유사(有司)는 어떤 행사를 담당하고 총괄하는 사람을 말합니다. 보통 정에서는 총무가 그런 일을 맡습니다. 그러니까 유사란 '1일 총무'라고 생각하면 이해하기 편합니다.

무성궁술회(회장 강연원)는 매달 1번씩 삭회(朔會)를 합니다. 그러면 그 일을 담당하는 사람이 필요한데 회장과 총무에게만 떠넘기면 나중에는 이들이 지치게 되고, 그 피로감이 함께 다음 임원에게 인계됩니다. 이런 일을 방지하기 위하여 옛날부터 활터에서는 유사제도를 두어서 그날 하루 행사를 주관하도록 했습니다. 방법은 이렇습니다.

전체 회원이 1년에 1번씩은 해야 하므로 전체 인원을 12로 나누는 방식으로 하는 게 좋습니다. 회원이 많으면 유사가 4~5명까지 늘어날 수 있습니다. 전체 회원이 120명이면 1달 유사는 모두 10명이 되겠죠. 이 10명의 유사 중에서 대표자를 특별히 '도유사(都有司)'라고 합니다. '도'는 도사공(都沙工), 도접장(都接長) 같은 말에서 보듯이 우두머리를 뜻하는 접두어입니다. 도유사의 책임 하에 다른 유사들이 힘을 합쳐 하루 행사를 주관하는 겁니다. 유사가 하는 일은 이렇게 정리될 수 있습니다.

- 당일 비용 처리 및 정산 : 갹출이나 자부담 같은 여러 방식이 있다. 정산하여 남은 금액은 총

무(사무총장)에게 인계. 부족한 금액은 총무에게 요구······. 이런 식으로 정리. 될수록 조금 남게 해서 회비로 돌리는 것이 좋음.
- 행사진행 : 경기이사의 도움을 받아서 행사 전체를 주관
- 식당 예약 및 다과 마련
- 참가 독려 및 참여 인원 파악
- 작대 작성 및 대회 진행
- 상품과 기념품 마련 : 참가자 숫자만큼 적당한 상품과 기념품 준비

무성궁술회는 전체 회원이 많지 않은 관계로 1~2명 정도씩 묶어서 하고, 비는 달은 현 임원진이 맡습니다. 또 무성궁술회는 다른 지역 사람들도 많기 때문에 청주지역 사람들 1~2명과 다른 지역 사람 1명을 묶어서 2~3명을 한 단위로 하여 진행합니다.

이렇게 하면 활터 운영을 총괄하는 총무의 임무를 잘 이해할 수 있고, 나중에 임원을 맡더라도 잘 수행할 수 있습니다. 어차피 활터는 민주주의 방식으로 임원을 선출하기 때문에 이럴 때를 대비해서 미리 임원 연습을 해보는 것입니다. 이럼으로써 활터의 운영과 생리를 이해하는 중요한 경험이 됩니다. 나아가 이것은 다른 단체에서 어떤 일을 맡았을 때 당황하지 않고 임무를 완수할 수 있게 되는 예비 공부가 되기도 합니다. 나아가 책임감과 참여의식도 높아져서 회원들의 귀속감과 정체성도 한결 또렷해집니다.

5) 과거를 지켜 미래를 여는 모임

위에서 말한 풍속은 하루가 다르게 활터에서 사라지는 중입니다. 풍속이나 문화가 사라지는 것은 사람들의 관심이 멀어지기 때문입니다. 한 곳으로부터 관심이 멀어지는 데는 다른 곳으로 그 관심이 쏠리기 때문입니다. 그리고 그런 현상을 현재의 국궁계에서는 조장하고 있습니다. 즉 대회와 입승단이 그 주요인입니다. 이로 인해 활터는 '과녁 맞히기' 이외의 구성요소에 대해서는 냉담하거나 무관심한 상태입니다. 이렇게 되면 활터 전체의 보이지 않은 질서를 해치거나 허물게 됩니다. 그런 우려스러운 움직임이 벌써 40여년 이어져왔고, 그 부작용은 심각하게 활터에 나타나는 것입니다.

그런 부작용 중에서 가장 심각한 것이 명궁을 중심으로 활터의 세력이 재편되고 있다는 것입니다. 명궁의 자격심사는 9순 45시 중에서 31시를 맞추는 능력입니다. 그러다보니 명궁이 활쏘기의 전통에 대해 어떤 지식을 갖추었는지는 전혀 묻지 않습니다. 전통에 대해 전혀 모르는 명궁이 되어 활터를 호령하게 되고, 그러면 명궁의 권위 하나로 활터의 사풍까지 관여하게 됩니다.[45]

이렇게 하여 그간 수많은 변화가 활터에 들이닥쳤습니다.

이런 변화를 걱정하는 마음으로 온깍지활쏘기학교는 출범하였고, 앞으로 우리 활의 미래를 결정지을 중요한 일들을 하나하나 마련하여야 한다는 생각으로 모든 구성원들이 참여하고 고민하는 중입니다. 그러자면 머리로 알아야 하기도 하지만, 실제로 생활 속에서 실천해야 합니다. 활량이 생활 속에서 실천한다는 것은 실제로 그런 행사를 하고, 행사를 통해 몸으로 참여해야 함을 뜻합니다. 그러자면 전통에 대해 어느 정도는 알아야 합니다. 그래서 배움이 필요합니다.

① 온깍지활량학교

우리가 옛날부터 전해오는 활터 풍속을 제대로 이어받으려면 옛 풍속에 필요한 여러 가지 문화를 이해하고 알아야 합니다. 그래서 만든 것이 온깍지활량학교입니다. 온깍지활쏘기학교 카페 안에는 〈온깍지전통문화학교〉라는 메뉴가 있습니다. 바로 이곳이 온깍지활량학교를 염두에 두고 만든 메뉴입니다.

활량을 〈전통문화〉로 바꾼 이유는 '활량'이 주는 선입견을 생각한 까닭입니다. 활량의 후예인 우리 자신은 이런 말에 개의치 않을 것입니다만, 일반인들의 인식은 달라서 자칫 우리를 삐딱한 시각으로 볼 수 있습니다. 그걸 대비해서 이름을 이렇게 한 것입니다. 실제로는 온깍지활량학교와 같은 말로 쓰일 것입니다.

활터에는 활쏘기만 있는 것이 아니라, 전통 문화 중 몇 가지가 함께 존재합니다. 활쏘는 한량 뒤에서 획창을 하자면 소리를 알아야 합니다. 획창은 2가지가 있습니다. 한량획창이 있고, 기생획창이 있습니다. 행사 때 이 획창이 나오는데, 심판을 보려면 이 획창요령을 알아야 합니다. 그래서 획창을 배워야 하고, 또 소리기생들이 하는 소리를 어느 정도는 따라할 줄 알아야 합니다. 그래서 국악에 대한 지식이 약간 있어야 합니다. 그런 소리가 나올 때 전후맥락을 이해하기 위한 수준 정도로 배워야 합니다.

소리를 알면 저절로 춤도 추게 됩니다. 획창기생이 세겹지화자를 부르는데 뻣뻣이 있을 수는 없습니다. 같이 덩실덩실 출 정도는 우리 춤에 대해 알아야 합니다. 이런 것을 배웁니다.

또 획창한량 뒤에서는 획관이 획지를 적습니다. 그 획지는 한지 전지에 붓글씨로 씁니다. 그러니 붓글씨도 이름자를 쓸 정도는 배워야 합니다.

이런 모든 것을 계속해서 이어가기 위해서 이런 것을 가르쳐줄 기구가 필요하고, 그래서 온깍지활량학교를 만든 것입니다.

---

45) 『활쏘기의 어제와 오늘』 23쪽.

선호중 모습(2018 활음계).

② 온깍지편사회

　온깍지활량학교에서는 활량으로 활동하기 위한 기초 소양 수준의 교육을 하지만, 전통 활쏘기를 제 모습대로 지키려면 전문가 양성이 필요합니다. 전문 소리꾼도 있어야 하고 춤꾼도 있어야 하며 명필도 있어야 합니다. 그래서 활터 내에서 그런 능력 있는 사람들을 모아서 활터 풍속을 이어갈 모임을 만들었습니다. 그것이 온깍지편사회입니다.

　편사나 한량놀음은 단순히 활만 쏠 줄 안다고 해서 되는 것도 아니고, 음악만을 할 줄 안다고 해서 되는 것도 아닙니다. 여러 분야의 전문가가 모여야 합니다. 그래서 그들이 한 자리에서 모여 이루는 큰 어울림이 활터의 핵심 전통문화가 되는 것입니다.

　그래서 소리하는 사람들이 필요하고 활을 쏠 줄 아는 사람이 필요합니다. 이런 사람들을 분야별로 모임을 만들어서 연합회 형식으로 꾸린 것이 온깍지편사회입니다. 산하 모임은 각자 운영권과 생명이 있으면서 전체의 어울림에 딸리는 위치 개념을 지니게 됩니다.

　온깍지편사회가 걸어온 길을 간단히 정리하면 다음과 같습니다.[46]

---

46) 『활쏘기의 지름길』 219~220쪽.

- 1999~2000.　온깍지궁사회 결성 예비모임.
- 2001. 1.　청주 우암정에서 온깍지궁사회 출범. 성낙인 선생의 지도로 획창 하는 방법 배우고, 서울편사의 운영 방식을 대회에 적용함.(이후 이 방식은 온깍지궁사회 활동 내내 이어짐.)
- 2002.　온깍지편사 계획 수립. '서울편사보존회' 결성.(온깍지궁사회 조직과 동일.)
- 2003. 1.　곡성 반구정에서 윤준혁 사수 취임식을 거행함. 전남대 국악과 학생들을 소리꾼과 기공으로 동원함. 이때 한량놀음을 해봄.
- 2007.　온깍지궁사회 공개활동을 마감하고 사계로 전환. 사계활동은 카페에 정리됨.
- 2012. 2.　온깍지활쏘기학교 출범. 서울편사보존회를 온깍지편사회로 재편성. 매년 봄에는 편사, 가을에는 상사회를 실시.
- 2014. 5. 30.　활음계(활터음악계승회) 출범. 충북예고 국악 전공 학생들로 구성.
- 2014. 11.　활음계 주최 제1회 꿈이 크는 음악사랑방(김은빈 가야금병창 독창회).
- 2015. 3. 29.　활음계 주최 제2회 꿈이 크는 음악사랑방(감수현 가야금 독주회)
- 2015. 5.　〈전통 활쏘기〉 출판기념회 축하 활음계 공연.
- 2015. 10.　장호원 뚝방터에서 한량놀음과 획창 시연함.
- 2016. 11.　제1회 우리 활과 소리의 만남 공연. 회두취임 상사대회에서 한량놀음을 실시함.
- 2017. 5.　제2회 우리 활과 소리의 만남 공연. 서울 터편사와 한량놀음 실시.
- 2017. 11. 16.　'2017 젓가락페스티벌 북콘서트'에서 획창 시연, 및 국악 공연.
- 2018. 4. 7.　제3회 우리 활과 소리의 만남 공연. 제3회 온깍지회두배 활쏘기 대회 참가.
- 2018. 5. 22.　활음계 대전 대동정 방문. 박문규 사범으로부터 호중 배움.(엄유정, 이소정, 박혜선)
- 2018. 10. 13.　제4회 우리 활과 소리의 만남 공연. 제5회 뚝방터 사수미 상사대회에서 공연과 호중을 함께 함.
- 현재.　온깍지편사회를 구성하는 참여단체는, 온깍지궁사회, 온깍지활쏘기학교, 온깍지동문회, 활터음악계승회임.

③ 활터음악계승회

활터음악에는 전문 소리꾼이 해야 하는 영역이 있습니다. 바로 기생획창이 그것입니다. 그래서 국악을 전문으로 하는 소리꾼을 활터에 불러서 그들에게 활쏘기의 전체 흐름 속에서 소리가 어떻게 이루어져야 하는 것을 알려주어야 합니다. 소리는 소리꾼의 몫이지만, 그 소리를 현장에서 적용하고 어울리는 것은 좀 별다른 문제입니다. 그 문제는 실천을 통하지 않으면 안 됩니다. 그래서 소리꾼을 활터로 불러서 소리의 실상을 알려주고 그들과 어울리는 행사를 함께 합니다. 그러면 저절로 활터의 소리 전통이 이어집니다.

이를 위하여 2014년에 충북예술고에서 만든 모임이 활터음악계승회(활음계)입니다. 지금까지 꾸준하게 온깍지활쏘기학교 행사 때마다 참여하여 활터음악을 이어가는 중입니다.

활음계는, 처음 편사를 위한 모임으로 구상하였지만, 실제로는 국악 활동을 하기 위한 모임으로 확대될 예정입니다. 참고로 제가 부임한 2014년부터 저와 인연을 맺은 사람은 다음과 같습니다.

입학년도	성명	전공	졸업	비고
2014	김은빈	가야금병창	24회	
	이가현	경기민요	〃	
	김수현	가야금	〃	
	이나경	가야금	〃	
	정민아	타악	〃	
	오정화	판소리	〃	
2015	윤서연	가야금	25회	
	정보희	가야금	〃	
	지선우	가야금	〃	
	우정현	가야금병창	〃	
	노혜은	타악	〃	
2016	이지원	가야금	26회	남
	김사랑	경기민요	〃	
	서혜리	해금	〃	
	지유진	가야금병창	〃	
2017	이소정	가야금병창	27회	
	엄유정	가야금병창	〃	
	박혜선	타악	〃	
	김진희	해금	〃	
	서수민	가야금	〃	
2018	박보현	가야금	28회	
	이은혜	가야금	〃	
	신은영	가야금	〃	
	박주은	가야금병창	〃	
	박상욱	피리	〃	남

김홍도의 풍속화

김준근의 풍속화

④ 삼현육각

삼현육각은 우리 전통 음악에서 기본 악기구성을 가리키는 말입니다. 원래는 현악기 3개에 나팔 6개를 가리키는 말인데, 악기의 일반 구성을 가리키는 말로 확대되었습니다. 악기구성은 지역마다 다르고 음악마다 다릅니다. 특히 지방색이 커서 악기 구성이 달라도 모두 삼현육각이라고 부릅니다.[47]

가장 단출하면서도 흔한 구성은 6개 악기로 구성하는 것입니다. 즉 대금, 피리 둘, 해금, 북, 장구입니다. 피리가 둘인 것은, 똑같은 피리가 아니라 서로 다른 피리 둘을 쓰기 때문입니다.

우리는 이 구성이 되면 그대로 하지만 여건이 되는 대로 다양하게 할 예정입니다. 악기를 동원할 수 있는 대로 하는 것이지요. 예컨대 대금이 없으면 없는 대로, 또 가야금이 있으면 가야금을 넣어서 그때그때 형편에 맞게 하는 것입니다. 위의 학생들 명단을 보면 알겠지만 악기가 편중되었습니다. 그래서 불가피한 일이기도 합니다.

⑤ 우리 활과 소리의 만남

〈우리 활과 소리의 만남〉은 벌써 4회를 치렀습니다. 이것은 제가 활터와 국악을 연결하려는 시도입니다. 둘 다 우리의 전통이고 서로 연결되는 지점이 있어서 그것을 한 공간에 모아보는 것입니다. 획창은 그런 예이지만, 이 예가 아니라도 얼마든지 국악을 국궁장으로 불러들일 수 있습니다.

---

47) 이건호, '전통 활쏘기의 편사 음악 고찰', 『국궁논문집9』, 온깍지총서3, 고두미, 2016. 17쪽.

예컨대, 뚝방터에서 매년 하는 대회가 사수미 상사대회입니다. 이때 활음계 회원들을 부르는 겁니다. 그래서 우리는 사대에서 과녁을 향해 활을 쏘며 대회를 진행하고, 그 옆에 무대를 꾸려서 소리꾼들이며 악기 잽이들이 공연을 하는 것이죠. 대회는 대회대로 진행되고, 공연도 하고, 이렇게 하면 활 쏘는 가운데 풍악을 들으며 저절로 흥이 오를 것입니다. 처음에는 어수선해 보이기도 하겠지만, 양궁 선수들은 일부러 야구장에 가서 연습을 하는 마당이기도 하니, 국악 공연 속에서 활쏘기 하는 것도 나름대로 운치 있을 듯합니다.

이렇게 해서 연결고리를 만든 다음에 이것이 계속 이어지면, 나중에는 우리 모임에 참여하는 국악인들을 모아서 국악관현악단을 하나 꾸리는 것입니다. 이들이 매년 정기 공연을 하고, 우리 활터에 와서 함께 획창도 하면서 상부상조하는 것이죠. 이렇게 되면 두 갈래가 화합하는 예술 한마당이 실현될 것입니다. 여기에 붓글씨 퍼포먼스까지 가세하면 우리는 새로운 예술 갈래를 창조하게 될 것입니다.

7. 활터의 어제와 오늘

모든 교육은 기준에서 출발합니다. 기준을 어떻게 잡느냐에 따라서 교육의 내용이 완전히 달라집니다. 그래서 활 교육에서도 기준을 분명히 알아야 하고, 우리는 그에 대한 논의를 정리하는

1958년 서울 황학정 무겁.

중입니다. 그러자면 활터의 모습을 어떻게 머릿속에 그리느냐 하는 것이 먼저 결정되어야 하고, 그러자면 활터가 그 동안 어떻게 변모해왔는가 하는 것을 아는 것이 중요합니다. 이것을 안 다음에, 어느 것을 기준으로 가르쳐야 하는가 하는 내용이 결정됩니다.

1) 활터의 본디 모습

활터는 무겁과 설자리로 구성됩니다. 무겁에는 과녁이 하나 있고, 화살을 주워주는 고전이 있었습니다. 고전은 활터에서 일정한 삯을 주고 고용하여 활터 관리까지 맡기는 방식입니다. 고전이 없어 연전을 못할 경우는 동네 코흘리개들에게 용돈을 주고 주워오는 일을 시켰습니다. 그 용돈으로 얼음과자나 학용품을 산 아이들이 나중에 어른이 되어 활터를 찾아와 한량이 됩니다. 성순경이나 남상인 같은 명무들의 회고를 들어보면 흰 두루마기 입고 활을 쏘던 분들의 멋진 모습이 집궁의 이유가 되었습니다.

설자리에는 거의가 기와를 얹은 자그마한 집이 있었고, 당연히 획창하는 소리꾼이 대기했습니다. 그래서 한량이 활을 쏘면 고전이 깃발로 관중 여부를 알리고, 그에 따라 설자리 뒤에서 소리꾼이 획창을 했습니다. 이것이 1940년대에 볼 수 있는 활터 풍경이었습니다.[48]

옛날에 활터는 과녁이 하나뿐이었습니다. 그래서 대회 풍경도 이런 조건 때문에 결정됩니다. 수용인원에 한계가 있는 것입니다. 서울의 경우 하루 대회 수용 인원은 80명 정도였습니다. 즉 도성 안 5개 사정이 편사를 할 경우, 한 띠의 편사원 수가 15명이므로 15×5를 하면 75명이 됩니다. 성낙인 옹의 회고에 의하면 아침 일찍부터 시작해도 밤늦게 끝났다고 하니, 획창이 붙은 상황이라서 그렇습니다. 온깍지동문회 주최 대회를 해보면 이런 상황을 잘 이해할 수 있습니다.

따라서 하루 안에 치를 수 있는 대회 인원은 100명을 넘기기 힘들다는 것입니다. 전국대회의 양상도 이런 조건 때문에 저절로 결정됩니다. 1940년대 전국대회의 상황을 들어보면 대부분 참가자가 200~300명 정도였다고 합니다. 하루 100명 이내의 상황을 감안하면 이들은 3일간 대회를 치러야 한다는 결론입니다. 그래서 실제로 하루 1순씩 3일간 대회가 진행되었습니다. 전날 도착해서 습사를 하고 마지막 날 시상식에 참가하면 전국대회 참가 일정은 5일 정도가 되는 셈입니다. 그래서 이런 대회가 전국에 10여개 정도가 있으면 꽉 채울 경우 50일 정도가 소요되는 셈입니다. 그래서 봄가을로 활쏘기 대회 시즌이 형성되고, 한 번 집을 나가면 몇 달 뒤에 돌아온다는 옛 이야기는 이런 배경을 바탕으로 만들어진 상황임을 알 수 있습니다.

하루에 한 순밖에 쏘지 못하는 상황은 획창 때문입니다. 만약에 획창을 없앤다면 어떻게 될까

---

48) '온깍지 편사', 『전통 활쏘기』 192쪽.

1958년 서울 서호정.

요? 그때는 진행 속도가 빠르겠지요. 진행 속도를 더욱 빠르게 하려면 옆에다가 과녁을 하나 더 놓는 것입니다. 실제로 이런 일이 일어나는 것은 1962년입니다. 황학정에서 전국대회를 치르기 위해 활터를 정비하면서 과녁을 둘 놓습니다. 이때는 획창을 하지 않았다는 증거입니다.[49]

한 번 이러한 선례가 굳어지면 전국대회를 치르는 정에서는 금세 따라 하기 마련입니다. 그것이 대회 운영에 편리하기 때문입니다. 결국 편리함이 그 전의 전통을 바꾸는 계기가 됩니다. 이렇게 하여 활터에 과녁이 둘로 늘어나는 일은 순식간에 전국으로 퍼져갑니다. 이렇게 되면 활터에서 획창이 사라집니다. 전국대회 획창이 1960년대 초까지만 있었다는 박문규(대전 대동정 사범) 접장의 기억은 아주 정확한 것임을 알 수 있습니다.

과녁이 셋까지 늘어나는 것은 시간문제일 뿐입니다. 그런데도 구사들의 생각은 과거에 매인 경우가 많습니다. 옛날의 활터 모습이 이랬기 때문에 아직도 여기에 매인 것입니다. 즉 고전의 경

---

49) '1958년 필름으로 본 황학정' 177~189쪽.

우 꼭 필요한 것이라고 여기는 사람들이 구사들 중에서는 아직도 많습니다. 활터에서 한량의 체통을 지켜주는 조건의 하나로 연전꾼을 고용하는 것이라고 믿는 것입니다. 그렇지만 활터 밖의 사람들 눈에는 이런 것이 괜한 짓으로 보이죠. 그런 사람들이 활터에 들어와서 그런 생각을 굽히지 않을 때 활터에서는 고전이 사라집니다. 고전이 사라진 자리에 마이크가 달리고 관중할 때마다 전구가 반짝입니다.

우리가 기억하는 1940년대는 과녁이 하나뿐인 활터입니다. 현재의 활터 예절은 이런 상황을 전제로 다듬어진 것입니다. 과녁이 둘로 늘어나면 동진동퇴나 좌우 교대발시에 큰 혼란이 옵니다. 이런 혼란은 기준이 사라져서 그런 것입니다. 이런 혼란을 덜 겪으려면 평상시 습사할 때 과녁이 셋이더라도 주 과녁과 보조 과녁을 정하여 될수록 한 과녁만을 쓰는 것입니다.

사풍과 예절에 나타난 변화는 오랜 세월을 거친 것입니다. 그리고 그런 변화의 밑바탕에는 활터의 환경 변화가 깔려있습니다. 그래서 잘 살펴야 합니다. 이런 것을 설명하지 않으면 강요하게 되고, 강요는 곧 구성원 간의 갈등으로 이어집니다. 이치에 맞는 설명을 해주면 판단은 저절로 섭니다. 그리고 그 판단의 결론은 활터 구성원들의 합의에서 나옵니다.

2) 활터의 최근 변화

최근에 나타난 활터의 환경변화도 눈여겨보아야 합니다. 가장 먼저 눈에 띄는 것은 타종입니다. 습사 시작을 알리는 신호로 종을 하나 매달아서 치는 것입니다. 그러면 사람들이 우르르 몰려나와서 활을 쏘기 시작합니다. 이것도 좌달이와 우달이가 사라지면서 생긴 현상입니다. 좌우 발시교대의 혼란은 과녁이 둘로 늘어나면서 생긴 현상이라고 말씀 드렸습니다. 결국 타종은 그 연장선에서 나타난 새로운 방안이겠죠.

옛날에는 초순에 우궁이 먼저 쐈으면 그 다음 순은 좌궁이 먼저 쐈습니다. 공평성을 기하기 위한 것일 텐데, 대회진행을 우궁 우선으로만 하다보니까 거기에 적응하려고 자정 습사에서도 그렇게 하기 시작하면서 아예 잊어버린 것이죠. 그렇게 되니까 각 과녁마다 쏘는 순서도 다르고 어수선해지니까 그것을 통일하려고 종을 매달게 된 것입니다. 엄밀히 보면 사풍 붕괴의 징표이기도 합니다.

또 하나 눈에 띄는 것은 과녁에 관중 여부를 확실히 하려는 여러 가지 장비를 설치하는 것입니다. 마이크를 달고 신호등을 달아서 자동으로 표시되도록 합니다. 이것은 고전이 사라진 결과입니다. 그리고 과녁 맞히는 일 하나에 골몰하면서 생긴 현상입니다. 활터가 과녁 맞히는 사격장으로 바뀌어가는 중임을 보여주는 일이죠.

아무도 모르는 사이에 설자리의 모양도 바뀝니다. 설자리에는 솔대로부터 145m를 나타내는 선을 하나 그어둡니다. 그 선을 밟고 쏘는 것이죠. 양궁도 마찬가지입니다. 그런데 사대에 선 한량이 하도 나부대며 나섰다 물러섰다 하니까 뒤로 더 이상 물러나지 못하도록 선을 하나 그어서 한량을 네모 안에 가둬놓습니다. 언제부턴가 당연한 일로 여기고 요즘은 활터 설자리를 다들 그렇게 그립니다. 그러나 우암정에는 옛날 방식으로 설자리에 선이 하나 그어졌고, 사람 사이에 구분선만 그러졌습니다. 이게 옳은 것입니다.

시지 기록이 사라진 것도 요즘 활터의 모습입니다. 시지는 개인의 기록이지만 그것이 활터의 산 역사로 누적된다는 점에서 중요합니다. 세월이 지나면 유형문화재로 기능하게 됩니다.

3) 팔찌동과 교대 발시의 혼란

앞서 과녁이 하나에서 둘로, 둘에서 셋으로 계속 늘어나면서 생긴 혼란을 잠깐 말씀드렸습니다. 그것의 연장선에 있는 것이 팔찌동의 혼란입니다. 엊그제 장수바위터에서 활을 쏘다가 정화영 회두님이 그 문제를 물으셨고 최근에 근처 활터에서도 자주 일어나는 일입니다. 보통 사대의 1번 자리가 사두 서는 자리인데, 사두가 좌궁일 경우에는 사두는 맨 끝에 서야 하느냐? 그리고 1번 자리에 서려는 좌궁 사두도 있는데 그걸 어떻게 하느냐? 또 우달이 좌달이에서 사두가 맨 끝에 서면 활을 쏠 때 좌궁이 먼저 발시하는 게 예우냐? 뭐, 이런 문제들입니다.

이 문제도 마찬가지로 활터에 과녁이 둘로 늘어나면서 생긴 문제입니다. 사두가 좌궁일 경우에는 좌궁 자리가 가장 높은 팔찌동이 됩니다. 그런데 과녁이 둘로 늘어나면 두 좌궁 자리 중에서 어디가 더 높은 자리냐 하는 고민이 생길 것입니다. 과녁이 둘일 경우 보통 우궁들이 많기 때문에 왼쪽 과녁부터 서기 시작할 것입니다. 그러면 저절로 좌궁은 1관과 2관 사대의 중앙에 서게 됩니다. 그리고 바로 옆에서 2관의 1번 자리가 시작되죠. 이렇게 되니 좌궁은 1관과 2관 사이에 끼이게 되는 겁니다. 사두가 된 좌궁은 1관의 1번 자리가 높은 자리라는 생각이 들 법도 합니다.

그러나 좌궁의 팔찌동은 우궁과 반대쪽인 것은 변하지 않습니다. 활터 상황에 따라서 좌궁 서는 곳이 편하면 2관이나 3관의 좌궁자리부터 서서 활을 쏘면 되는 것이고, 1관이 편하면 1관 1번부터 서서 좌궁은 맨 끝자리에 서면 됩니다. 황학정의 성문영 사두가 좌궁이었습니다. 황학정이 지금은 등산로 때문에 1관 쪽으로 길이 났습니다만, 옛날에는 지금의 3관 쪽 오솔길로 올라왔고, 올라오면서 맨 처음 마주치는 자리가 3관 끝자리였습니다. 성 사두는 그 자리에서 활을 쏘면서 등정하는 사람들을 바라보았습니다.

사두가 팔찌동의 맨 끝자리에 서도 좌달이와 우달이는 달라지지 않습니다. 초순은 우달이, 재순은 좌달이, 3순은 우달이……. 이런 식으로 쏘는 겁니다. 성낙인 옹이 발시 교대도 서둘러 경쟁하듯이 했다고 했는데, 바로 이런 분위기 때문입니다. 맨 끝에 사두가 서있으면 우궁이 사두보다 먼저 준비해야 하는 상황이 벌어집니다. 사두가 끝자리에 준비 다 끝내고 섰는데, 우궁이 느릿느릿 사대로 나선다면 그보다 더 민망한 일도 없을 것입니다. 그래서 서로 경쟁하듯이 좌우 발시 교대를 한 것입니다.

과녁이 3개 놓이니 1관 1번 자리를 가장 높은 곳으로 착각하여 좌궁인 사두가 거기 서려고 하는 사례도 잦습니다. 그렇지만 그건 틀린 것입니다. 팔찌동에는 좌우의 높낮이가 없습니다. 좌궁에게는 끝 쪽이 높은 자리이고 우궁에게는 앞쪽이 높은 자리입니다. 이런 혼란이 생긴 것은 과녁이 2개 이상으로 늘어난 것도 있지만, 사실은 좌우 발시 교대의 원칙이 무너지면서 더욱 심해진 것입니다. 경기나 대회의 영향으로 무조건 우궁부터 발시하니 맨 나중에 발시하는 쪽에서는 당연히 그곳이 낮은 자리라고 여기게 되죠. 그러니 이런 것을 고쳐가는 일은 사풍을 바로잡는 일부터 시작해야 합니다.

4) 활터 변화의 진앙

활터의 조건이 변하는 데는 사람들의 의식이 바뀐다는 사실이 있습니다. 사람들이 활터를 과녁 맞히는 사격장이나 오락장으로 여기는 것입니다. 사람들이 이렇게 하는 데는 과녁을 잘 맞히고 싶은 이유도 있지만, 그런 이유를 부추기는 '제도'가 있기 때문입니다. 그 제도는 전국대회와 입승단입니다.

그런데 이 제도를 운영하는 주체가 협회이고, 협회의 단순한 제도 실시가 활터에 큰 변화를 가져왔습니다. 그 변화의 물결은 단순한 물결이 아니라 쓰나미 수준입니다. 그만큼 협회의 정책은 활터에 큰 영향을 미칩니다.

그러다보니 협회에 무턱대고 지지하거나 성원을 보내는 충성파가 생깁니다. 이 세상에는 협회 하나 뿐인 걸로 착각하고 협회에 가입하지 않은 사람은 사람 취급도 안 하는 것입니다. 실제로 협회 회원이 아니라고 이적을 거부하거나 가입을 못하게 막기도 하는가 하면 협회 회원이 아닌 사람과 한 사대에 서서 활을 쐈다고 징계 운운하며 협박하는 사태까지 일었습니다. 2018년 여름 청주 장수바위터에서 겪은 '사실'을 말하는 것입니다. 피해 당사자는 서정의 접장과 김영구 접장입니다. 활 쏘는 사람들 모두를 부끄럽게 하는 이런 어이없는 일들이 하루가 멀다 하고 일어납니다.

활터의 주인이 한량인지 협회인지 분명히 하는 것이 활터의 사풍을 바로잡는 첫걸음이 될 것입니다. 협회는 활터 사람들의 일부가 모여서 만든 편의 단체일 뿐입니다. 이런 편의 단체가 활터를 향해 호령하는 것은 당사자들의 의식 수준이 그러하기 때문에 일어날 수 있는 일입니다. 저지르는 놈은 따로 있는데 부끄러움은 나의 몫인 이 어이없는 세월이 언제 끝날지 참 알 수 없습니다.

8. 장수바위터의 특수성과 서정의 접장

정간 도끼 사건으로 2004년 활을 그만둔 지[50] 10여 년, 2015년 겨울에 갑자기 다시 활을 쏘게 되었습니다. 청주시 남일면의 청주시 국궁장 때문입니다. 2015년은 청주시와 청원군이 통합하여 출범한 해였고, 마침 이승훈 통합시장과 공사의 교장이 학교 동창이어서 갑자기 얘기가 되는 바람에 공사 입구의 공군박물관 예정 자리에 체육공원이 조성되었고, 그 체육공원 안에 시에서 직접 운영하는 국궁장이 생긴 것입니다.

이 국궁장이 생기는 과정에서 좀 시끄러운 일이 일어났습니다. 즉 새로 생기는 이 활터를 두고 서로 다른 목적을 지닌 사람들이 맞부딪친 것입니다. 청주 구룡정은 무심천 둔치에 있어서 시로부터 늘 철거 요구를 받는 중이었습니다. 그러는 중에 체육공원에 국궁장이 들어선다는 얘기를 듣고 구룡정 임원들이 활터 이전을 추진했습니다.

한편으로는 공군사관학고 내의 활터인 성무정이 이런저런 사정으로 활을 쏘기 어려운 형편이 되어 공사 생도들 교육을 하는 용도로 체육공원 내의 활터를 이용하려고 한 것입니다. 이 과정에서 성무정이 체육공원 내의 활터로 이전하려고 했고, 한 장소를 두고 두 활터가 옮아오려는 시도를 하다가 정면으로 맞부딪친 것입니다. 결국 한 장소를 두고 갈등이 벌어지는 바람에 이 활터는 시 체육회에서 직접 운영한다는 원칙을 세웠고, 그 방침으로 청주시 남일면 면사무소 9급 공무원이 체육공원 관리를 담당한다는 결론이 났습니다. 그리고 2016년부터 4년간 청주시와 공사가 협약을 체결하여 2020년 4월까지 시에서 체육공원을 직접 운영한다는 방침이 정해졌습니다. 구룡정과 성무정 양측에서 모두 활터를 옮겨올 수 없게 된 것입니다.

활터에는 컨테이너 두 개가 놓였습니다. 하나는 공사 생도들 교육할 때 사용하는 용도이고, 다른 하나는 시민들이 사용하는 용도로 마련된 것이었습니다. 공사 컨테이너에 성무정 현판을 달았는데, 남일면사무소의 담당 직원이 그 현판을 철거함으로써 이 활터에 대한 사용 원칙은 분명해졌습니다. 어느 단체도 활터를 독점할 수 없고, 시민 누구나 개인 자격으로 와서 활쏘기를 해야 한다는 것입니다. 언뜻 보기에는 무주공산인 활터입니다. 이 무주공산에 주인노릇을 하려는 사람들이 여럿 나타났습니다. 즉 협회에서 직접 운영해야 한다느니, 하면서 민원을 넣었지만, 활터가 만들어질 당시의 복잡한 상황을 겪은 시에서는 한결 같은 원칙으로 면사무소 직영을 선택했습니다.

물이 고이면 저절로 물고기가 생기듯이, 무주공산인 활터에는 저절로 한량들의 발길이 모여들었습니다. 저 또한 이렇게 하여 10여 년 만에 활을 다시 쏘기 시작한 것입니다. 이곳에 활을 처음

---

50) 2003년 9월 21일. 제2회 청주 시장기 대회.

민예총 음악 국제교류 참가 외국인 활쏘기 체험(2017).

배우러 온 사람은 제가 가르쳤습니다. 이렇게 하여 활터 이용자가 20여 명을 넘어설 무렵, 2108년 2월에 남일면 청주시국궁장이용자자치협의회가 만들어졌습니다. 회장으로 강연원, 사무총장으로 맹주찬, 선생으로 정진명을 뽑았습니다.

자치회이지만, 이 활터를 이용하는 사람들의 모임은 따로 있습니다. 물론 이 둘은 상당부분 겹치지만, 이 활터의 사용 원칙 때문에 자치회의 형식을 띤 것입니다. 이 활터를 이용하는 사람들 중에서 원하는 사람끼리 모임을 만들었고, 사계 이름을 〈무성궁술회〉라고 했습니다. 그리고 이 사계에서 이용하는 활터를 〈장수바위터〉라고 했습니다. 무성궁술회는 남일면 국궁장을 〈장수바위터〉로 잠시 쓰는 중입니다. 이 국궁장이 문을 닫으면 〈장수바위터〉는 다른 곳으로 옮겨갈 것입니다.

〈장수바위〉는 〈용암(龍巖)〉을 옮긴 말입니다. 청주 한 씨의 본향인 대머리 이름이 용암동이고, 장수바위입니다. 이 용이자 장수는 한 씨의 중시조인 란(蘭) 장군을 가리키는 말입니다. 왕건을 도와 고려를 여는 일에 기여한 개국공신입니다. 이런 지역의 역사와 유래를 감안하여 지은 이름입니다. 원하는 사람이면 누구나 가입할 수 있는 열린 구조입니다.

이곳에서 활을 배운 사람 중에 서정의 접장이 있습니다. 활을 배운 지 1년이 되는 2018년에 속리산중학교에서 괴산 연풍중학교로 발령이 났습니다. 출퇴근 시간이 길어 학교 사택에 들었습니다. 그러니 장수바위터로 활을 쏘러 오는 때라고는 주말뿐입니다. 이 문제를 해결하기 위하여 연풍중학교 인근의 가까운 활터를 찾아갔습니다. 먼저 괴산.

괴산의 한 활터는 2017년에도 한 번 찾아간 적이 있습니다. 이번에 찾아가서 학교사정을 말하고, 그 활터에 입회하려고 한다고 의견을 말했습니다. 그랬더니 사범이라는 사람이 먼저 온깍지궁사회원이냐고 묻더랍니다. 그렇다고 답했더니, 그러면 이건 제가 결정할 수 있는 것이 아니고 임원회를 거쳐봐야 알 수 있을 것 같다고 하더랍니다. 그 옆에서 활을 쏘던 다른 여무사가 말하기를, "그런 식으로 하면 어떤 사람이 여기 와서 활을 쏘겠나?"이러더랍니다. 깍짓손을 뻗어 쏘니 온깍지궁사회와 연결성을 물은 것이고, 그 사범이라는 사람의 태도가 변한 것을 보면 온깍지궁사회에 대한 적대감을 드러낸 것이 분명해집니다. 며칠 뒤에 찾아간 활터에서 그 사범으로부터 확답을 받았습니다. 그 활터에서는 회원으로 받아줄 수 없다는 것이었습니다. 방법을 찾아달라고 했는데도 이 핑계 저 핑계 바꿔대며 임원회의 결과인지 자신의 개인 견해일지 모를 말로 끝까지 안 된다고 하더랍니다.

문경으로 가보겠습니다. 문경에도 정이 있는데, 점촌에 있던 활터가 새로 지어서 문경으로 옮겼답니다. 서 접장이 활터에 올라가서 "활 좀 쏘러 왔습니다."라고 하고 인사를 했더니, 3명 중의 한 사람이 나서서 대한궁○협회 회원이냐고 묻더랍니다. 거기 회원이 아니라고 했더니, 그러면 활을 쏠 수 없다고 말하더랍니다. 그러더니 회원이 아니라서 활을 못 쏘지만 오늘만은 오셨으니 특별히 쏘고 가라고 하더랍니다. 그래서 야사까지 했는데, 그날따라 살이 잘 맞더랍니다.

제가 온깍지궁사회 카페 활 전문자료실에 〈활터에 떠도는 착각과 무지〉라는 긴 연재 글을 올려서 이런 풍토를 신랄하게 비판했는데, 이 비판에 대한 반발인지는 알 수 없습니다만, 오늘날 전국의 활터가 이 모양입니다. 똥오줌 못 가린다고 표현할 수밖에 없는 한심한 행태가 다반사가 되었습니다. 이제 말하기에 입도 아프고 글쓰기에 손도 아픕니다.

묘한 건 이렇게 설쳐대는 놈들 뒤에는 호감을 보이는 사람들이 반드시 있다는 것입니다. 이렇게 설쳐대는 놈들을 뭐라고 불러야 할까요? 행실은 정치인의 행태를 보이고, 정신은 궁도를 신념으로 여기는 사람들이니 '궁도정치인'이라는 말이 딱 좋을 것 같습니다.

이런 궁도정치인들 뒤에는 이들의 상식 밖 행태를 곱지 않게 보는 사람들이 반드시 있다는 것입니다. 세상이 이들의 유치한 논리로 돌아가는 듯해도, 활터 곳곳에는 상식을 갖춘 사람들이 있습니다. 이들의 움직임을 눈여겨볼 필요가 있습니다.

활터는 특수한 곳이지만, 상식을 넘어서는 어떤 곳에 있지는 않습니다. 제도나 형식이 고풍스러울 뿐, 그 고풍이 전하고자 하는 것은 올바른 전통입니다. 이미 그런 전통이 활터의 궁도정치인들에 의해 망가질 만큼 망가졌다는 것이 괴산과 문경의 활터에서 보여주는 것입니다.

혹시나 해서 하는 말인데, 이런 사례를 소개하는 것이 괴산과 문경의 활터를 욕보이려고 하는 것이 아님을 분명히 하고자 합니다. 그곳에서 일어난 '사실'을 말하는 것이고, 그런 사실이 암시하는 활터의 현실을 지적하려고 하는 것입니다. 앞서 말했듯이 괴산과 문경 활터의 궁도정치인들 옆에 그들과 다른 분들이 계셨다는 사실만으로도 활터는 아직 완전히 망하지는 않았다는 희망을 봅니다. 활터의 주인은 궁도정치인들이 아니라, 날마다 활터에 나와서 묵묵히 활을 쏘는 그들입니다. 그 분들에게 절을 올립니다.

9. 침뜸 교육을 하며

제가 뜻하지 않게 활쏘기의 비밀을 파헤치려다가 동양의학을 하게 되었고, 침뜸에 관한 책도 몇 권 내었습니다. 온깍지활쏘기학교 동문들을 상대로 3차례 기초반 침뜸 교육을 하기도 하였습니다. 침뜸과 관련된 몇 가지 주의사항을 알려드리고자 합니다.

1) 제도의 안팎

동양의학에서 침뜸과 약물은 서로 간섭하지 않았습니다. 서양의학에서 내과와 외과처럼 완전히 다른 영역이었습니다. 그런데 일제강점기를 거치면서 침구사 제도가 사라지고, 대법원 판례에 따라 침구를 한의사에게 넘겼습니다. 그러는 바람에 서양의학에서 내과와 외과를 합친 꼴로 한의사의 전업권이 만들어진 것입니다.

이러다 보니 재야의 침구사들은 제도권과 싸우는 상황이 되어버렸습니다. 이른바 국민들의 침구주권을 주장하는 재야 침구사들의 요구가 법을 어기는 지경에 이른 것입니다. 이것을 상징처럼 보여주는 것이 2008년의 김남수 옹 관련 헌법재판소 판결입니다. 결국 헌재에서 제도권의 손을 들어줌으로써 재야 침구사들의 위치는 더욱 위태로워졌습니다.

결국 한의사가 아닌 사람이 침뜸을 한다는 것은 법에 저촉될 위험을 늘 안게 되었다는 뜻입니다. 이것이 옳든 그르든 우리에게 미치는 영향을 잘 생각해야 합니다.

2) 인술

의학을 인술(仁術)이라고 부르는 이유는, 사람을 살리는 일이기 때문입니다. 그렇지만 사람을 살리려고 하면 법에 저촉되는 것이 우리가 처한 현실입니다. 산에 가서 고사리를 따면 산림법에 저촉되고, 지나가는 개를 치료하면 수의사법에 걸립니다. 나중에는 허락 없이 숨 쉬면 공기정화법에 걸리게 될 것이 인간 사회의 법의 운명입니다. 그러나 우리가 방법을 아는 한 그 방법을 필요로 하는 사람에게 무관심할 수는 없습니다. 그래서 일정한 자기 제한이 필요합니다.

지난 번 제4회 인천 전통 활쏘기 한 마당이 열리던 용유도 바닷가에서 강중원 접장과 잠시 이런 얘기를 나누었습니다. 그때 못한 이야기입니다. 결국 제도권이 틀리다고 하더라도 제도권과 싸우는 일은 소모전에 됩니다. 이길 수도 없고, 이긴다고 해도 상처뿐인 영광입니다. 그것을 2008년 뜸사랑의 도전과 그 이후의 좌절에서 확인할 수 있습니다.

우리는 활량입니다. 활을 쏘는 사람입니다. 활쏘기의 비밀을 이해하기 위해서 침뜸을 배운 것이고, 주변 사람들에게 도와주는 정도입니다. 따라서 절대로 불특정 다수를 위해서 침뜸을 베푸는 일을 삼가야 합니다.

가장 좋은 것은 활쏘기를 배우는 사람들과 주변의 가족 친지 또는 지인 정도를 관리해주는 것이 좋습니다. 요즘은 난치병의 시대입니다. 제도권 병원에서 고치지 못하는 병이 수두룩합니다. 그런 주변 사람들을 위해 최선을 다하는 것이 중요합니다.

그러자면 열린 공간으로 두면 안 됩니다. 문턱을 높이고 원칙을 분명히 정해서 그 안에서만 치료해주어야 하고, 반드시 환자를 어느 정도는 가르쳐야 합니다. 환자들의 특징은 무기력하고 게으르다는 것입니다. 자기 몸을 방치하고는 의원이 다 고쳐주기를 바랍니다. 이런 사람들에게 침뜸을 가르쳐가며 몸 공부를 시켜야 합니다.

그리고 원기 회복을 위한 처방이 필요한데, 그때 활쏘기가 가장 좋습니다. 중독성이 있고, 단전호흡을 합니다. 이보다 더 좋은 치료 방법이 없습니다.

3) 온깍지와 침뜸 치료

활쏘기에서 사법을 온깍지로 하는 것은, 그것이 생명의 문을 여는 전통사법의 비의가 담긴 방법이기 때문입니다. 침뜸에도 이런 것이 있습니다. 처음 배울 때 이런저런 수많은 방법이 머릿속에 가득차지만 오래 환자를 다루다보면 근원으로 돌아가 침법도 아주 단순해집니다. 거기에 이르는 것이 우리의 공부입니다.

온깍지와 침뜸을 같이 하다 보면 아주 비슷한 일을 겪습니다. 자신의 몸을 통해서 옛 사람이 전하고자 하는 비법을 터득하는 것입니다. 자기 몸을 관찰하다 보면 온갖 책들이 그 말을 하기 위해서 쓰인 것임을 깨닫게 됩니다.

4) 침방

침뜸 치료는 반드시 침뜸 교육과 함께 해야 합니다. 이렇게 하는 이유는 불필요한 오해를 없애려는 것입니다. 사람들은 제도교육을 통해 건강에 대한 상식을 채워갑니다. 그것이 몸과 병에 대한 고정관념이 됩니다. 이 관념이 얼마나 강하냐면, 의사가 운동장에 금을 동그랗게 그어놓고 그 안에서 나오면 안 된다고 경고하면, 사람들은 금 밖으로 나갈 생각을 못하고 정말 그 안에서 죽어갑니다. 파킨슨이나 알츠하이머, 루프스, 크론 병 같은 난치병을 침뜸으로 치료하면 눈에 보이는 효과가 나는데도, 제도 교육의 강한 영향으로 금 밖을 내다보지 못합니다. 그리고 천천히 병원에서 예고하는 대로 죽어갑니다.

이런 고정관념을 토대로 환자 스스로 오해와 억측을 만들어냅니다. 예컨대 침뜸 치료를 하면 현훈이나 명현 반응이 일어납니다. 몸이 오히려 더 안 좋아지고 치료 받은 곳은 좋아졌는데, 다른 곳에서 통증이 생깁니다. 이렇게 되면 침을 잘못 놔서 그런 것 아니냐고 대뜸 의심부터 합니다. 물에 빠진 사람 건져냈더니 보따리 내놓으라는 상황이 수없이 일어납니다. 이런 오해는 인간이 원래 사악한 놈이기 때문이기도 하지만, 그보다는 자기의 의학 상식에 있지 않은 현상이 제 몸에서 일어날 때 제 몸을 지키기 위한 저항으로 그런 엉뚱한 생각을 하게 되는 것입니다.

이런 일그러진 생각을 고쳐주는 데는 교육이 유일한 방법입니다. 그래서 환자를 치료할 때는 반드시 교육을 시켜야 합니다. 입문반을 구성하여 그 강의를 듣는 사람만 침뜸 치료를 해주는 방식입니다. 그리고 반드시 교육비를 받아야 합니다. 공짜로 해준다고 해서 세상 사람들이 고마워하거나 하지 않습니다. 이건 참 이상한 일입니다.

한 지역에서 자리 잡으면 주변에서 친지를 중심으로 침뜸을 하면 됩니다. 그들의 괴로운 삶을 도와주는 나의 삶은 가치 있는 것입니다. 그러자면 근거지를 마련해야 합니다. 침방을 하나 마련해서 침도 놔주고 환자들을 가르치기도 하고 자신도 공부하는 것입니다. 그러면 정말 많은 인재들이 모여듭니다. 그들과 삶의 지혜를 나누고 몸을 다스리는 법을 공부해가며 자신을 돌아보는 공부를 하는 것입니다.

나아가 산천경개 좋은 곳에서 그들에게 활을 가르쳐서 목숨의 뿌리를 길러야 합니다. 활도 침도 양생이라는 면에서는 같은 것입니다. 그리고 활은 삶과 병에 지친 환자들에게 활력을 줄 수 있을 뿐만 아니라, 중독성도 있어서 지루한 시간을 활로 달래면 몸까지 좋아집니다. 특히 활은 뼈로 가는 운동이기 때문에 속부터 차오릅니다. 그러니 침과 활과 양생이 한 꿰미로 이어진 것임을 깨우쳐 스스로 재미있게 자신의 삶을 가꿔갈 수 있도록 해야 합니다.

이렇게 하여 동문들의 지역별로 근거지가 마련되면 나중에는 이들 간에 교류가 될 것입니다. 현재 활쏘기는 그렇게 되었습니다. 여기에 침뜸까지 가세하면 우리는 새로운 세상을 만들 수 있습니다. 이 또한 온깍지활량학교의 한 부분이기도 합니다.

9. 붓글씨

활터에 꼭 필요한 것이 붓글씨입니다. 옛날에 관중 여부를 기록하는 방식은, 한지 전지(문종이)에 붓으로 기록하는 것이었습니다. 맞으면 '邊'을 적고, 불쏘면 '不'을 적습니다. 이 두 글자를 붓으로 적는 방식도 사람마다 활터마다 달라서 마치 그 지역 분위기를 반영하는 것 같습니다. 필체가 모두 다르기 때문입니다. 그래서 활터의 다양한 문화가 살아나려면 붓글씨도 꼭 배워야 합니다.

붓글씨도 수많은 소개 책자가 있지만, 모두 외국 특히 일본 쪽의 서예 안내서를 번역하여 살을 붙이는 바람에 용어가 모두 어렵고 한자투성이입니다. 이런 답답한 사정 때문에 충북 증평에 사는 붓장을 찾아가서 우리 전통 붓의 내용을 정리한 책이 『한국의 붓』입니다.

붓은 당연히 오래 배울수록 좋지만, 일단 획지를 쓰는 정도까지만 목표를 하고 배우면 그리 길지 않게 배워도 됩니다. 대회를 치르는데 기록한 것이 붓글씨라면 정말 운치가 넘칩니다.

보통 많이 쓰는 체는 해서와 행서입니다. 해서는 구양순과 안진경으로 대표되는 글씨로 한 획

획지(제3회 온깍지 회두배 활쏘기대회).

한 획 또박또박 쓰는 것이고, 행서는 속도를 빠르게 해서 붓의 흐름과 방향이 종이에 조금 나타나는 글씨체입니다. 왕희지체가 그것입니다. 활터의 획지는 해서와 행서가 뒤섞인 것이 보통입니다.

온깍지 학교에서는 모든 문서를 붓글씨로 쓰려고 합니다. 획지는 물론이고, 온깍지 사습에 따른 홍패 같은 것, 그리고 각 지역별 책임자 임명장 같은 것입니다. 그것을 족자로 해서 만들면 벽에 걸기도 쉽고 보관도 편합니다.

이렇게 서툴더라도 붓글씨로 써서 각 지역이 교류하면 나중에는 멋진 풍물이 될 것입니다. 느리더라도 그곳을 향해 가는 것이 우리의 목표입니다.

10. 맺음말

온깍지활쏘기학교는 비공개로 운영되지만, 벌써 국궁계의 큰 관심을 받습니다. 그리고 그 변화는 공개되지 않기에 많이 알려지지 않았습니다. 그러나 그 안에서 움직이는 우리는 큰 변화를 겪고 많은 희망을 품게 되었습니다.

우선 동문들의 인식이 많이 달라지면서 전통에 대한 기준이 분명해졌고, 그를 바탕으로 지역별로 자체 모임이 만들어졌습니다. 장호원 뚝방터, 인천 미추홀터, 평택 느새터, 청주 장수바위터, 독일 덕화대(德和臺)가 그런 것입니다. 이제 이들을 중심으로 사원들이 하나둘 늘어가는 일만 남았습니다.

이렇게 지역별로 자리 잡은 뒤에는 자연스레 교류가 이루어질 것이고, 그 교류를 우리가 배운 형식대로 행사를 이어가면 됩니다. 그러면 나중에는 저절로 남한편사대중회가 이루어질 것입니다.

한국 활의 천년 꿈을 간직한 얼은, 온깍지활쏘기학교를 통해 면면히 이어질 것입니다.

제2부

성낙인(서울 황학정)

류근원의 각궁 교실

류 근 원 (청주 우암정 사범)

1. 각궁을 위한 장비 사용법

1) 도지개

각궁 올릴 때 쓰는 구부러진 나무인데, 1년 정도 각궁을 길들이면 도지개 없이도 활을 올릴 수 있지만 새 활이거나 오랜만에 각궁을 올릴 경우에는 꼭 도지개를 쓰는 것이 좋다. 도지개의 휘어진 각도가 중요한데 지나치게 각도가 완만하게 늘어진 도지개는 자칫하면 삼삼이 부분을 꺼지게 만들기 쉽고, 각궁을 바가지 모양으로 만들기 때문에 좋지 않다. 〈그림1〉의 두 도지개가 비슷해 보이지만 왼쪽 도지개는 각이 완만해서 나는 오른쪽 것만 사용한다. 도지개를 사용하더라도 천천히 조심조심 휘어야 하며 도지개를 채운 후 잠시 그대로 두었다가 시위를 올린다.

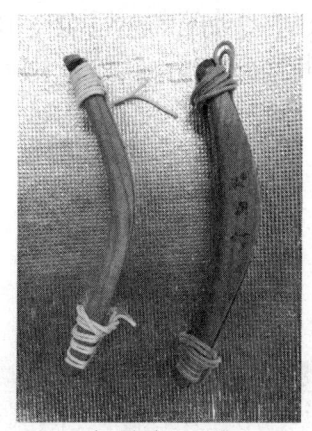

〈그림 2〉 도지개

2) 활창애(활틀)

활을 올리거나, 오그라든 고자를 펼 때, 휘어진 각궁을 바로잡을 때 등 여러 가지 용도로 사용할 수 있다. 궁방에 도지개와 활창애만 있으면 활 만지는 일에 관한 거의 모든 작업을 할 수 있다. 오그라든 고자를 펼 때는 도지개를 채운 채 충분한 열을 준 후에 서서히 사진처럼 도고자를 펴면 편리하다. 휘어진 각궁을 바로잡을 때도 충분히 열을 준 후에 활의 뿔 쪽이 아래쪽을 향하도록 한 채, 누르면서 원하는 쪽으로 비튼다. 화피가 벗겨지지 않도록 수건을 두껍게 대고 한다. 무더운 여름철에 엿가락을 휘어도 부러지지 않듯이 각궁은 충분히 오랫동안 열이 스며들게 하면 엿가락처럼 휜다. 바로 잡은 후에는 곧바로 활을 올리지 않으며 30분 이상 충분히 식힌다.

〈그림 3〉 고자 펴기

〈그림 4〉 활채 펴기

3) 뻣지개

동그랗게 말린 새 활을 곧바로 도지개에 채우는 것은 자칫 활을 망가뜨릴 수 있다. 활을 조금씩 천천히 오랫동안 벌려두기 위하여 뻣지개를 사용한다.

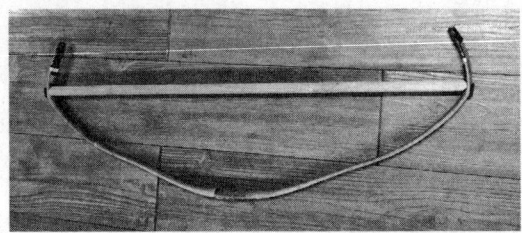
〈그림 5〉 뻣지개

4) 점화장

점화장 온도 관리는 점화장의 구조나 점화장 주변의 온도와의 관계를 고려해야하기 때문에 일률적으로 적용하기는 어렵다. 각궁을 쏘아가면서 경험을 통해서 확인해나가야 한다. 일반적으로 실외보다 5도에서 10도 정도 높게 설정한다. 점화온도가 너무 낮으면 활이 옆심이 부족해서 혹시 뒤집어 질 수 있는 위험이 있다. 화살을 잘 못 채는 것은 활에 위험한 것은 아니니 사소한 것이라고 할 수 있다. 점화장 온도가 너무 높은 것은 활을 한 순간에 파삭 부서지게 만들 위험이 있으니 주의해야한다. 최근에는 점화장 온도가 40도를 넘기는 경우가 있고 점점 과점화하는 경향이 있는 것 같다. 부천 활 고 김박영 궁장은 38도 이상은 안 된다고 이야기했었다. 옛날 사람들은 새 활을 받은 당년에는 거의 쏘지 않았다. 1년 동안 천천히 바람 잘 통하는 곳에 매달아두고 말렸다. 최근에 활을 받은 그 해에 활을 사용하려고 하면서 점화장 온도를 더 올리는 것 같다. 그러나 이것은 각궁 수명을 단축시킨다.

2. 각궁의 구조

1) 줌통 속 참나무

활 위쪽 뿔과 아래쪽 뿔이 서로 만나는 줌통 한가운데에는 그림처럼 두툼한 참나무가 들어있다. 그러므로 줌통을 낮출 때 줌통 한가운데를 밟아내리는 것은 비효율적이다. 불은 줌통 부위 전체를 주되, 밟을 때는 줌통 바로 아래의 대림을 밟고 양쪽 한오금을 살짝 들어주는 것이 효과적이다.

개량궁을 발시할 때는 가볍게 발시해도 화살이 잘 채지만 각궁을 발시할 때는 묵직하게 힘을 써야 화살이 힘차게 간다. 각궁의 줌통을 밟아내릴 때도 이와 마찬가지이다. 발을 살짝살짝 밟아서는 각궁이 말을 듣지 않는다. 숨을 길게 갖고 지그시 계속해서 힘을 가해야 각궁이 말을 듣는다. 근육을 쓴다기보다는 뼛심을 써야 활이 반응한다. 각궁을 쏘는 것과 각궁을 올리는 것이 서로 비슷하다.

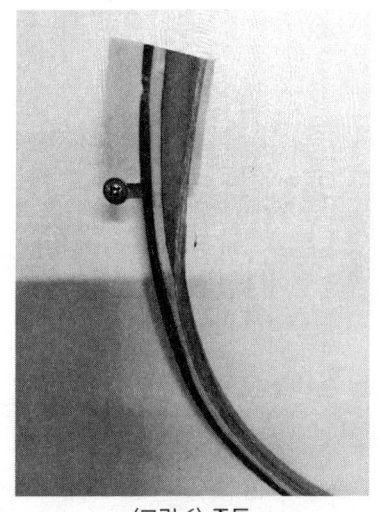

〈그림 6〉 줌통

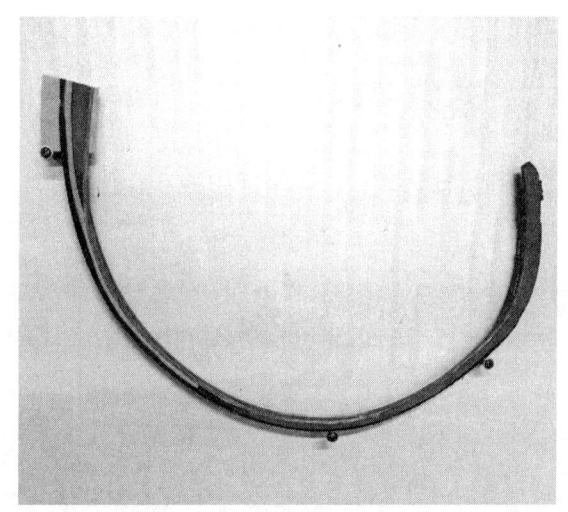

〈그림 7〉 삼삼이 위치

2) 삼삼이

〈그림 5〉에서 활채 길이의 중간쯤에 색깔이 바뀌는 부분이 삼삼이이다. 이곳에서 대소와 고자목이 서로 만난다. 줌통 쪽은 대나무이고 고자 쪽은 나무이다. 이 부분은 자칫하면 주저앉아 꺼지기 쉬우니 유의해야 한다. 또한 새 활을 처음 올릴 때에도 한 번에 무리하게 활을 올리면 이 부분

이 주저앉게 된다.

3) 심줄

〈그림 8〉 삼삼이

심줄은 줌통부터 시위가 걸리는 양냥고자 끝까지 전체에 깔려있다. 각궁을 오래 쏘지 않으면 정탈목과 고잣닢이 동그랗게 휘는데 그것은 나무 성질 때문이 아니고 고잣닢에 붙어 있는 심 때문에 그렇다. 그러니 활을 올릴 때는 고자 끝까지 불을 주고 밟아서 정탈목이 적당히 펴지도록 올린다. 심에 불을 줄 때에는 42도 정도가 좋다고 한다. 70~80도는 심을 익게 만드니까 활을 망가뜨린다. 약한 온도로 오래 열을 주어 열이 깊게 스며들게 한 후에 원하는 대로 활 모양을 바로 잡는다.

3. 각궁 관리법

1) 새 활 관리

새 활을 받아서 곧바로 쏘기 시작하면 각궁 심이 늘어져서 활을 풀어 놓으면 개량궁처럼 일자로 뻐드러지기 쉽다. 각궁의 힘은 부레풀에서 나온다고 한다. 각궁을 이루는 각각의 재료가 부레풀에 잘 붙어서 일체가 되었을 때 각궁의 힘과 성능이 나온다는 뜻이다. 그런데 각궁을 점화장에 넣어서 급하게 말릴 경우에는, 겉은 마른 것 같아도 속은 마르지 않을 수 있고, 심은 말랐어도 뿔과 대소 사이의 풀은 덜 마른 경우가 있다. 이렇게 전체가 함께 마르지 않았을 경우에 활을 쏘면 활이 쉽게 상하게 된다.

옛 사람들은 1년 동안 시간을 두고 천천히 말리고 천천히 길들여 쏘았다. 부천활 고 김박영궁장은 '요즘 사람들은 활을 말리는 것이 아니라 활을 점화장에 볶아서 쏜다'고 개탄하면서 처음에는 30도 미만의 약한 온도로 점화해야한다고 하였다. 최근에 점화 온도가 올라간 것에는 곧바로 활을 쏘려는 성급함도 원인이겠지만, 각궁이 과거보다 더 세어진 것도 원인 같다. 각궁은 첫해보다 충분히 마른 두 번째 해에 더 세어지므로, 충분히 마른 내년에 쏘기보다 올해부터 쏘아서 더 세어지지 않도록 하기 위하여 빨리 말려서 올해부터 쏘는 경우도 있는 것 같다.

새 각궁을 점화장에 말릴 경우에는 일주일에 한 번은 올려야한다. 그러나 점화장이 아닌 바람 잘 통하는 곳에 보관하면서 말리는 것은 시간은 더 걸리겠지만 각궁을 제 수명대로 오래 쓸 수 있게 하는 좋은 방법인 것으로 추천한다. 밖에서 말리는 경우는 한두 달에 한 번만 올려도 된다.

2) 해궁

개량궁은 공장에서 나올 때 그 활의 세기가 딱 정해져있고 그 세기가 거의 변하지 않는다. 그런데 각궁은 활이 마른 정도와 계절의 온도와 활을 올리는 방법과 해궁된 정도에 따라서 그 세기가 하늘과 땅 만큼 차이가 난다. 그것을 모르는 각궁 신사가 물활을 당겨보고 너무 약해서 못쓰겠다느니, 해궁이 안 된 활을 가지고 너무 세어서 뿔을 깎아야한다느니 성급히 판단하기도 한다. 뿔을 깎는 것은 활을 받은 첫해에는 하지 않는다. 아직 충분히 마르지 않아서 성급히 판단할 수 없기 때문이다. 뿔을 깎는 것만 해궁이 아니다. 뿔을 깎는 것은 신중해야하고 꼭 필요한 것이 아닐 수 있다. 활을 올리면서 맺힌 곳을 판단하여 열을 가하고 밟고 쓰다듬어서 풀어주는 것이 해궁의 첫 단계이고 가장 정성을 들여야 하는 단계이다. 뿔을 깎는 해궁은 한 번에 하기 보다는 몇 번에 걸쳐서 조금씩 하는 것이 실수를 줄이는 방법이다. 또한 실제로 활을 쏘아야만 활이 풀어져서 부드러워진다. 쏘지 않고 해궁만으로 활을 완전히 풀 수는 없다.

3) 각궁 보관

정에 점화장이 2개 있으면 더 좋다. 매일 쓰는 각궁은 높은 온도의 점화장에 두고 가끔씩 쓰는 각궁은 낮은 온도의 점화장에 보관하는 게 좋다. 6개월 이상 오랫동안 쓰지 않을 예정이라면 점화장보다는 점화장 밖에 보관하는 것이 더 낫다. 1년 이상 보관할 경우라면 신문지로 싸서 점화장 밖에 보관하면 좋다.

4. 각궁 올리기

1) 초보자가 저지르기 쉬운 실수

① 활은 일자로 똑바로 올려야한다(?)
활은 일자로 올리면 시위가 들맞게 되어(시위가 안쪽으로 들어와서) 뒤집어지기 쉽다. 그래서

줌통 한가운데가 아니라 1/3 정도 밖으로 시위가 걸리도록 줌통을 내고 고자를 살짝 틀어야 한다.

② 왜 내 활만 이렇게 삐뚤어졌냐?
올리기 전에는 똑바른 활이었는데 방금 활을 올릴 때 줌통을 밀어내는 쪽으로 힘을 써서 그 활이 그렇게 활이 휜 것일 수 있다. 그때는 활 시위를 풀어놓고 다시 올려야한다. 활을 꺾어서 시위를 얹을 때 대개 줌통이 몸 밖으로 밀려나가는 쪽으로 힘이 걸리게 된다. 활을 꺾기 전에 줌통이 밀려나가는 방향을 잘 생각해서 활고자 잡는 방향을 결정해야한다.

③ 활의 상하장의 균형이 안 맞는다
도지개를 채울 때 나중에 채우는 쪽에 부하가 많이 걸린다. 그러니까 약한 쪽을 먼저 채우고 센 쪽을 나중에 채운다.

④ 활 올릴 때는 안 그랬는데 활만 쏘면 하장이 죽는다
활 탓이 아니라 사법의 문제이다. 아랫장만 받치고 활을 쏘면 당연히 하장이 죽게 된다. 활의 상하장이 고르게 휘도록 제대로 흘려줘야 한다. 하삼지가 풀려도 안 되지만 아귀가 부실해도 안 된다.

⑤ 활이 화살을 제대로 못 보낸다
이것도 활 탓이 아니라 사법의 문제이다. 줌손 흔들지 않고 깍지손 퇴촉하지 않는데 못 보내는 활은 없다고 보면 된다.

2) 각궁 얹는 법

① 먼저 이상적인 활 모양이 머릿속에 있어야한다
활을 그냥 아무데나 불을 주고 밟는 것이 아니다. 필요한 곳에 불을 주고 밟을 수 있는 판단이 서야하고 그러기 위해서는 먼저 각궁 모양이 선명히 그려져야 한다.

② 각궁에는 원이 5개 있다
양쪽 고자에 하나씩, 양쪽 한오금에 하나씩, 그리고 한가운데 줌통부분에 하나, 이렇게 모두 5개의 휘어진 곳이 있다. 만작시에 펴진 5개의 원이 동시에 복원하면서 시위를 당기므로 그 속도가 하나의 둥근 원만 있는 원시적인 활에 비해 5배가 빨라진다. 이상적인 활은 이 5개의 원이 잘

〈그림 8〉 처음

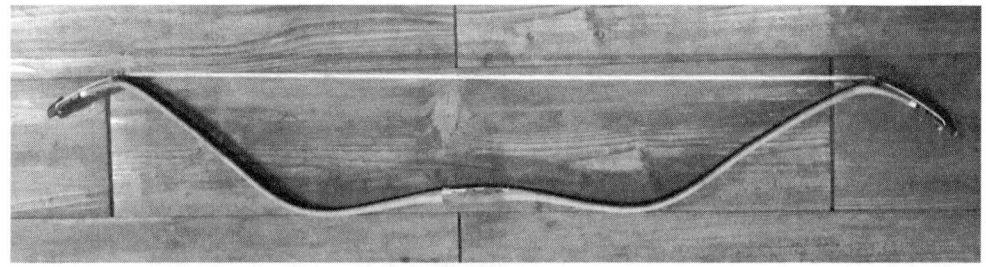
〈그림 9〉 올린 후

작동하게끔 올린 활이다. 줌통이 가라앉은 바가지 활을 나쁘다고 하는 이유는 가장 큰 힘을 내는 가운데의 큰 원 하나를 없애서 본래의 성능을 죽이기 때문이다. 삼삼이가 가라앉으면 안 된다는 것은 삼삼이가 죽으면 그 양쪽에 있는 한오금의 원과 고자의 원에서 작용하는 힘이 줄어들기 때문이다. 그러므로 원과 원 사이는 밟을 때 유의해야한다. 줌통과 한오금 사이에 있는 밭은오금은 함부로 밟지 않으며, 한오금과 고자 사이의 삼삼이는 함부로 밟지 않는다.

③ 각궁의 형태와 작용은 차이가 있다

이론적으로는 줌통이 올라오고 삼삼이가 살아있고 고자가 완전히 펴지지 않아야 활이 잘 챌 것으로 계산된다. 그러나 그것은 그렇게 휘어진 5개의 원이 만작했을 때는 더 펴졌다가 발시 할 때 순식간에 복원될 경우에만 그렇다. 말하자면 모양만 5곳이 휜 것이 아니라 5곳이 모두 잘 작용해야만 성능이 나온다는 뜻이다. 줌통이 올라온 활이 만작했을 때도 움직임 없이 그대로 있으면 그것은 좋은 활이 아니다. 만작시에는 줌통이 직선에 가깝게 펴져야한다. 굽은 고자가 만작할 때에도 그대로 굽어있으면 안 된다. 어느 정도 활이 휘어야하고 어느 정도 활이 펴져야 하느냐는 시대에 따라 다를 수 밖에 없다. 각궁을 만드는 궁장이 애초에 활을 과거와는 다르게 만들고 있기 때문이다. 70년대 이전의 활은 곡선이 많이 살아있도록 만들었고 요즘은 활의 곡선이 많이 죽었다. 그에 따라 활을 올리는 정도도 달라질 수밖에 없다. 요점은 각궁의 모양만 비슷하게 만들 것이 아니라 제대로 작동하는지 점검해야 한다는 것이다.

④ 올린 후 점검하기

각궁을 올린 후 모양만 아니라 작용을 점검해야 한다. 〈그림10〉처럼 줌통에 발을 받치고 활을 휘면서 활이 휘어져 들어오는 순간을 면밀히 관찰하면 어느 부분이 세고 약한지, 어느 부분이 움직이고 움직이지 않는지 판단할 수 있다. 이렇게 휘어보면 그냥 겉으로 보아서는 알 수 없는 움직임을 알 수 있다. 활의 각 부분이 조금씩 다 움직이는 활이 잘 채주고 오래 쓸 수 있는 좋은 활이다. 어느 한 곳이 약할 때 그냥 내버려두면 오래지 않아 그곳이 부러진다. 약한 곳을 제외하고 그 주변을 풀어주어서 균형을 맞춰주어야 한다.

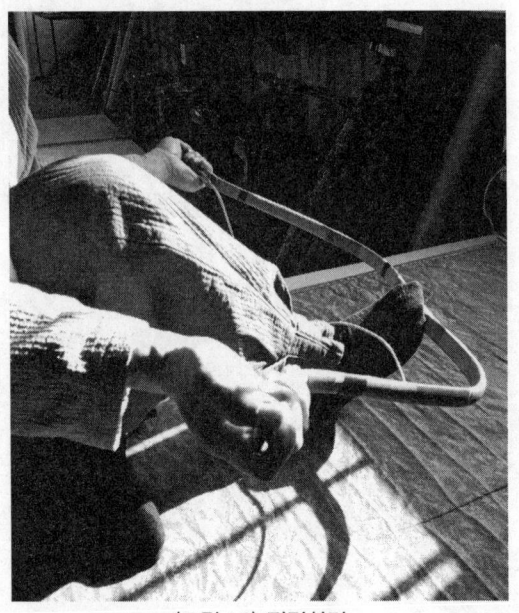

〈그림 10〉 점검하기

⑤ 고자의 휘어짐과 방향

고잣닢이 너무 뻐드러져서 시위와 거의 직선을 이루는 활은 잘 채지 않는다. 그렇다고 너무 곱은 채 그대로 두어서도 안 된다. 활 올릴 때 도고자 아래 창밑에 발을 밟고 양냥고자를 한 손으로 잡아 당기면 시위가 고잣닢에서 떨어져야한다. 시위가 도고자에 그대로 붙어있으면 덜 푼 것이다. 활을 당겨서 만작할 때 고잣닢과 시위가 만드는 각도는 90도이다(정진명 교두). 활을 다 올린 다음에 시위를 5㎝ 정도 당겨보면서 고자가 휘어져 들어오는 방향을 확인해야한다. 고자를 그냥 둔 채 겉에서 볼 때와 실제로 당길 때 고자가 휘어져 들어오는 방향이 서로 다를 수 있다. 이것이 활을 뒤집지 않기 위해 첫째로 확인해야할 사항이다. 고자와 창밑을 덜 풀면 고자의 방향이 틀어져서 활을 뒤집기 쉽다.

⑥ 궁대치기

활의 상하장 세기가 서로 비슷하다면 아랫장이 약간 더 세게 유지하기 위하여 아랫장 쪽 시위를 약간 낮게 하여 보궁이나 궁대를 치고 식힌다. 애초에 아랫장이 좀 세면 양쪽 시위가 같은 높이가 되도록 하여 식힌다. 활이 다 식은 다음에는 윗장이 살짝 더 벌어지는 것이 정상이고 벌어진 윗장에 보궁을 채운다.

전통의 여러 문제

정진명

1. 과녁을 버려야 활이 보인다

전통 활쏘기는 『조선의 궁술』에 있고, 『조선의 궁술』에는 과녁이 없습니다. 과녁이 없다는 것은 과녁이 없다는 뜻이 아니라 우리 활이 다다라야 할 곳이 과녁이 아니라는 말입니다. 그 이유는 『조선의 궁술』에서 밝혔습니다. 체육에 적합한 활쏘기라고 말이죠.

우리의 활쏘기는 1894년 갑오경장 때 무과에서 제외됨으로써 무기의 기능을 다했습니다. 활에서 무기의 기능이란 맞추기를 뜻합니다. 적이 어떤 곳에 있든 자유자재로 맞출 수 있는 능력이 활쏘기의 유일한 잣대였습니다. 1894년에 그것을 버린 것입니다. 그리고 처음 나타난 우리 활의 논리가 『조선의 궁술』입니다.

이제 평가의 기준이 달라집니다. 적을 잘 맞추어서 훌륭한 것이 아니라 몸을 잘 갖추어서 쏘면 저절로 맞게 된다는 것입니다. 따라서 먼저 궁체를 갖추는 것이 중요하지 과녁을 맞히는 것은 중요하지 않게 됩니다. 과녁 맞는 일은, 내가 궁체를 잘 갖추어놓으면 저절로 따라붙는 결과입니다. 따라서 잘 맞추는 것과 잘 쏘는 것은 다른 것이 됩니다. 이것이 『조선의 궁술』에서 전하고자 하는 말입니다. 이 반대는 거짓입니다. 즉 과녁만 잘 맞으면 어떤 동작이든 옳다는 생각은 전통과는 상관이 없는 발상이라는 말입니다.

이런 눈으로 현실을 돌아보면 어떨까요? 요즘 활터에는 전통은 없고 과녁만 남았습니다. 어떻게 하면 잘 맞출까를 고민하는 사람들로 가득 찼습니다. 어떻게 하면 활을 잘 쏠까를 걱정하는 게 아니라 어떻게 하면 과녁 잘 맞출까를 고민하며 전전긍긍하는 것입니다. 그러다보니 맞추기 기능만을 강조하고 연구합니다. 이렇게 과녁 맞추기에 골몰하다 보면 결과를 측정하는 방법까지 발달합니다. 과녁에 불을 달기도 하고 마이크를 달기도 하여 어떻게 하면 결과 확인에 착오가 나지 않을까를 연구하는 것이죠. 그러다보니 시설이 진화를 하고 새로운 장비나 소품들이 끊임없이 나타납니다. 그것이 활터의 전통과 어떤 연관을 맺는지 모릅니다. 그런 것이 어떻게 활터의 전

제4회 인천 전통 활쏘기 한 마당(2018 인천 용유도)

통을 파괴하는지 관심도 두지 않습니다. 근래에 나타난 몇 가지 현상을 알아보면 다음과 같습니다.

먼저, 종을 쳐서 습사 시작을 알리는 일입니다. 습사 시작을 알리는 어떤 신호가 생겼다는 것은, 반대로 뒤집어보면, 그 만큼 사대의 질서가 엉망진창이 되었다는 뜻입니다. 종을 쳐서 알려야 할 만큼 어수선해져서 그냥 눈치껏 살펴서 행동하기에는 어림없다는 뜻입니다. 이렇게 사대의 질서가 무너진 것은 좌우 발시교대가 사라지면서 나타난 현상입니다.

원래 활터에서는 우궁과 좌궁이 매 순마다 교대로 먼저 쏘았습니다. 그것이 확정된 것이 아니라 사정에 따라서 원칙을 지켜온 것이고 그것이 예절로 자리잡은 것입니다. 즉 이번 순에 우궁이 먼저 쐈으면 다음 순에는 좌궁이 먼저 쏜다는 암묵이 있었던 것이고, 될수록 사람들이 그것을 지키려고 애써온 것입니다. 신사와 구사가 서로 활을 쏘려고 모범을 보이는 경쟁심리 비슷한 것입니다. 그래서 경쟁하듯이 앞 순에 우궁이 먼저 쐈으면 이번에는 좌궁 쪽에 서는 젊은 사람들이 먼저 쏘려고 눈치를 보다가 화살을 차고 나서는 것입니다. 그러면 앞 순에 먼저 쏜 우궁들은 양보하기 싫다는 듯이 뒤따라 나서며 먼저 쏘겠다고 한 번 눈치를 줘보는 것입니다. 이런 식으로 신사와 구사가 서로 먼저 쏘려는 분위기를 만들어서 습사를 열심히 하려는 의도가 이런 묵계 속에는 담겨있습니다.

이런 묵계가 깨지고 나니 앞 사람이 나가서 서는 데도 미적거리면서 늦게 나타나서 끼어들게 되고, 또 그게 어른이 하는 짓인 줄로 착각하거나, 일부러 꿈지럭거리기까지 합니다. 이만 해도 양반입니다. 구사의 첫 시가 떠났는데도 새파란 젊은 것이 뒤늦게 화살을 차고 끼어들기까지 합니다. 이것도 양반입니다. 첫 시가 나가고 2시 3시째 나가는데, 뒤늦게 끼어드는 사람도 생겼습니다. 그러면 또 어서 한 발 더 쏘라고 기다려주기까지 합니다.

이 좌우 교대 발시는 대회의 경기 운영방식이 활터로 흘러들면서 사라졌습니다. 대회에서는 무조건 우궁 우선 발시입니다. 그렇기 때문에 대회에 나가서 시수를 내려는 욕심 때문에 자정에서도 대회 방식으로 활을 쏘게 되고, 좌달이나 우달이 같은 예절이 귀찮아진 것입니다. 게다가 뒤에서 심판이 도사리고 앉아서 얼른 쏘라고 관중을 외쳐대죠.

이렇게 엉망이 된 사대에서 질서를 만드는 방법은 아주 간단합니다. 외부에서 강요하는 것입니다. 그런 강요의 형식이 바로 종입니다. 땡! 하고 종을 치면 우르르 나서는 것이죠.

요 몇 년 사이에 갑자기 변한 것이 또 하나 있습니다. 과녁에 마이크 장치를 달고 관중여부를 알리는 불이 반짝이도록 한 것입니다. 즉 화살이 과녁에 맞으면 번쩍 하는 불빛이 반짝이고 소리가 나도록 한 것입니다. 이것은 당연히 고전이 사라지면서 관중 여부를 정확히 판정하려고 한 것입니다. 젊은 사람들은 한 술 더 떠서 과녁의 부위별로 결과가 나오도록 여러 가지 장치를 설치하자는 제안까지 하는 상황입니다. 이런 고민들의 공통점은 마음이 과녁에 가있다는 것입니다. 맞느냐 안 맞느냐가 가장 중요하고 어떻게 하면 좀 더 잘 맞출 수 있을까 하는 것이 유일한 관심사입니다.

화살이 과녁에 맞을 때마다 불이 번쩍거리고 마이크 소리가 나는 곳에서 활을 쏴보니, 정신이 사납습니다. 멀리서 화살이 튄 뒤에 잠시 후 목성이 오는 것을 즐기는 데 익숙한 저로서는 긁어부스럼이라는 생각이 절로 듭니다. 고전이 사라진 곳에서 불이 번쩍이며 마이크 소리가 나는 것이니, 이걸 세태라고 생각하고 받아들여야 할지 아직 선뜻 판단하지 못하겠습니다. 제가 판단을 하거나 말거나 활터는 이미 과녁을 향해서 미친 듯이 달려가는 중입니다.

사대에서 생기는 문제점은 이것만이 아닙니다. 사대에 나서서도 얼마나 나부대는지 가만히 서 있지를 못하고 뒤로 물러섰다가, 발을 바꿨다가, 짝발을 짚었다가, 움직임은 끊임이 없습니다. 옆 사람 쏘는 데 방해되는 것은 생각지도 않습니다. 그래서 그런지 사대의 기준선 모양도 달라졌습니다. 옛날에는 선을 하나만 그어놓고 그 선을 밟고 쏘았습니다. 양궁과 마찬가지죠. 과녁 솔대선에서부터 잰 거리이니 그 거리에 몸의 중심을 두면 되는 겁니다. 그렇지만 요즘은 그 선을 밟지 않고 뒤로 물러서서 쏩니다. 하도 뒤로 물러서니까 물러서지 못하도록 선을 하나 더 그어 네모 꼴로 만들어놓았습니다. 사람을 네모 안에 가둬놓은 거죠. 원칙을 잃고서 생긴 현상입니다.

고전을 없애고 과녁에 불을 다는 건 경기장에서나 있어야 할 물건들이지 활터에 둘 것이 아닙니다. 활터까지 경기장으로 바뀌어야 할까요? 활터에는 경기에 나가고픈 사람들도 많지만, 그런 일과 거리를 두고 조용히 활만 쏘려는 사람도 많습니다. 경기가 활터의 존재이유가 아니라는 말입니다. 과녁 맞추는 일에만 골몰하며 경기 방식으로 활터 운영까지 바꾸려 드는 것은 그런 결과를 가져옵니다. 그러니 과녁만 남은 활터가 무엇인지 생각해야 할 때가 되었습니다.

이번에는 과녁만을 보는 버릇 때문에 사라진 것에 대해 알아보겠습니다. 시지가 바로 그것입니다. 언제부턴가 시지를 쓰는 버릇이 사라졌습니다. 그날 활터에 올라오면 활을 얹기 전에 오자마자 시지에 이름부터 기록하는 것이 맨 처음 할일입니다. 이렇게 기록을 하나하나 하는 것은, 자신의 궁체와 실력을 객관화하는 방법입니다. 사람이 워낙 자기중심으로 세상을 보고 재구성하는 까닭에 활을 쏘기만 하고 기록을 안 하면 자기가 잘 맞춘 것만을 기억합니다. 그래서 그런 기억상의 허점을 보완하려고 시지를 만든 것입니다. 시지를 정직하게 기록하다보면 자신에게 찾아오는 시수의 변화와 주기를 알 수 있습니다. 막상 꼼꼼히 기록해보면 자신이 기억하는 자신의 실력보다 시수가 덜 나온다는 것을 알 수 있습니다.

옛날에는 단체전에 나가면 붓을 들고 가서 일일이 자정 사원들의 시수를 기록했습니다. 그리고 정으로 돌아오면 그날 기여도가 가장 좋은 사람에게 그 획지를 주었습니다. 꼭 기록경기만이 아니라도 이런 기록 습관은 활터의 중요한 전통이기도 했습니다. 그런 시지가 지금도 남아서 오랜 역사를 지닌 활터에 가면 궁방 어느 구석엔가 잔뜩 쌓여있습니다. 이런 것들이 나중에 문화재가 되기도 합니다. 실제로 필야정의 시지는 문화재로 등록되었습니다.

시지는 출석부 노릇도 합니다. 그래서 시지가 수북이 쌓이면 그 정의 역사가 쌓여가는 것입니다. 후대에 자신의 흔적을 남기는 것 뿐만이 아니라 영원한 자료를 제공하는 것입니다. 이런 풍속이 과녁만 바라보는 풍토에서는 중요하지 않게 되고, 사원들이 하나 둘 소홀히 하는 사이에 어느덧 증발해버리고 맙니다. 지금까지 말한 이런 것들이 활터의 현실이라면 그런 활터는 과녁만 남은 곳입니다. 곰곰이 생각해볼 필요가 있습니다. 당장은 편할지 모르겠으나, 활터가 국적불명의 활쏘기로 변해가는 중임을 보여주는 일입니다.

과녁만 남은 활터에서는 전통을 말한다는 것이 우스운 꼴이 되고 맙니다. 거꾸로 활터에서 전통을 지키려면 과녁부터 없애야 한다는 결론입니다. 과녁이 사라진 곳에서는 전통이 오롯이 살아납니다. 그러니 전통을 위해서라면 과녁부터 없애야 할 일입니다. 과녁 맞추는 것이 우리 활의 전통이 아니라는 것을 분명히 하는 일입니다. 과녁이 사라지면 전통은 저절로 살아납니다. 옛날에 활을 배울 때 쓰는 방법 중에 벌터질이라고 있습니다. 과녁 없이 쏘는 것입니다. 화살들이 한 자리에 모이면 그 자리에 과녁을 놓고 쏘는 것입니다. 과녁은 그럴 때 놓는 것이지, 처음부터 과녁 맞추기 위해 골몰하는 것이 아닙니다. 제대로 된 활을 배우려면 과녁부터 없애야 합니다. 과녁이 없는 곳에서 활을 쏘거나, 과녁을 보지 않고 쏘는 것입니다. 주살질을 시키는 이유도 바로 그것입니다.

과녁을 보면 궁체가 사라집니다. 과녁을 보면 자신을 보지 못합니다. 자신을 보지 못하는 활은 전통이 아닙니다. 전통 활에서는 자신이 보입니다. 그래야 궁체 얘기를 할 수 있고, 궁체가 갖춰질 때 과녁을 말할 수 있습니다. 궁체는 과녁에 앞섭니다. 과녁이 궁체를 앞설 수 없습니다. 그렇지만 지금까지 활터에서 과녁 맞추는 일 말고 궁체에 대해 말하는 사람을 못 보았습니다. 오늘날 활터가 어떤 지경에 이르렀는지를 보여주는 일입니다.

과녁을 치워야 활이 보입니다

2. 전통 계승의 최선과 차선

전통은 단절되었느냐 계승되었느냐 하는 것이 중요합니다. 실가닥처럼 가늘게 이어져도 끊어지지 않으면 언제든지 살아날 수 있는 것이 전통입니다. 그리고 오랜 세월 몸짓의 흔적이기 때문에 끊어지지만 않으면 언제든지 되살릴 수 있습니다. 그런 좋은 본보기가 바로 태껸입니다. 태껸은 조선 후기 서울에서 유행하던 무예인데, 일제강점기를 거치면서 명맥이 끊기다시피 했습니다. 그렇지만 황학정의 사원이던 송덕기 옹이 그것을 알고 있었고, 다행히 그것을 배운 사람들이 있었습니다. 1970년대 접어들어 태권도가 국기화 되고 그 과정에서 우리의 전통 무예에 대한 인식이 높아져 결국 태껸은 태권도 이전의 우리 본래 무예로 인정을 받아서 중요무형문화재가 되었고, 마침내 유네스코에서 인정한 문화가 되었습니다.

태껸에서 보듯이 전통은 완전히 끊어지지만 않으면 언제든지 되살아날 수 있습니다. 물론 그렇게 해서 살아난 것이 그전의 것과 똑같지 못하더라도 우리는 남은 그것을 통해서 얼마든지 그전의 모습을 유추하고 채워갈 수 있습니다. 그래서 전통이 끊어지지 않는 것이 중요합니다.

반면에 격구는 태껸과 달리 완전히 끊겼습니다. 송덕기 옹은 구한말 군인 출신으로 격구를 한 사람이었습니다. 따라서 송덕기 옹의 죽음과 함께 조선의 격구는 완전히 끝장난 것입니다. 이후에 격구를 한다면 그것은 창작 격구이기 때문에 '전통'이라는 말을 쓸 수 없게 됩니다.

그렇다면 격구를 오늘에 되살리려 한다면 어떻게 해야 할까요? 그것은 새로운 전통을 만들어가야 합니다. 이때 만들어진 전통은 '최선'이라고 볼 수 없습니다. 그것은 '차선'입니다. 이것을 인정하고 외국의 격구를 살펴보고, 그것을 토대로 우리 측의 격구 자료를 참고하여 격구를 재구성할 수 있습니다. 이제부터는 창작된 격구가 옛 격구와 얼마나 가까워지는가 하는 것이 전통성을 담보하는 가장 중요하고 성실한 기준이 될 것입니다. 따라서 창작과 계승의 아주 미묘한 차이를 인식하고 그것을 정직하게 인정한 다음에 한 걸음 한 걸음 전통을 향해 나아가야 합니다. 이렇게 해서 창작된 격구가 옛날의 기록과 가까울수록 우리는 그것을 '전통'으로 인정할 수 있는 단계에 다다를 수 있습니다. 끊어진 전통에 대해서는 무한 방치할 수 없다면 '최선'이 아닌 '차선'이라도 택해야 하기 때문입니다. 중국에서 공자사당에 제향을 치르기 위해 우리나라의 종묘에 와서 제례악을 배워간 것은 바로 '차선'의 전통이라고 할 수 있습니다. '최선'이 없다면, 그래서 '차선'이라도 우리의 모습을 복원하고 싶다면 이런 선택은 불가피한 것이고, 충분히 평가해줄 수 있는 일입니다.

이 이야기를 활터로 옮겨보겠습니다. 그렇다면 활터에서 최선이란 무엇일까요? 당연히 『조선의 궁술』을 말합니다. 제 멋대로 해석한 『조선의 궁술』이 아니라, 1940년대에 실제로 그렇게 쏘던 사람들의 동작을 토대로 재해석한 『조선의 궁술』입니다. 이것이 실낱같이라도 살아있다면 우리는 이것을 전통 활쏘기로 여겨야 합니다. 이것이 전통 계승의 '최선'에 해당하는 방법이죠. 그러나 1970년대 들어 우리의 전통 사법은 변했습니다. 이미 40년이 지난 지금 시점에서는 명궁 사법이 국궁계를 장악하여 더 이상 전통이라고 볼 수 없습니다. 그렇다면 결국 '전통'의 문제에서 우리는 최선을 택해야 한다는 결론입니다.

이런 의문에 가장 정직하게 답하고 대응한 단체가 온깍지궁사회입니다. 온깍지궁사회는 처음부터 전통의 계승이라는 점을 분명히 했습니다. 당시 사람들의 생각이 아니라 구사들의 의견을 들어야 한다고 생각했고, 그렇게 7년 동안 전국을 쑤시고 돌아다녔습니다. 구사가 있다는 곳이면 어디든 갔습니다. 그래서 『조선의 궁술』에 대한 확신을 갖게 된 것입니다. 이 확신은 막연한 추정이 아니라, 온깍지궁사회 회원들의 이같은 답사 체험이 만든 것이었습니다. 눈 앞에서 벌어지는 구사들의 이야기와 동작, 그리고 그들이 전하는 사법의 세계가 『조선의 궁술』 속에 그대로 기록되었다는 것을 현장에서 확인한 것입니다. 이 강렬한 체험은 그 어느 주장이나 이론과도 맞바꿀 수 없는 소중한 것이었습니다. 이런 과정에서 전통에 대한 의견이 맞지 않는 사람들은 잠시 왔다가 결국은 떠났습니다. 그래서 마지막 활동을 중지할 무렵에는 9명만이 남아서 끝까지 이런 신념을 유지한 채 사계로 전환하였습니다. 그때의 답은 이랬습니다. 우리 활의 전통은 『조선의 궁술』이 정답이다!

'전통'이 아니라면 몰라도 적어도 전통이라면 지금의 활터에서 유행하는 명궁 사법은 아무리 좋게 평가해도 '차선'이라고 할 수밖에 없고, '최선'이 있는 한 '차선'은 '전통'의 문제에서 의미가 없는 일입니다. 최선을 놔두고 차선을 선택하여 전통이라고 한다면 그것은 온 백성을 우롱하는 일일 뿐만 아니라 전통 자체에 대한 모독이 될 것입니다. 오늘날 활터에서는 아무도 이런 점에 대해 말하고 그것을 심각한 문제로 받아들이는 이가 없습니다. 왜냐하면 말을 하면 할수록 자신들의 모습이 '최선'이 아닌 '차선'으로 밝혀지기 때문입니다. 그러나 입이 없다고 해서 그 일이 묻어지는 것은 아닙니다. 전통은 실체가 있는 것이고 그것은 이기백의 말마따나 몸 속에서 전해온 것이기 때문에 우리의 몸이 기억하는 그 어떤 것입니다. 우리는 어떤 경우에도 『조선의 궁술』을 '전통'이라고 생각하는 신념을 양보할 수 없습니다. 명궁 사법이나 반깍지 사법으로 해석된 『조선의 궁술』이 아니라 1940년대에 활을 쏘던 한량들의 눈에 비쳐 해석된, 온깍지궁사회 활동을 통해서 확인된 『조선의 궁술』을 말합니다. 활쏘기에는 과거부터 현재까지 끊이지 않고 이어지는 '전통'

의 '최선'이 있고, 그 최선은 바로 『조선의 궁술』입니다.

그러면 마사법은 어떨까요? 마사법은 이미 끊겼습니다. 이것도 송덕기 옹의 죽음과 함께 전통이 끊어졌습니다. 그런데 요즘 말타기 하는 사람들이 많아지고 그들이 활쏘기에 관심을 가지면서 충분히 되살릴 수 있는 여건이 마련되었습니다. 이 경우는 어떨까요? 마사법에서 전통을 논하려면 '최선'은 없고 '차선'만 있다는 사실을 인정하는 것이 가장 중요한 일입니다. 만약에 어떤 사람이 마사법을 복원하려 한다면 마사와 보사가 어떻게 다른가 하는 것을 확인해야 하고, 그러자면 마사와 보사를 서로 분리시켜야 합니다. 보사는 『조선의 궁술』이라는 '최선'의 전통이 있습니다. 따라서 마사에서는 '최선'이 아닌 '차선'이 되어야 한다는 자명한 사실을 알아야 합니다. 만약에 보사를 통해 마사를 재구성하려고 한다면 그것은 보사를 부인하는 결과를 가져오고 보사를 부인하여야만 마사가 전통이 될 수 있다면 이건 궤변에 지나지 않습니다. 마사는 마사로 접근해야 합니다. 그러자면 '차선'이 유일한 길임을 알아야 합니다.

당연히 차선은 최선을 참고합니다. 보사의 원리를 마사에 적용해야 한다는 뜻입니다. 그렇지만 그 과정에서 나타나는 마사는 보사에서 예측할 수 없는 수많은 변수들이 생기기 마련이고, 그것은 '차선'을 택한 사람이 얻을 수 있는 자산이 됩니다. 이런 자산들이 모여서 우리가 옛 마사법에 가까이 간다면 그것이 곧 '마사법의 전통'으로 자리잡을 수 있습니다. 이 가능성을 무시하고 고증도 제대로 되지 않은 엉터리 마사법을 성급하게 '전통'이라고 주장한다면 그것은 털도 안뜯고 닭을 먹겠다는 어리석은 발상에 지나지 않습니다.

오늘날 마사법을 엿볼 수 있는 자료는 적지 않습니다. 정조의 지시로 만들어진 무예도보통지에 보면 수많은 마상재 동작이 나옵니다. 저는 그것을 1990년대 말에 제주도에 가서 몽골 서커스단이 하는 것을 보고 깜짝 놀란 적이 있습니다. 그들의 마상재 동작이 무예도보통지에서 보던 그림과 똑같았기 때문입니다. 저들의 동작에 활쏘기를 결합하면 거의 완벽하게 마사법을 복원할 수 있을 것이라는 생각을 하며 전율했던 적이 있습니다. 말타는 원리과 활 쏘는 원리가 조선시대와 우리 시대의 동작이 다를 수 없을 것입니다. 숙달하면 거의 똑같은 동작을 할 수 있을 것입니다. 그렇다면 이 경우 이미 끊어졌지만 마사법을 복원하면 원판과 99%까지 가까워질 수 있다는 확신을 했습니다. 그렇다면 그렇게 해서 복원된 마사법은 전통일까요? 아닐까요? 저는 그렇게 복원된 마사법을 '전통'이라고 생각합니다. '최선'은 아니지만 '차선'을 통해 복원된 것이라도 '최선'이 없기 때문에 전통의 자격이 있는 것입니다. 단, 고증이 엄밀하고 그 고증을 몸으로 표현하기 위해 오랜 세월 연마한 사람들이 있다면 말입니다.

따라서 '차선'에 의한 전통의 복원은, 그것이 복원이라는 설정과 그 복원에 최선을 다했다는 성설성이 '전통' 여부를 판단하는 가장 중요한 기준이 됩니다. 아마도 이런 차원에서 지정된 문화재는 청주에서 직지를 찍는 '활자장'이 본보기일 것입니다. 직지는 활자만 있지 그것을 만드는 전통은 끊긴 상태였습니다. 그렇지만 우리의 전통 주물 기법으로 그 기술을 복원했고, 지금은 국가무형문화재가 되었습니다.

마사법은, 보사가 활터에 생생히 살아있기 때문에 충분히 복원 가능한 전통입니다. 그러자면 앞서 말한 두 가지, 즉 복원 가능성과 복원 노력의 성실성이 열쇠입니다. 그렇지만 이런 기준으로 마사법에 대한 전망을 살펴보면 암담하기 그지없습니다. 마사를 정당화하기 위하여 보사를 마사에서 온 사법이라고 주장하는가 하면 특정 그림에 나타나는 궁체를 보고 마사법의 원조라고 주장하는 일이 인터넷을 도배하고 있습니다. 이런 것은 전통 복원의 가장 기초가 되는 '성실성'을 위배하는 짓이기 때문에 그런 짓을 하면 할수록 자신들의 아집이 자신들을 전통으로부터 점점 멀어지게 하는 짓입니다. 그런 작업에 들이는 공과 노력이 아깝지도 않은지 저는 참 의아스럽습니다. 성실성에 기초하면 얼마든지 '전통'으로 인정 받을 기회가 앞으로 올 것도 같은데, 오히려 자신들의 욕심으로 다른 전통을 공격함으로써 스스로 자신의 정당성을 무너뜨리는 사람들을 보면 안타까울 따름입니다.

마사법이 탐난다면 이제라도 한 걸음 한 걸음 위에서 말한 '차선'의 전통 회복을 위해 노력해야만 언젠가 지난 세월 동안 들인 공과 노력이 미래에 큰 빛을 볼 수 있을 것입니다. 그래서 저는 마사법에 관심있는 젊은 분들에게 제안합니다. 최선과 차선을 혼동하지 말고, 차선에서부터 출발하여 하나씩 한 걸음씩 자신의 체험을 기록하고 옛 기록을 연구하여 옛 사람들의 몸짓에 가까워진다면 언젠가는 '전통'으로 인정받을 날이 올 것이라는 점입니다. 그러자면 먼저 보사와 마사를 흔들어서 '최선'과 '차선'을 뒤섞는 일부터 멈추어야 합니다. 그렇게 흔든다고 해서 전통이라는 '사실'이 바뀌지 않습니다. 오히려 혼란만 거듭할 뿐입니다. 그리고 그 혼란의 책임은 반드시 추궁당합니다. 오늘날 어떤 주장은 반드시 어디엔가 흔적을 남기기 때문입니다. 특히 인터넷은 아무리 무명으로 글을 써도 반드시 어딘가에 자취가 남습니다. 거짓말을 하면 숨을

기산풍속도첩(김준근)의 말 타고 활쏘기

곳이 없습니다.

한국의 마사법은 언젠가는 복원되어야 마땅합니다. 지난 5천년간 우리 조상들이 해왔던 동작이기 때문입니다. 그리고 현재의 활쏘기를 감안하면 얼마든지 되살릴 수 있습니다. 따라서 그런 노력에 집중하여 자신의 체험을 기록하고 옛 기록에 가까워지려는 방향을 취하는 것이 '차선'을 전통 복원의 열쇠로 하여 자신의 희망을 열어가는 일일 것입니다. 마사법은 먼 훗날 충분히 무형문화재가 되고도 남음이 있는 일입니다. 건전한 노력을 바탕으로 새로운 전통 복원의 창시자가 되어야지, 기존의 '최선'을 흔드는 사기꾼이 되어 자자손손 사기꾼이라는 오명을 자초하는 일이 없기를 바라는 마음 간절합니다.

3. 편사에서 전통을 생각하다

이번(2018)에 나온 『국궁논문집 10』은 편사 특집으로 꾸며졌습니다. 편사에 대해서는 국궁논문집 제5집에서 수필 형식으로 보고된 이래 지금까지 한 번도 문자화된 적이 없는 상황입니다. 그렇지만 『조선의 궁술』에도 그렇게 말했듯이 편사는 임진왜란 이후에 상무심을 민간에 진작시키기 위해서 실시한 것이기 때문에 400년의 전통을 잇는 일입니다. 그런데도 보고서 한 장 없다는 것이 그저 놀라울 뿐입니다. 편사는 민속학의 주제에 가장 가깝고, 체육학, 역사학이 걸쳐있습니다. 그런데도 우리나라 정식 학계에서는 단 한 차례도 이를 다룬 적이 없습니다. 언뜻 이해가 안 가고 이해할 수도 없는 일입니다. 이를 안타깝게 여긴 사람들의 제안으로 국궁논문집에서 이를 한 번 다루어보자는 얘기가 나왔고, 그것이 여러 사람의 의견을 거쳐 2017년 늦을 무렵에 인천에서 세미나를 여는 계기가 되었습니다. 『국궁논문집 10』은 그런 일들의 연장선에서 후속작업으로 나온 것입니다.

전통은 한 번 끊어지면 돌이킬 수 없는 속성을 지닙니다. 국궁논문집에는 이런 얘기에 대해 앞서 몇 차례 얘기했습니다. 예컨대 마사법을 다룬 논문에서도 이를 짚었고, 『활쏘기의 어제와 오늘』이라는 책에서도 짚었습니다. 이뿐만이 아니라 제가 쓰는 여러 글에서 전통의 문제는 좀 예민하고 정확하고 섬세하게 다루어야 한다는 얘기를 끝없이 되풀이했습니다. 저로서는 입이 아플 지경입니다. 그런데도 그 얘기를 또 해야 하는 상황에 맞닥뜨렸습니다.

복원과 계승은 완전히 다릅니다. 복원은 한 번 끊어진 것을 후세 사람이 다시 이어붙인 것입니다. 이것은 어떤 정당화와 합리화를 시켜도 개인의 창작품에 불과합니다. 끊어진 실을 아무리 정교하게 붙여도 끊어진 상처가 완전히 낫지는 않기 때문입니다. 게다가 그럴 것이라는 사람의 상상력이 덧보태어져 형태가 왜곡됩니다. 이런 것을 전통이라고 하지 않습니다. 복원과 비슷하지

2017 인천 편사 세미나 종합토론 모습

만 다른 것이 계승입니다. 계승은 이어졌다는 뜻입니다. 사람들의 관심으로부터 멀어지면 끊일 듯 끊일 듯 이어지는데 그런 것이 전통으로서 가치가 있는 것입니다.

이런 점에서 인천편사를 재조명해야 합니다. 인천편사의 절정기는 1970년대입니다. 한량들이 알아서 편장으로 나섰고 그것을 영광으로 생각했으며 편장 선 사람을 사회에서는 분명하게 대접해주었습니다. 편장 서는 일은 당연히 거금이 듭니다. 당시 돈으로 1,000~2,000만원 정도 들었습니다. 그런데도 기꺼이 편장을 서려고 한 것은, 그 거금에 값하는 보상이 돌아왔기 때문입니다. 그것은 자부심과 명예였습니다.

그렇지만 1990년대를 지나 2000년대로 접어들면 이런 인식에 변화가 일어납니다. 빨리 도시화가 진행되고 사람들이 편사에 대한 중요성을 소홀히 함으로써 그에 대한 참여의지가 현저히 줄어듭니다. 편사가 중요하지 않다고 생각하게 된 것입니다. 이렇게 된 데는 한량들의 활쏘기 관심이 딴 데로 흘렀기 때문입니다. 그 관심은 명궁 되기와 상금 따먹기입니다. 즉 명궁 되는 것이 개인의 가장 큰 명예가 되고, 전국대회 상금 따먹는 것이 시수꾼들의 큰 관심이 됨으로써 사람들의 생각이 편사로부터 멀어진 것입니다. 이제 아무도 자신의 주머니를 열어서 편장을 서려는 사람이 없는 것입니다. 이것이 2017년을 지나온 인천 편사의 현실입니다.

이 현실은 벌써 1970년대에 서울에서 한 번 겪은 것입니다. 즉 서울 편사는 1970년대 말에 사라지고 맙니다. 편사가 사라진 것은 그보다 조금 앞서고 편사에 쓰이던 획창 음악이 사라진 것이 바로 이 시점입니다. 그래서 이후 서울 편사에서 사용되던 음악은 자취를 감춥니다. 이 전통 소멸이라는 엄중한 상황이 현재 인천 지역에서 벌어지는 중입니다.

사람들의 관심이 멀어지면서 생긴 인천 편사의 상황은 어떨까요? 편사는 크게 3가지 조건이 갖추어져야 합니다. 편장을 명예롭게 생각하고 기꺼이 거금을 낼 능력과 명예욕이 있는 사람과, 그들을 뒷받침해서 함께 놀아줄 수 있는 한량들(대기, 혹지, 고전……), 그리고 음악(기공)입니다. 이 세 가지 구성요소가 갖춰지지 않으면 편사를 진행할 수 없고, 그렇게 되면 자연스럽게 편사의 맥이 끊어지고 맙니다.

인천 편사는 현재 모든 조건이 다 갖추어져있지만, 편장으로 나설 사람이 없는 상황입니다. 편장으로 나선다고 해도 그것을 존중해줄 사람들의 생각이 희박합니다. 마지막 조건인 편사의 기공만이 완벽하게 갖추어져있습니다. 현재 여영애(오동국악예술학원장) 여무사님이 스스로 활을 쏘면서 사단법인 인천전통편사놀이보존회를 꾸려서 편사의 맥을 이으려는 노력을 하는 중입니다. 그런데도 여의치 않은 것은, 편사가 기공만으로 이루어지는 것이 아니기 때문입니다. 한량들이 참여하지 않으면 기능만 남게 되는데, 획창 기능만으로는 편사를 운영할 수 없습니다.

이렇게 하여 인천에서는 편사가 운영된 지 몇 해가 지났습니다. 현재는 이것을 공연물처럼 재구성하여 사람들에게 편사의 중요성을 인식시키려는 행사가 진행되는 중입니다. 그나마도 여영애 여무사님의 눈물겨운 노력으로 진행되는 중입니다. 이제 400여년 전통을 이어온 편사가 끊어질 위기에 놓인 것입니다.

한 번 끊어진 전통은 복원할 수 없습니다. 복원해도 의미가 없습니다. 복원을 할 수는 있겠지만, 그것이 전통이 될 수는 없습니다. 이것이 전통의 엄중한 의미입니다. 그래서 끊어지기 전에 대책을 세워야 한다는 것입니다. 예컨대 한중 수교가 이루어지고 중국에서 제일 먼저 우리나라에 와서 배워 간 게 있습니다. 바로 종묘제례악입니다. 공자사당에서도 그런 음악이 행해졌는데 공산화로 인해서 완전히 끊어졌습니다. 그렇게 되자 중화주의를 꿈꾸던 중국인들이 변방인 우리나라에 와서 그 음악을 배워간 것입니다. 지금은 해마다 공자제례악을 연주하며 공자묘에 제사를 지낼 것입니다.

이런 것들이 우리의 전통 문제를 다시 짚어보게 합니다. 언뜻 보면 중국의 공자 제례악은 아무런 문제가 없는 것처럼 보입니다. 우리나라의 종묘제례악이 조선 건국 이후 중국의 음악을 갖다가 쓴 것이니, 그것을 되가져가면 곧 자신들의 음악이 된 것이니 말이죠. 그런데 과연 그럴까요? 여기서는 그렇다 아니다를 말하려는 것이 아닙니다. 그렇게 복원된 것이 과연 전통이 될 수 있는가 하는 생각을 확인해보려는 것입니다. 조선 종묘제례악을 가져다 공자 사당에서 연주하는 이 공자제례악의 전통인가? 여기에 그렇다고 대답하는 분들은 계승과 복원을 구분할 의사가 전혀 없는 것입니다. 그런 의지는 복원을 전통이라고 주장하고 싶은 의식의 산물이고, 무의식의 작용입니다. 그런 데는 반드시 그럴 의도가 숨어있기 때문입니다. 그리고 그런 사람과는 더 이상 말을 하기가 힘듭니다. 말이 통하지 않습니다.

중국인들은 선택의 여지가 없습니다. 그래서 최선이 아니라 차선을 선택한 것입니다. 그들에게는 차선이 전통이 될 수 있습니다. 그러나 우리에게는 최선을 두고서 차선을 택할 이유가 없습니다. 우리로서는 종묘제례악이 있는데, 그것을 공자제례악이라고 인정할 수 없습니다. 따라서 공자제례악은 우리에게 전통이 아닙니다. 그러면 중국 제례악이 전통일까요? 우리 제례악이 전통일까요? 우리 제례악이 있는 마당에 중국의 제례악을 전통이라고 할 수는 없는 노릇입니다. 전통은 우리가 그렇게 생각한다고 해서 전통이 되지는 않는다는 말입니다. 중국인들이 차선을 택한 전통에 대해 우리가 뭐라고 할 것은 없습니다. 그렇다고 해서 그것을 우리의 전통제례악이라고 할 수는 없다는 말입니다. 그건 그들의 전통입니다. 그들이 스스로 전통이라고 하는 것에 대해서 우리가 뭐라고 할 필요는 없겠지요.

이 전통의 문제가 활터로 들어오면 여러 가지 암시를 얻을 수 있습니다. 엄연히 있는 것들을 두고 개인의 창작품을, 혹은 개인의 '그럴 것이다'는 추정품을 전통으로 인정할 수는 없다는 것입니다. 그들의 노력은 가상하나 그것을 전통이라고 해줄 수는 없다는 것입니다. 이 연장선에서 시험을 당하고 있는 것이 바로 인천편사입니다. 따라서 인천편사는 지금 보존 대책을 세워야 합니다. 지금 보존하지 않으면 인천 편사 하나만 사라지는 것이 아니라 우리의 오랜 역사가 사라지는 것입니다. 인천 편사의 보존이 절실합니다.

만약에 지금 인천편사를 보존하지 않으면 끊어질 것이고, 끊어진 뒤에는 지금의 기록물을 갖고 다시 복원할 수 있을 것입니다. 그러나 그때 복원된 것을 인천편사라고 할 수는 없을 것입니다. 물론 말은 인천편사라고 하겠지만, 그 속의 내용물은 편사가 아니라 창작물일 뿐입니다. 이것이 계승과 복원의 차이입니다. 인천편사는 복원의 대상이 아니라 계승의 대상입니다. 반드시 우리가 본받아서 이어야 할 400년 전통의 문화유산입니다. 이것이 지금 끊어질 위기에 놓인 것입니다.

사법논쟁도 마찬가지입니다. 『조선의 궁술』이라는 엄연한 뼈대가 있고, 그것을 재구성한 〈온깍지 사법〉이 있으며, 온깍지 사법이 실체가 있음을 증언해준 20여명의 구사가 있습니다. 그들의 말을 무시하고 내가 쏜 방식으로 재구성하여 사법을 만든다면 그것이야말로 사기극이 아니고 무엇일까요? 자신이 만든 사법에다 '전통'이라는 말을 붙이면 안 됩니다. 그럴 것이다, 라고 가정한 것을 몸으로 한다고 하여 그것이 전통이 되지 않습니다. 전통은 '생각'이 아니라 '실체'입니다. 전통은 배워야 할 일이지 만들 일이 아닙니다.

기왕 얘기 나온 김에 한 마디만 더 하겠습니다. 〈온깍지 사법〉을 비판해달라고 제가 말했는데, 뭔가 오해를 하는 분들이 있는 듯합니다. 온깍지 사법 중에서 어느 부분이 『조선의 궁술』과 다른

가 하는 것을 지적해달라는 것이지, 여러분의 개인 사법과 어디가 다른가를 지적해달라는 것이 아닙니다. 저는 여러분의 개인 사법에 전혀 관심이 없습니다. 무시하는 게 아니라 존중하는 겁니다. 개인 사법으로 열심히 수련하여 건강 찾고 잘 맞추십시오. 제가 묻는 것은 그런 것이 아니라, 제가 재구성한 〈온깍지 사법〉이 『조선의 궁술』과 어디가 다른가 하는 것입니다. 그 부분에 대해서 지적하면 겸허하게 받아들이겠다는 것이지, 여러분의 주먹구구 사법이나 그와 관련된 개똥철학을 듣고자 함이 아닙니다. 이 점 다시 한 번 숙고해주시기 바랍니다.

우리의 활쏘기는 오랜 세월 '개밥그릇' 신세를 면치 못해왔고, 현재도 상황은 나아지지 않았습니다. 우리가 할 일은 개밥그릇을 뒤덮은 음식지꺼기를 닦아내는 일이지 자루나 무늬가 우리 생각과 다르다고 하여 고칠 일이 아닙니다. 닦기만 하면 저절로 영롱한 빛을 내는 고려청자 같은 것이 우리의 활쏘기입니다. 거기에다가 개인의 생각을 덧보태는 것은 그림에서 개칠하는 것이나 다름 없습니다. 개칠을 하면 원본을 망가뜨린다는 것이 중요합니다. 개칠하는 사람 자신만이 그걸 모릅니다. 아니, 모르지는 않겠지요. 모른 척하는 것이겠지요. 자신까지 속이면서 전통이라고 믿어 의심치 않겠지요. 그래서 개인의 욕심으로 전통이 망가집니다.

인천편사는 반드시 '있는 그대로' 보존해야 합니다. 인천 편사의 당사자인 인천 한량들께 머리 조아려 당부 드립니다. 400년의 전통 문화가 여러분의 작은 관심에 달렸습니다. 인천편사를 반드시 지켜주시기 바랍니다.

4. 애기살 복원 그 후

애기살이 세상에 소개된 지 벌써 20년이 되었습니다. 수많은 사람들이 경험을 하며 우리의 전통 무화로 되살리기에 충분한 조건을 갖추었고, 실제로 활터보다는 도장을 비롯하여 어린이들 호기심을 채워주는 분야에서 강력한 수단으로 등장하여 자리잡는 실정입니다. 이제 언론에서도 그렇고 방송에서도 그렇고 우리의 전통 활을 생각하면 유엽전보다는 애기살을 더 쉽게 떠올리고 눈으로 보는 시대가 되었습니다. 한 마디로 뜨거운 관심거리가 되었습니다.

그렇지만 이런 현상 가운데는 애기살을 아전인수 식으로 해석하는 사례도 나타나서 애기살 연구에 앞으로 심한 장애를 줄 것으로 예상됩니다. 사실에 대한 해석은 사람마다 다 다를 수 있지만, 사실 그 자체는 변하지 않습니다. 사실을 바꾸면 거짓이 되고, 거짓이 판을 치면 학문은 치명상을 입습니다. 따라서 100년만에 부활한 애기살의 건전한 비상과 발전을 위해서도 사실을 왜곡하는 일은 삼가야 합니다.

애기살 사법은 여러 가지 방안이 강구될 수 있습니다. 제가 처음 제시한 것은 그 동안 유세현

제4회 편전대회 모습(2018 청주 장수바위터)

접장의 시작과 그것을 바탕으로 한 실제 활쏘기 실습에서 얻어낸 경험을 토대로 하여 구성한 것입니다. 그 사법 구성에는 제 손등을 찍은 아찔하고 뼈아픈 경험까지 축적되었습니다. 그것을 바탕으로 새로운 방법을 찾아낸다면 처음 그런 실수를 한 저로서도 영광스러운 일입니다. 그렇지만 앞서 연구한 사람들의 공을 무시하거나 반박하는 전제조건으로 하여 그 다음 자신의 입지를 확립하려고 한다면, 그것은 선배에 대한 예의도 아니고 스스로 함정을 파는 일입니다. 왜냐하면 그런 식으로 하면 그 이후에 새로운 방법을 찾아낸 후학으로부터 똑같이 자신이 공격받을 것이기 때문입니다.

처음에 제기한 덧살에 애기살 멕이는 방법은 마루깃을 안으로 넣고 쏘는 것이었습니다. 지금까지도 가장 무난한 방법으로 생각됩니다. 이 방법이 큰 문제가 있어서 사람이 다치거나 한다면 다른 방안을 찾아내서 기존의 그 방법을 비판하면 될 것입니다. 그러나 위험이 없는 좋은 방법이라면 비판할 일은 아니라고 봅니다. 대안으로 찾아낸 방법이 있다면 그것을 소개하면 될 일이지 마치 앞의 방법이 잘못되었다는 식으로 말을 하면 안 된다는 것입니다.

그 후에 나 아무개 접장이 마루깃을 밖으로 내놓고 나머지 두 깃을 덧살 안으로 집어넣는 방법으로 애기살을 쏘더군요. 그래서 괜찮냐고 물었더니 마루깃을 안으로 넣을 때와 별 차이가 없다고 하더군요. 그러면서 덧붙이기를 황학정의 김경원 사범님도 이렇게 쏘더라고 하고 그 분으로부터 배운 방법이라고 하더군요. 황학정의 김경원 사범은 성순경 명무에게 애기살을 처음 소개 받았습니다. 그리고 그 뒤로 황학정에서 애기살 때문에 갈등이 생겨 다른 정으로 이적을 하신 걸로 압니다. 물론 애기살 이외의 여러 요인이 중첩되었지만, 그 여러 이유 중에 애기살 파동이 중요한 요인으로 작용하였다고 들었습니다. 황학정 김경원 사범의 애기살 내력도 성 명무에게 귀결됩니다.

덧살 먹이는 것도 『한국의 활쏘기』에서 2가지가 소개되었는데, 이것도 이후에 많은 소소한 방법들이 개발되었습니다. 그렇지만 애기살과 덧살을 먼저 장착한 다음에 오늬를 먹이는 방법이 점차 많이 이용하는 방법으로 자리잡는 듯합니다. 가장 먼저 제시되었던, 애기살을 먼저 시위에 끼우고 그 위로 덧살을 덮어 끼우는 방식은 특별히 불편한 점이 없는데 속도가 약간 느리다는 생각을 하는지 지금은 많이 쓰지 않습니다. 이런 것도 생각하면 방법상의 변화나 발전이라고 볼 수 있습니다. 효율성을 찾아서 여러 가지 방법이 취사선택되는 것은 당연한 것이니 말입니다. 이렇게 여러 고민이 비교 발전하다보면 우리는 조선 후기의 애기살로 돌아갈 것이라고 믿습니다.

애기살은 외국으로 뻗어가서 로마 병사들이 애기살을 쏘았다는 황당한 주장들이 페이스북에 떠돌더군요. 이를 걱정한 성명무님이 학자들은 뭐하는 것이며 온깍지궁사회는 이런 일들에 대한 대책이 있느냐고 마치 추궁하듯이 따져서 제가 그에 대해 자세하게 설명을 한 적이 있습니다. 즉 페이스북 같은 인터넷 매체에서는 저마다 연구하여 주장할 수 있으나, 그것이 정식 학계의 근거 자료를 바탕으로 하고 있는 것이냐, 원천 자료가 뭣이냐를 따진다면 답은 명확해진다는 것이었습니다. 즉 개별 연구자들의 성과가 정식 학계의 인정을 받느냐 하는 것입니다. 그래서 원천 자료 기록자에게 메일을 보내서 그 근거를 요구하라고 하면 답이 돌아올 것이라고 제가 답했습니다. 영어를 우리말보다 더 잘하는 성 명무는 페이스북에 그런 자료를 올린 사람들에게 정식으로 원천자료 작성자에게 확인해달라고 요구하는 메일을 수십 통 보냈습니다. 호주, 독일, 프랑스, 스페인 여러 사람들에게 보냈던 걸로 압니다. 몇 달 뒤에 성 명무에게 제가 그 결과를 물었습니다. 한 놈도 답글을 보내오지 않았다고 말하며 웃더군요. 지나간 얘기지만 이런 웃지 못할 해프닝도 있었습니다.

세계 어느 나라에서 애기살을 욕심 내도 그것은 개인 차원의 일입니다. 학계에서 그런 개인들의 농단에 맞장구쳐줄 리 없습니다. 그렇게 되면 세계의 학문이 무너질 것이기 때문입니다. 적어도 저는 학자들의 그런 양심을 믿습니다. 애기살에 관한 글을 추적하면 가장 중요한 원천 자료는 1999년의 『한국의 활쏘기』와 2002년의 『국궁논문집』이 될 것입니다. 우리 말로 쓰였다고 해서 외국의 학자들이 무시할 수 있는 사안이 아닙니다. 그 이전에 나온 자료를 이용해야만 애기살을 자신의 것으로 속일 수 있습니다. 만약 인터넷에서 그 이전의 자료가 나온다면 그 원천 자료의 저자에게 문의를 하면 됩니다. 로마 병사들이 애기살을 쏘았다는 주장은, 실제로 그런 것이 아니라 석궁에 대한 묘사를 오독한 것일 것입니다. 석궁에 대한 기록을 읽다보면 그 묘사나 서술이 애기살 방법과 유사합니다. 그러니 그런 아마추어 식 접근법에서는 로마병사들이 애기살을 쏘았을지 몰라도 실제 역사학에 수용되기까지는 수많은 절차가 있고, 그런 절차를 애기살이 통과할 수는 없을 것입니다. 객관성은 역사학의 밑바탕이기 때문입니다.

애기살은 한국의 역사이니 세계 그 어느 나라의 역사도 될 수 없습니다. 심지어 같은 동양권인 중국과 일본에서 애기살 자료가 나와도 그것은 그들의 것이 될 수 없습니다. 그것이 전쟁사에 반영되지 않았기 때문입니다. 일본측의 기록은 설령 그런 게 있다고 하더라도, 의미 없는 일입니다. 애기살은 우리 나라의 활에 최적화된 도구이기 때문에 일본 활에 갖다 대고 쏠 수는 있겠지만, 실제 전쟁에 활용할 수 없습니다. 일본 활의 사거리는 60m 정도인데, 그 거리를 보내는 어설픈 활로 애기살을 쏜다는 것은 의미가 없는 일입니다. 이미 조총 사거리 80보 때문에 일본 활은 의미를 잃어버린 것입니다. 왕조실록의 대화를 보면 임진왜란 전부터 애기살은 일본에 노출되었습니다. 부산의 왜인 거리에서 아이들이 애기살 쏘는 모습을 보고 깜짝 놀라 보고한 장계가 왕조실록에 있습니다. 그에 대한 방지대책을 내리라고 왕이 비답을 내렸다는 기록이 딸려있죠. 이런 것을 보면 벌써 애기살은 왜인들에게 노출된 것입니다. 그런데도 그들이 그것을 활용하지 못한 것은, 방법을 몰라서가 아니라 일본 활의 한계 때문에 실용성이 떨어졌기 때문입니다.

중국의 경우도 마찬가지입니다. 조총의 사거리에 비해 그들의 활은 애기살을 쏜다고 해도 특별한 의미를 낼 수 없습니다. 실제로 왕조실록에는 애기살의 근원을 추적해보니 중국의 책이라며 그 근거를 중국쪽에서 찾아내려고 합니다. 그렇지만 중국에서는 화약 때문에 오래 전부터 병기가 재편되는 중이었고, 애기살이 있다고 해도 화약 병기에 밀려 자리 잡지 못한 것입니다.

오직 천보를 날아가는 우리 활에서만 애기살이 의미를 얻는 것이고, 1894년까지 엄연히 무기체계로 존재했다는 사실이 바로 이것을 생생히 보여주는 것입니다. 그러

애기살 솔포(2017 평택 느새터)

니 애기살을 자신의 역사로 편입시키려는 그 어떤 시도도 허황된 것임을 알 수 있습니다. 애기살은 한국만의 것일 수밖에 없습니다.

어쩌다 살펴보니 애기살을 고조선의 역사까지 끌고 올라가는 사람들도 있더군요. 주로 국수주의나 민족주의 계열에서 그런 주장을 하는데, 어림없는 일입니다. 초기 기록은 고려 때쯤이고, 이것이 역사에 화려하게 등장하는 것은 태조 이성계의 기록입니다. 그런 것들이 많았는데 기록이 안 된 것인지, 태조가 왕이기 때문에 기록에 유리해서 그런 건지는 잘 알 수 없습니다. 우리가 생각하는 애기살의 위용은 주로 고려 말부터 시작됩니다. 이 부분은 연구를 좀 더 해서 밝혀야 할 부분임을 미리 말씀드립니다. 뜻 있는 분들의 참여가 절실한 분야입니다. 그러기 위해서는 '사실'을 먼저 찾아야 합니다. 해석은 그 위에서 필 꽃에 불과합니다.

애기살은 사라진 지 100년만에 부활하여 이제 발전을 위한 첫걸음을 뗀 상태입니다. 그러므로 무엇보다 사실이 중요하고, 그런 사실을 똑바로 본 뒤에 어떻게 이것을 우리의 삶으로 문화로 승화시킬 것이냐 하는 고민을 해야 할 때입니다. 아전인수 식 주장이나 소설 쓰기 식 추정은, 기분은 좋겠지만, 결국 애기살 연구의 큰 장애로 작용할 것입니다. 올바른 정보를 생산할 수 있도록 앞으로 당분간 노력해야, 어렵게 되살아난 전통 문화 애기살이 먼 훗날 보무도 당당히 우리의 한 문화를 샛별처럼 빛나게 하는 존재로 살아있을 것입니다.

전통 사법 논쟁의 두 축

정진명

1. 사법 논쟁의 처음과 끝, 『조선의 궁술』

1990년대 접어들어 인터넷이 활성화되면서 국궁계에도 큰 변화가 일었다. 입에서 입으로 전해오던 정보들이 공개되면서 그것의 옳고 그름에 대한 논쟁이 활발해진 것이다. 그 중, 사법 부분에서는 『조선의 궁술』이 뜨거운 감자이다.

『조선의 궁술』은 조선궁술연구회에서 1929년에 낸 활쏘기 책이다. 당시 조선의 활쏘기를 집대성한 책이다. 이 책은 세간에 잘 알려지지 않았다가 1998년 〈사이버 국궁장〉(운영자 이건호)에 전문이 스캔으로 소개된 후 이제는 활량치고 모르는 사람이 없는 책이 되었다. 그런데 여기서 문제가 생겼다. 해방 전에 발간된 그 책에 묘사된 궁체가 해방후 50년이 지난 시점에 각 활터에서 쏘는 사람들의 궁체와 많이 달랐던 것이다. 인터넷이 활성화될수록 이에 대한 논쟁은 뜨거워졌고, 아직도 분명한 매듭을 짓지 못한 채 혼란스러운 논쟁을 거듭하는 중이다.

이 문제를 처음으로 촉발시킨 것은 2001년부터 시작된 온깍지궁사회의 활동이다. 전통을 찾아 보존하는 것을 목표로 내건 이 단체는 전국의 구사들을 찾아다니며 대담 채록을 한 결과, 그들이 말하는 사법과 『조선의 궁술』에 쓰인 사법은 일치한다는 것이었다. 그래서 그간 채록하여 정리 종합한 사법을 〈온깍지 사법〉이라는 이름으로 정의하고 인터넷에 공개하였다. 〈온깍지 사법〉은 『조선의 궁술』에 기록된 사법을 충실히 계승한다는 원칙하에 정리된 것이다.

이후 인터넷에서는 『조선의 궁술』을 비롯하여 『조선의 궁술』 이전에 쓰이던 사법까지 등장하여 일대 혼란스러운 양상을 초래하였다. 그리고 백가쟁명 식으로 인터넷 매체를 중심으로 개인마다 자기 주장을 펼치는 중이다. 문제는 『조선의 궁술』에 대해 말하는 사람들이 정작 『조선의 궁술』 속에 묘사된 궁체를 확인할 방법이 없다는 점이다. 자신이 속한 활터에서 주먹구구 식으로 배운 사법을, 『조선의 궁술』 속 문구에 적용하여 설명하는 방식이다 보니 어디까지가 『조선의 궁술』 사법이고 어디까지가 자신의 창작 사법인지 구별할 방도가 없다는 것이다. 그러다 보니 『조선의 궁술』을 부인하는 사람들은 그 이전의 사냥이나 전쟁 때의 사법을 자기 나름대로 상상하여 재구성하는 중이고, 『조선의 궁술』을 원하는 사람들은 지금 쏘는 자신의 동작이 그 책 속의 내용과 같다고 주장하며 『조선의 궁술』의 계승자임을 자처하는 중이다.

 이런 혼란이 야기된 원인은 『조선의 궁술』에 기록된 사법 부분이 너무 간략하기 때문이다. 그 서술 내용이 간략하여 그것만을 보고서 동작을 재구성하면 그 글이 묘사하는 궁체대로 동작이 만들어지지 않는다. 그리고 기록 중에도 몇 군데 오류가 있어서 그 오류를 바탕으로 재구성하면 엉뚱한 궁체가 만들어진다. 오늘날 『조선의 궁술』 어쩌고 하는 사람들은 모두 이런 오류를 범하고 있다. 따라서 『조선의 궁술』에 묘사된 구절들을 해석하는 분명한 기준이 있어야 한다. 그 기준은 당연히 그 책을 만든 사람들의 말씀이고 동작이다. 당사자들의 말을 듣고 동작을 보면 그들이 쓴 글의 애매모호한 부분까지 다 알 수 있다. 모든 책의 내용은 저자에게 묻는 것이 가장 확실한 것이다.

 그런 점에서 가장 중요한 인물이 서울 황학정의 성낙인 옹이다. 성낙인은 『조선의 궁술』을 만든 조선궁술연구회 성문영 회장의 아들로, 2013년 입산하기 전까지 자신을 찾아온 온깍지궁사회 회원들에게 『조선의 궁술』에 대한 많은 이야기를 들려주었고, 실제로 궁체를 지도해주었다. 이런 사정 때문에 인터넷 논쟁을 건전한 방향으로 유도하기 위하여 온깍지궁사회 카페 자료실에 올린 〈『조선의 궁술』을 공부하는 분들께 드리는 몇 가지 질문〉을 『국궁논문집9』(2017)에 실었다. 이 글에는 『조선의 궁술』을 공부할 때 나타나는 문제점과 의문점을 조목조목 따져 공부하는 사람이 답할 수 있는 질문 형태로 만들었다. 이 질문에 대한 답을 제대로 할 수 있다면 『조선의 궁술』을 정확히 이해했다는 증거가 된다.

 그런데 지금까지 이 질문에 대한 답을 한 사람이 단 한 명도 나타나지 않았다. 그렇지만 인터넷에서는 여전히 『조선의 궁술』을 두고 수많은 말들이 오가며 비판과 반비판을 거듭하는 중이다. 그런 질문을 한 사람으로서는, 질문을 회피한 채로 자신의 주장을 펴는 인터넷 현상을 어떻게 이해해야 할지 난감하다 못해 황당하기까지 하다. 논쟁이 그 분야에 기여하려면 그 앞선 주장을 비판하고 대안을 찾아서 제시해야 하는데, 이미 나타난 논의에 대해 함구한 채 자신의 주장만 되풀이하는 것은 국궁계를 위해나 자신을 위해서나 발전을 기약할 수 없는 소모전임은 분명하다.

 현재 국궁계에서는 『조선의 궁술』(1929) 이후, 체계화된 사법으로 정리된 것은 〈온깍지 사법〉이 유일하다. 이 사법이 발표된 것은 거의 20년이 다 돼가는데, 이에 대한 제대로 된 비판은 아직 나타나지 않은 실정이다. 그런데도 인터넷에서는 『조선의 궁술』 논쟁이 치열하다. 기존의 질문을 회피한 채 진행하는 인터넷 논쟁이 자기 한계를 갖게 될 것은 분명하다.

 1929년에 출판된 『조선의 궁술』은 국궁계에서 뜨거운 논쟁을 일으키는 진앙이다. 이들 논쟁이 유의미한 결과에 이르기 위해서는 논쟁 방법의 일대 혁신과 논쟁 참여자들의 성실한 태도가 전제되어야 할 것으로 보인다.

2. 온깍지와 반깍지

국궁계에는 불꽃 튀는 논쟁이 몇 가지 주제를 두고 벌어지는 중이다. 그 중에서 가장 뜨거운 관심사가 온깍지 논쟁이다.

이 온깍지 논쟁은 온깍지궁사회의 출현과 더불어 시작되었다. 온깍지궁사회는 2000년에 몇몇 뜻있는 궁사들이 모여서 전통 보존에 대한 고민을 상의하다가 이듬해인 2001년에 공개활동으로 전환하여 2007년까지 7년간 활동하고 이후 친목회인 사계로 전환한 모임이다. 온깍지궁사회의 7년 활동이 온깍지 논쟁에 불을 붙였다.

먼저 용어. 〈온깍지〉라는 말은 해방 전의 구사들이 쓰던 용어이다. 그러다가 온깍지궁사회가 출범하면서 인터넷을 통해 급속히 확산되어 불과 6개월만에 전국의 한량들 중에서 이 말을 모르는 사람이 없는 상황이 되었다. 원래 이 말은 해방 전에는 있으나마나 한 말이었다. 왜냐하면 그 당시에는 모든 사람들이 깍짓손을 발시와 동시에 뻗어서 쏘았기 때문이다. 그러니까 지금의 활터 한량들이 쏘는 동작과는 정반대되는 것이다. 지금의 한량들은 대부분 깍짓손을 뻗지 않고 양궁처럼 그 자리에 똑 떼고 만다. 이런 것을 반깍지라고 한다.

따라서 깍짓손의 모양이 해방 전과 요즘을 비교하면 완전히 정 반대가 될 것이다. 해방 전에는 요즘처럼 쏘면 잘 못 됐다고 지적을 받았다. 그렇지만 요즘은 그 반대이다. 깍짓손을 크게 뻗으면 지적을 받는다. 그렇다면 어떤 것이 전통사법인가? 당연히 깍짓손을 크게 뻗는 것이 전통에 더 가깝다. 전통사법에서 깍짓손 처리 방식은 반깍지가 오답이고 온깍지가 정답이다.

활터에 반깍지가 대세를 이룬 것은 1970년대 무렵이다. 2가지 현상이 이를 부추겼다. 하나는 개량궁의 등장이고, 또 다른 하나는 양궁의 영향이다. 개량궁은 양궁 재질로 국궁 활을 만든 것이다. 이 활은 옛날에 쓰던 각궁과 비교하면, 구사들이 바가지활이라고 말하며 안 좋은 활로 인식하던 그런 모양이다. 각궁을 닮았지만, 각궁의 장점을 많이 못 갖춘 그런 활이 바가지활이다. 이런 활을 쓰다 보니 그 활에 맞는 사법이 만들어진 것이고, 여기에 양궁이 도입되면서 사법까지 양궁의 뒷손을 닮아간 것이다.(실제로 양궁협회가 분리될 때까지 대한궁도협회가 양궁을 이끌었다. 따라서 초기 양궁 사범들은 대부분 국궁인이었다.)

국궁 인구가 갑자기 늘어난 것은 개량궁이 나온 이후의 일이다. 개량궁은 1970년대 중반에 나왔고, 국궁 인구가 급격히 늘어난 것은 1970년대 말과 1980년대 초반 무렵이다. 각궁을 쓰지 않은 사람들이 개량궁에 길들면서 만들어진 새로운 사법이 양궁 사법을 닮은 반깍지 사법이다. 이렇게 하여 온깍지궁사회가 활동을 시작할 무렵인 2000년을 기준으로 볼 때, 전국에 온깍지로 깍짓손을 떼는 사람은 불과 30여명 정도에 불과했다. 이런 심각한 역전 현상 때문에 모임 이름도 온깍지라는 용어를 쓴 것이고, 모임의 목적도 활터의 모든 것을 있는 그대로 보존한다는 원칙으로 정한 것이다. 그리고 실제로 그런 행사와 사업을 꾸준히 했다.

그러자 저절로 온깍지에 대한 반감도 생겨났다. 온깍지라는 말을 온깍지궁사회가 만들어낸 신조어라는 주장부터, '너희가 온깍지면 우리는 반쪽짜리 활이란 말이냐?' 하는 생뚱맞은 비난성 비아냥거림까지 나왔다. 이런 비난과 비판에 대해서는 때마침 활성화된 인터넷을 통해서 많은 부분 정리되었다. 즉 온깍지라는 말은 신조어가 아니라 해방 전부터 쓰던 용어라는 것이 밝혀졌고, 〈온-반〉의 문제도 활터에 있는 용어로 어느 한쪽을 폄하하는 것이 아니라는 것이다. 예컨대 온이 좋고 반이 나쁜 것이라면 반바닥과 온바닥의 관계도 설명할 수 없다는 것이다. 즉 활터에서는 반바닥이 올바른 용어이다.

이런 과정을 통해서 정리된 사법이 〈온깍지 사법〉이다. 온깍지 사법은 개량궁의 등장 이후 변형된 반깍지 사법과는 달리 옛부터 전해오던 전통 사법을 말하는 것으로, 전통 사법의 원형은 1929년에 발간된 『조선의 궁술』 속 사법을 말하는 것이라는 주장이다. 즉 『조선의 궁술』에서는 궁체의 부위별로 설명을 한 공간지각형 이론인데, 이것을 동작을 시간차 순으로 설명한 시간지각형이 바로 온깍지 사법이라는 주장이다.

이렇게 하여 2000년부터 시작된 10여 년간의 논쟁을 통하여 인터넷에는 〈온깍지 사법〉이 등장하였고, 이것은 그 뒤로 책(『활쏘기의 나침반』)으로도 발간되어 사법 논쟁이 일단락되었다. 그렇지만 이에 대항하여 반깍지를 옹호하는 사람들이 표면상으로는 거의 나타나지 않는다는 점이 이 논쟁의 특징이기도 하다. 반깍지는 전통 사법으로부터 멀어진 1970년대 이후의 현상이기 때문에 반깍지를 주장하는 순간 자신은 전통 밖으로 밀려난다는 위기상황 때문이다. 그렇지만 국궁계의 상황은 결코 논리대로 흘러가지 않아서 이런 인터넷 논쟁의 의미를 퇴색하게 한다. 즉 인터넷에서는 온깍지 사법이 대세로 정착했는데, 활터 현장에서는 오히려 반깍지 사법이 더욱 공고해지는 중이기 때문이다.

요즘 활을 배우려는 사람들은 활터에 올라가기 전에 대부분 인터넷을 통해서 자신이 하고자 하는 것에 대한 예비정보를 갖추고 활터를 찾아간다. 인터넷에서는 당연지사로 여겨지던 온깍지 사법이 활터에서는 눈을 씻고 찾아보기도 어렵다는 사실을 발견한다. 결국 반깍지를 가르치는 사범으로부터 반깍지를 배우고 그들의 논리에 젖어간다. 활터는 아직도 20년 전의 반깍지 사법이다. 그래서 활을 처음 배우는 신사들이 활터에 올라가서 온깍지 사법으로 쏘려면 핍박에 가까운 핀잔과 잔소리와 맞서야 한다. 신사로서는 쉽지 않은 일이다.

그렇지만 전통사법이 꼭 깍짓손 떼는 동작 여부로 결정되는 것은 아니다. 문제는 온깍지 동작

속에 내포된 함의를 깨달아야 한다는 것이다. 그런 점에서 온깍지 논쟁은 이제 겨우 첫 걸음마 수준이라고 할 수 있다. 깍짓손을 어떻게 떼느냐 하는 것을 넘어서 몸 안에서 이루어지는 전통 사법의 비결을 이해하고 그것을 몸으로 체득할 때 사법의 완성은 이루어지는 것이다. 지난 10여년 동안 온깍지 사법의 실기를 지도해온 류근원(온깍지활쏘기학교 교두, 청주 우암정 사범) 접장은, "깍짓손을 어떻게 떼느냐 하는 것이 중요하기는 하지만, 그것이 전통 사법의 본질이 될 수는 없다. 전통 사법은 주변부로부터 끊임없이 중심으로 들어가야 완성되는 것으로, 아무리 빨라도 10년 정도는 수련해야 겨우 그 맛을 볼 수 있다. 그것도 스승을 제대로 만났을 때의 일이다. 스승 없이 전통사법을 터득한다는 것은 불가능한 일이다. 그런 점에서 자정에서 주먹구구식으로 배운 활 수준에서, 『조선의 궁술』 운운하는 사람들은, 정진명 접장의 말마따나 사기꾼에 지나지 않는데, 그런 사실조차도 인지하지 못하는 사람들이 전통 사법의 계승자인 양 떠들고 있어서 오히려 제대로 배우려는 사람들의 눈을 흐리고 앞길을 막는 것이 큰 걱정이다."라고 말했다. 논쟁이 뜨거워질수록 의미심장한 말이다.

논쟁과 현실이 다른 이중성의 간극을 국궁계는 앞으로 어떻게 메워갈지 눈여겨볼 일이다.

3. 각궁과 전통 사법

『조선의 궁술』은 1929년에 나온 책이고, 그 속의 사법은 이 당시의 현실을 반영한 것이다. 그 당시에는 각궁뿐이었고, 개량궁이 나타나기 전이었다. 따라서 『조선의 궁술』 속 사법은 각궁을 전제로 한 사법이다.

그런데 오늘날 벌어지는 사법 논쟁의 주동자들은 대부분 경력이 얼마 되지 않는 사람들이고, 개량궁으로 집궁한 사람들이다. 게다가 각궁이라고는 잡아보지도 않는 애송이들이 논쟁에 참여하여 아는 체하는 경우가 너무나 많다. 그러다 보니 이게 논쟁으로서 의미가 있는 것인가 하는 회의감마저 드는 것도 사실이다.

각궁과 개량궁은 겉모양도 다르지만 속에서 작용하는 힘도 다르다. 각궁은 처음부터 빡빡하여 만작할 때는 오히려 부드러워지는데, 개량궁은 처음에는 물렁하다가 만작이 될수록 점차 강해진다. 이 차이는 사법에서 하늘과 땅만큼 많은 변화를 초래한다. 발상도 다르고 몸속에서 작용하는 힘의 원리도 다르다.

이렇게 다른 원리로 『조선의 궁술』을 조명하면 『조선의 궁술』은 조명하고자 하는 대로 답을 내준다. 즉 읽는 사람의 수준에 따라서 『조선의 궁술』은 다르게 읽힌다는 것이다. 따라서 『조선의 궁술』을 전통으로 놓고 벌이는 사법이라면 각궁 사법을 아는 사람만 그 사법에 참여할 자격을 지니는 셈이다. 결국 사법 논쟁이 어떤 의미 있는 결론을 이끌어내려면 개량궁으로 집궁하여 개량궁 사법을 터득한 사람들은 논쟁에서 빠져야 한다. 그렇지만 오늘날 논쟁의 판을 가만히 들여다보면 이런 조건에서 그 자리에 남을 수 있는 사람은 거의 없다. 이렇기 때문에 사법 논쟁에 회의가 일고, 그 결과에 대한 믿음이 엷어진다. 이런 문제는 앞으로도 해결하기 쉽지 않을 것으로 보인다.

인터넷 매체를 통해서 벌어지는 논쟁은 허무한 경우가 많다. 몸으로 하는 어떤 대상을 말로만 하다 보면 말이 말을 만들고 그 말들이 몸의 움직임과 동떨어져 상상으로만 존재하기 때문이다. 오늘날 국궁계의 사법 논쟁이 그런 지경이다. 그러므로 애써 벌인 논쟁이 말장난이나 소모전으로 끝나지 않으려면 거기에 참여하는 사람들의 양식과 수준이 적어도 일반인들의 상식에 맞는 정도는 되어야 한다. 그 상식이란 다름이 아니라 『조선의 궁술』 속 사법이 각궁 사법임을 알고, 있는 그대로 인정하는 일이다.

〈『국궁논문집10』(2018) 일부 보탬〉

활터 음악의 전승과 보존

정진명

1. 머리말

활터는 전통 사회의 중요한 부문이었기 때문에 옛 전통 문화가 잘 살아있는 곳이었다. 그런 문화 중에 음악이 있다. 활터에는 활터만의 고유한 음악이 있다. 그 음악은 언제부터 시작되었는지 알 수 없지만, 편사라는 형식이 시작된 것은 선조 때로 올려잡는다.[1]

활쏘기와 음악은 뗄 수 없는 관계이다. 활쏘기는 공자 맹자 때부터 예절을 행하는 한 방편으로 시행되었고 조선 시대 내내 향사례와 궁중 의례의 중요한 의전이었다. 이런 행사에는 반드시 음악이 뒤따랐다. 이런 전통이 민간으로 흘러나와 편사로 자리 잡았고, 편사 같은 정식 활쏘기가 아니라도 관중을 알리는 음악이 간단한 악기 편성으로 활터의 일상생활을 차지했다.

그렇지만 이런 전통은 최근 들어 큰 위기를 맞았다. 활터의 분위기가 활쏘기를 '즐기기'보다는 '과녁 맞추기'로 흐르면서 사풍이 위축되고 몇 발에 몇 발을 맞출 수 있는가 하는 점에만 한량들의 관심이 집중되었기 때문이다.[2]

이런 위기감은 인천 편사에서 여실히 드러난다.

2. 인천 편사의 현 상황

인천편사는 언제부터 시작되었는지 분명히 알 수 없다. 그렇지만 시작을 알 수 없을 만큼 오래된 것은 분명하다. 인천 지역의 구사들이 오래전부터 이어져온 풍속이라고 고증했기 때문이다.[3]

---

1) 『조선의 궁술』 53쪽.
2) 『활쏘기의 어제와 오늘』 23쪽.
3) 『이야기 활 풍속사』 103쪽.

1955년 평양

그리고 인천편사의 중요성은 서울 편사가 1970년대 접어들어 사라짐으로써 더욱 부각되었다. 그리고 유일한 편사가 되었다. 그 편사 속에는 음악이 있다. 즉 획창 또는 호정이라는 소리가 그 것이다. 당연히 경기민요로 하는 소리이다.

편사는 편을 짜서 실력을 겨루는 경기이다. 반드시 획창이 뒤따른다. 그런데 이런 획창은 꼭 편사가 아니라도 일상생활 속에서도 이루어졌다. 악기편성은 그때그때 달랐지만 3현6각이 기본이었다. 때로는 장구 하나만으로도 이루어졌다. 활터에서 평상시에 습사를 할 때도 획창이 따라붙곤 했던 것이다.

이런 풍속은 어느 한 지역만의 풍속이 아니라 전국에 걸친 풍속이었다. 해방 전후의 사진을 보면 활쏘는 한량 뒤에 악공과 기생이 딸린 모습을 얼마든지 볼 수 있다. 괴산 중심정의 경우도 그렇고,[4] 평양의 활쏘기 사진에서도 볼 수 있다.[5]

그렇지만 이러한 풍속과 놀이를 즐기는 한량들이 점차 사라지고 대회의 우승이나 승단에 사람

---

[4] 『활쏘기의 어제와 오늘』 246쪽. ; 정진명 편, 『충북국궁사』, 충북궁도협회, 1997.
[5] 『황학정 100년사』의 전국 활쏘기 분포 현황 지도에 평안도 지역이 활쏘기 없는 백지 상태로 그려졌는데, 최근에 평양 인근에서 벌어진 활쏘기 사진이 발견되었다. 평양에서도 활쏘기가 성행했음을 증거해주는 중요한 사진이다.

들의 관심이 집중됨으로써 활터 음악은 점차 사라졌다. 이런 위기감은 잘 전해오던 인천 지역에서도 최근 심각한 상황을 맞이했다. 매년 봄에 각 정별로 환갑잔치를 겸하여 치르던 편사가 사라지기 시작한 것이다. 당연히 편사를 치르는 적지 않은 비용 때문이다.

결국 인천 편사를 보존하는 한 방법으로 지방문화재 등록을 추진하게 되었는데, 이도 해당 관청의 반려로 어려움에 처한 형국이다. 인천 편사를 보존하기 위하여 인천전통편사놀이보존회(여영애)가 꾸려지기도 했다.

1) 인천편사의 기록

문제는, 인천 편사가 오랜 세월 지역사회의 중요한 행사이고 문화재의 모든 자격을 갖추었는데도 그것이 활터 현장과 학계에서 모두 인정을 받지 못하고 있다는 현실이다. 이는 풍속사의 관점에서 정말 우려스러운 일이다. 활터 현장에서는 한량들의 관심이 과녁 맞추기로 흘러서 그렇다고 쳐도, 학계의 무관심은 정말 뜻밖이고 이해할 수도 없는 일이다. 더욱이 인천의 경우 우리나라 민속학계에서 중요한 일을 많이 한 대학이 있고 학과가 있는 곳이기도 하다. 그런 곳에서조차 이런 민속 현상을 다루지 않는다는 사실에 대해서는 정말 이상하다는 생각이 든다.

인천 편사가 맞은 위기를 가장 심각하게 여기고 반응을 보인 것은 온깍지궁사회이다. 편사라는 독특한 풍속이 있다는 것을 알고 2002년 5월 4~5일 이틀간 벌어진 인천 구월정과 남호정의 편사를 이건호 정진명 성순경이 답사하여 기록으로 남긴 것이다.[6] 이 날의 답사는 디지털 국궁신문에 중요 기사로 소개되어 편사 자료에 대한 중요한 기록으로 남았다.[7] 또 2007년에는 국궁논문집에 보고서 형태로 기록되었다.[8] 이것이 인천 편사에 관한 첫 기록이다.

2) 인천 편사에 대한 관심과 정리

이렇게 인천 편사가 처음으로 기록 보고된 이래, 잠시 사람들이 관심을 끌었지만, 상황은 점차 악화일로를 걸었다. 이때만 해도 매년 성대하게 치러지던 행사가 2010년을 변곡점으로 하여 점차 사라지기 시작한 것이다. 이유는 적지 않은 재정 부담을 지고 나설 편장이 없는 것이다. 결국 활터 음악을 주관하던 여영애 여무사는 사단법인을 꾸려서 활터음악을 보존하기 위한 나름의 방

---

6) 『한국 활의 천년 꿈, 온깍지궁사회』 164~183쪽.
7) '전통 활쏘기, 인천 지역 편사', 디지털 국궁신문 기사(2002. 05.08.).
8) 정진명, '인천지역의 편사놀이 답사' 『국궁논문집』 제6집, 온깍지궁사회, 2007. ; 『한국 활의 천년 꿈, 온깍지궁사회』, 2015. 164~183쪽.

법을 세우고 고민하는 중이다.

점차 사라져가는 중요한 이 풍속이 잊히는 것을 우려하여 국궁포럼(회장 김상일)의 제안으로 2017년 12월 9일 인천 월미회관에서 인천 '편사의 역사와 전망'이라는 주제로 세미나가 열렸다.[9] 온깍지궁사회에서는 곧 바로 이날 세미나에서 발표된 내용을 정리하여 세미나 특집『국궁논문집 10』을 내기도 하였다.

국궁포럼, 온깍지궁사회, 국궁문화연구회 세 단체에서 공동으로 주관한 세미나는 성황리에 진행되어 좋은 결과를 냈고, 단순히 보고만으로 그친 것이 아니라 인천 편사의 모든 것을 망라한 내용이『국궁논문집 10』으로 정리되었다는 점에서 큰 의의를 찾아볼 수 있다. 특집으로 다뤄진 인천 편사의 내용만이라도 확인하고 넘어가는 것이 좋겠다. 다음과 같다.[10]

    김기훈, 편사의 국궁사적 의의와 과제
    여영애, 인천전통편사놀이 연희 과정
    박순선, 자료를 통해 보는 인천전통편사
    정재성, 인천편사놀이의 전통성 검토
    정진명, 단체전 띠에 남은 서울 편사의 자취
    김상일, 국궁포럼의 출범에 대한 소고
    정진명, 국궁포럼 2017 편사 세미나

인천 편사는 서울 편사와는 비슷하지만 여러 모로 다르다. 형식이 인천 지역에 맞게 나름대로 변형되었고, 그런 독특한 문화의 형태로 자리 잡았다. 따라서 서울 편사의 내용과 비교하면 많은 결과를 낼 수 있는 독특한 영역과 내용들이 갖추어졌다. 이런 것은 학자들이 연구해야 할 몫이다.

3) 인천 편사의 의의

활터 음악의 관점에서 보면 인천 편사는 살아있는 보물창고라고 할 수 있다. 현재 경기민요로 운영되는 창의 형태가 완전하게 살아있다. 여영애 여무사와 대담하던 중에 발견된 사실이기도 한데, 1970년대에 인천 편사가 왕성하게 이루어질 때 편사 음악을 담당하는 기공 팀이 여럿이었으며, 북한에서 피난 온 사람들은 서도 민요로 했는데, 현재의 경기민요로 하는 창보다는 조금 느

---

9) 디지털 국궁신문 기사(2017.12.11.)
10)『국궁논문집 10』차례

렸다고 한다.[11]

이는 개성편사에서 쓰이던 서도민요의 모습을 추정해볼 수 있는 중요한 단서이기도 하다.

서도민요는 경기민요와 크게 구별되지 않는다. 그래서 경서도소리라고 한 묶음으로 말하기도 한다. 그렇지만 소리꾼들은 이 차이를 미세하게 구별할 수 있을 것으로 짐작된다. 창법이나 창의 분위기가 서로 달랐기 때문일 것으로 추측된다. 이것은 국악을 연구하는 사람들이 참여해야 밝혀질 부분이기도 하다.

현재 경기민요로 하는 활터 음악은 인천 편사 한 영역으로 줄었지만, 해방 전후에 집궁한 구사들과 면담을 하다보면 활 백일장에서도 음악이 사용된 자취를 많이 발견할 수 있다. 활쏘기 행사에서 음악은 필수 요건이었음을 알 수 있는 일이다. 이렇게 행사 때마다 동원되던 음악이 불과 50년만에 사라져버렸으니, 이 문화재의 손실은 결코 쉽게 볼 일이 아니다. 지금이라도 보존해야 할 중요한 사명이 활터 구성원들에게 남은 셈이다.

4) 편사의 3요소

활터를 구성하는 사람은 여럿이다. 활량, 소리꾼, 연전꾼이 그들이다. 오늘날 활터는 활량만 남고 나머지가 사라지는 중이다. 그것도 아주 빠른 속도로 진행되는 변화여서 이에 대한 대책이 필요한 상황이다.

편사처럼 격식 있는 활쏘기에서는 이러한 구성 요소들이 조화를 이루어야 한다. 특히 오늘날 작은 깃발을 들고 맞은 곳을 알리는 사람은 서울 편사에서 장족한량인데, 이들의 묘기는 실로 감탄을 자아낼 만큼 놀랍다. 과녁 한 복판에 서서 날아오는 화살을 피하며 화살 맞는 자리에 깃발로 먼저 갖다 댄다. 게다가 5m나 되는 거기를 태극 문양처럼 휘두르며 맞았음을 설자리로 알려주는 거기한량은 스스로 흥겹지 않으면 하기 힘든 일들이다.

편사의 3요소는 한량, 편장, 기공(고전 포함)이다. 편장은 한량의 우두머리 같지만, 사실은 편사에 드는 비용을 감당할 수 있는 사람이다. 따라서 편장의 선발이 우선되어야 하고 거기에 한량이 참여하여야만 기공이 등장하며 편사가 이루어진다.

편사에서 편장(수띠)가 중요한 이유는 편사를 주최하는 주인공이기 때문인데, 주로 비용의 일부나 전부를 담당한다. 재산이 있는 사람은 스스로 전액을 부담하지만, 편사를 진행하다 보면 편사원을 비롯하여 주위 사람들이 부조를 한다. 그래서 비용을 분담한다. 인천의 경우, 편사 비용이 2002년 현지 조사를 할 때 1,500만 원 정도 들었다고 했는데, 이 중에 1/3 가량이 이러한 주위 사

---
11) 여영애 대담(2017.12.09)

2017 첫가락 페스티벌 북 콘서트 공연에서 첫 선 보인 호중 장면

람의 부조로 부담이 줄어든다고 했다. 따라서 편장이 담당하는 액수는 1,000만 원 정도가 된다. 결코 적은 돈이 아니다. 바로 이것 때문에 편장을 존중하는 주변 분위기가 조금이라도 가라앉으면 굳이 편장으로 나서려고 하는 사람이 없게 된다.

그리고 인천 지역이 도시화 되고 새로운 인구가 유입되면서 편장을 존중하던 분위기에 큰 변화가 온다. 옛날에는 편장을 지내면 '위관'이라는 칭호를 받았고, 학생을 면한다고 했다. 즉 죽어서 지방에 '학생부군'이 아니라 '편장부군'으로 적는다는 것이다. 이 말이 어디까지 사실일지는 모르겠으나, 인천 지역의 구사들은 분명히 이런 식으로 생각하고 있었고, 이런 것은 편장을 대하는 인천 지역 주민들의 존경심과 편장 당사자의 자부심이 확인되는 이야기들이다.

이와 관련하여 인천 지역의 활터에서는 반드시 편장을 지낸 뒤에 사두를 지낸다는 믿음이 있다. 그래서 편장을 지내지 않은 사람이 사두가 되면, 애사두라고 해서 좀 얕보는 경향이 있었다고 한다.

그렇지만 도시화가 크게 진행되고 외부에서 흘러든 사람들이 활터의 주류가 되면서 굳이 편장을 지내지 않아도 사두가 되는 일이 흔해졌다. 그래서 사두가 되기 위한 예비 단계인 편장을 지내지 않으려는 기피 경향이 뚜렷해진다. 이 경향은 당연히 돈 때문이다. 굳이 그런 비싼 통과의례를 하지 않아도 사두를 할 수 있게 된 것이고, 이것은 인천의 외부로부터 흘러든 사원들의 인식이 확산되면서 무너진 불문율이다.

이 비용 문제는 어느 곳이나 마찬가지여서 서울 편사에서도 해방 전에 성문영 사두가 편사원을 뽑을 때 실력과 재산을 고루 평가하여 정하느라고 애를 먹었다. 성낙인 옹의 고증이다.

편장, 한량, 기공, 이 세 요소 중에서 어느 하나를 소홀히 하면 편사는 그 즉시 무너진다. 위기에 처한 인천 편사에서 그런 현상을 생생히 볼 수 있다. 기공은 활터 음악을 하는 기술자이기 때문에 그 기술을 보존하는 일은 그리 어렵지 않다. 그러나 한량은 자신의 의식이 그렇게 되지 않으면 기공이나 편장이 편사를 하고자 해도 추진하지 못하게 된다. 인천 편사의 문제점을 기공한테서만 찾는 것은 옳지 않다. 반대로 기공들만으로 편사를 할 수도 없다.

따라서 편사는 이들 세 요소가 잘 어울려야 하는 것이고, 이들 세 요소가 잘 어울리려면 활터의 주체인 한량들이 그럴 마음이 있어야 한다. 그리고 그런 부분은 활쏘기 제도를 운영하는 사람들의 의식이 밑받침되지 않으면 순식간에 무너진다. 오늘날 인천편사의 쇠퇴는 이러한 모든 문제점을 한꺼번에 보여주는 우리 전통 문화의 본보기 현상이라고 할 수 있다. 결코 가볍게 여기면 안 된다.[12]

3. 한량놀음과 호중

한국의 전통 음악은 경기소리만 있는 것이 아니다. 전라도의 독특한 환경에서 발전해온 또 다른 음악, 즉 남도소리가 있다. 특히 소리는 판소리라는 인류 최고의 음악을 만들어냈다. 발성이나 소리의 특성이 경기민요와는 많이 다르다.

활터 음악도 마찬가지이다. 현재 인천편사의 형태로 남은 활터 음악은 경기소리로 하는 것이다. 그러나 남도 쪽의 활터에선 당연히 경기소리가 아니라 남도소리로 획창을 했다. 이것은 전라도 지역 나름대로 발전해온 음악 세계의 당연한 결과이기도 하다. 그리고 활터에서 쓰이는 용어도 나름대로 변했다. 즉 기생획창을 경기소리에서는 '획창'이라고 하는데, 남도 소리에서는 '호중'이라고 한다.[13]

이 변화 과정을 세심히 살펴보아야겠지만, 창을 들어보면 완전히 다른 음악이라는 것을 애송이들도 구별할 수 있을 만큼 두 소리는 서로 다르다.

이 소리의 흔적을 마지막으로 찾을 수 있는 것이 1960년 전후이다. 그 소리를 기억하는 사람

---

12) 온깍지궁사회 카페 활 전문자료. '편사에서 전통을 생각하다.' 참조.
13) 박문규 대담

들이 당시 20살이었다면 지금(2010년대)은 80살이다. 이미 사라진 것이라고 봐야 한다. 그런데 이런 절체절명의 위태로운 순간에 이 소리를 되살린 사건이 발생했다. 2003년 1월 5일 곡성 반구정에서 열린 〈제2회 온깍지 활쏘기 한 마당〉에서 윤준혁 사수의 취임식이 거행되었는데, 그때 전남대학교 국악과 학생들을 불러서 남도 호중을 한 것이다. 당시 소리꾼은 최재일 김연우 한규복이었고, 피리는 박혜민 공병진, 대금은 김승호, 해금은 박현정, 장구는 유창오였다. 남도 소리 호중이 사라진 지 40년만에 활터에 다시 부활한 것이다.

윤준혁은 1936년에 곡성 반구정에서 집궁한 한량으로, 평생을 활터에서 산 사람이다. 옛 풍속에 대해서 많은 것을 기억하고, 특히 소리에도 일가견이 있어서 남도 소리로 하는 호중을 정확히 기억하여 젊은 소리꾼들에게 시범을 보였다. 평상시에도 활터에서 한가한 때가 되면 혼자 시조를 창으로 읊조리곤 했다. 이렇게 음악에 대한 소견이 나름대로 있지 않으면 당시의 활터 분위기에서는 함께 어울리기 힘든 상황이었다. 당시의 활터 사람들은 말 그대로 '한량'이었다. 이런 점은 그 뒤 박문규 접장을 만나서 다시 확인한 것이기도 하다. 박문규 접장도 소리를 잘 아는 어머니한테서 호중을 직접 배웠고, 또 호중이 붙은 시절의 전국 활쏘기 대회에서 1등을 한 경험이 있는 한량이다.

그렇지만 활터의 사람들 중에서 아무도 호중에 관심을 두는 사람이 없었고, 또 학계나 국악계도 마찬가지였다. 그래서 2003년에 한 번 수면으로 떠올랐던 호중은 그대로 사라질 듯한 위기를 맞았다. 이것을 활터에서 쉽게 활용할 수 없는 까닭은 음악 때문이다. 요즘 활량들은 음악 특히 국악에 대해서 교육 받은 적이 없기 때문에 활터 현장에서 이런 소리를 되살리기 어렵다. 국악 하는 사람이 직접 활을 배우기 전에는 호중을 하기가 매우 어렵다.

이러던 차에 절호의 기회가 우연히 찾아왔다. 교사인 정진명이 2014년에 충북예술고등학교로 부임한 것이다. 충북예고에는 국악을 전공한 학생들이 학년마다 몇 명씩 있어서 다양한 국악이 가능하다. 그래서 윤준혁 사수가 알려주는 소리를 남도

대동정 방문

창을 전공한 학생들에게 가르쳤다. 호중의 가락이 크게 어렵거나 난이도가 높은 음악이 아니기 때문에 남도창의 기본소양이 있는 학생들은 어렵지 않게 따라했다. 그리고 이들을 엮어서 '활음계'(활터음악계승회) 동아리를 만들었다.

그렇지만 이렇게 가르쳐도 결국 현실에서 그 소리를 한 사람의 확인을 직접 받기 전에는 창작물에 지나지 않는다. 그러므로 누군가 남도 호중을 했던 사람을 만나서 소리의 정확성을 확인 받아야 한다. 그때 마치 기다리기라도 했던 것처럼 나타난 분이 박문규(대전 대동정 사범) 접장이다.

2018년 5월 22일, 대전 대동정을 방문했다. 인솔자는 정진명이고, 가야금병창을 전공한 이소정·엄유정과 타악을 전공한 박혜선이 따라갔다. 박문규 접장이 보는 앞에서 윤준혁 사수가 알려준 소리를 시연했다. 그리고 한두 가지 간단한 지적을 받고 그 자리에서 고쳐서 다시 한 번 시연했다. 박문규 접장이 됐다고 고개를 끄덕였다. 이렇게 해서 사라져가던 40년 세월을 뚫고 남도 소리로 하는 '호중'이 다시 활터에 울려 퍼졌다.

1) 온깍지편사회

이런 활터 음악이 끊이지 않도록 보존하려면 활량 당사자들이 이에 대한 관심을 보여야 한다. 그리고 그런 관심은 누군가 이끌지 않으면 안 된다. 그래서 이런 관심과 활동을 꾸준히 이어갈 모임이 필요해진다. 그래서 만들어진 것이 온깍지편사회와 활음계이다.

온깍지편사회는 1999년의 온깍지궁사회에서부터 그 첫걸음을 떼었다. 온깍지궁사회의 목표는 활터 전통을 잇는 그대로 보조하는 것이었고, 그런 연장선에서 모든 활동을 했다. 윤준혁(부산 수영정) 고문에게 남도 호중이 있다는 것을 처음으로 알게 된 것도 그 무렵이다.

2001년에 서울 황학정의 성낙인 옹이 청주 우암정으로 와서 온깍지궁사회 모임 때 한량획창을 가르쳐주었다. 이후 온깍지궁사회의 대회는 서울 편사의 대회 형식을 따라서 시행하는 것을 원칙으로 하였다. 이런 경험을 바탕으로 2002년에는 온깍지편사 계획을 수립했다.[14] 온깍지 편사란 서울 편사의 형식으로 온깍지궁사회에서 추진하는 편사를 말한다.

그리고 드디어 2003년 1월 5일, 곡성 반구정에서 남도창으로 하는 한량놀음과 호중이 실시되었다. 그렇지만 2007년에 큰 변수가 생겼다. 즉 온깍지궁사회가 공개활동을 접고 사계로 전환한 것이다. 활동은 계속되지만 공개 활동 때와는 여러 가지 여건이 달라져서 일정한 규모 이상의 행사는 어려워졌다.

---

14) 『전통 활쏘기』 191~200쪽.

이런 어려운 상황을 타개할 수 있게 된 것은 온깍지활쏘기학교의 출범이었다. 온깍지활쏘기학교는 온깍지궁사회 활동의 내용을 근거로 1940년대의 활쏘기를 가르친다는 목표를 세우고 출범한 학교이다. 2012년 2월 10일에 출범했다. 여기서 배출되는 동문들이 온깍지궁사회 활동의 취지를 이어받음에 따라서 새로운 활동 공간이 열렸다. 그래서 이때 활터 음악을 총괄할 모임으로 기존의 활터음악 보존 기능을 구조화시켰다. 그래서 출범한 것이 〈온깍지편사회〉이다. 그 전에 온깍지궁사회와 동일구성을 지녔던 '서울편사보존회'가 온깍지활쏘기학교 구성원들까지 아우르는 조직으로 재탄생한 것이다.

2) 활음계

활음계는 '활터음악계승회'의 약자이면서 동시에 같은 이름이다. '활음계'를 '활터음악계승회'의 약칭으로 씀과 동시에 공식명칭으로도 쓰겠다는 뜻이다. 2014년 5월 30일에 출범했고, 충북예술고 국악 전공학생들로 구성되었으며, 당시 1학년이던 김은빈이 회장으로 뽑혔다. 첫 해의 구성원은 김은빈(가야금병창), 오정화(판소리), 이가현(경기민요), 김수현(가야금), 이나경(가야금), 정민아(타악)였고, 이후 그 후배들이 입학하는 대로 활음계의 취지를 말하고 회원으로 가입시킨다. 2018년 현재 28명이다. 전공은 다양하다. 가야금병창, 판소리, 해금, 피리, 가야금, 타악 같은 것이다.

① 꿈이 크는 음악 사랑방

활음계는 활터음악을 배우고 잇는 모임이지만, 국악인들의 모임이므로 활터음악만을 할 수는 없다. 이들이 스스로 자기 전공 분야의 다양한 국악 활동을 하게 된다. 그런 활동의 일환으로 기획된 것이 '꿈이 크는 음악 사랑방'이다.

이 기획의 취지는 아주 간단하면서도 독특한 방향을 취한다. 즉 오늘날 국악의 운명은 무대 위로 올라간 것이다. 즉 관객과 분리된 공간에서 관객을 위해서 보여주는 것이다. 그렇지만 이것은 국악 본래의 모습으로부터 벗어난 것이다. 따라서 본래의 국악 모습대로 우리 주변의 생활 속에서 관객과 함께 하는 공연을 해보는 것이다.

그래서 청주시 분평동의 백비헌이라는 전통 찻집을 빌려서 첫 번째 행사로 김은빈의 가야금병창 독주회를 열었다. 우리가 늘상 모여서 차 마시던 공간의 한 부분을 무대로 만들고 차 마시러 온 손님을 상대로 가야금병창 독주회를 연 것이다. 예상대로 그 효과는 다른 공연과는 남달랐다.

그리고 이제 막 국악에 입문한 학생들은 대학 진학을 위한 소리 공부를 한다. 그것이 힘겹기 마련이다. 그렇지만 예술은 자기 안에서 우러나서 즐거운 마음으로 해야 하는 것이다. 그래서 입시위주의 소리 공부에서 벗어나 스스로 즐기는 소리를 하자는 취지로 기획된 것이었다. 실제로 학생들은 그 공연에 참여하면서 이런 분위기가 아주 좋다는 반응을 보였다.

　게다가 학생들이 자신의 전공을 살려서 개인 독주회를 한다는 것은 어려운 일이다. 나중에 고수가 되어 중견 국악인이 되어도 선뜻 하겠다고 하기 어려운 것이 독주회이다. 그런 것을 학생 신분으로 한다면 특별한 추억이 될 것이다.

　김은빈의 가야금병창 독창회가 끝나고 이듬해 봄에는 제2회 꿈이 크는 음악 사랑방으로 김수현의 가야금 독주회가 청주 예술의 전당에서 열렸다. 2015년 3월 29일의 일이다. 이 또한 학생들의 주관으로 멋지게 열렸고, 잘 마무리되었다.

② 우리 활과 소리의 만남
　지금은 끊어진 국악과 국궁의 고리를 이으려고 만든 기획이다. 활음계와 온깍지활쏘기학교가 공동으로 주관한다. 온깍지활쏘기학교에서 주관하는 모임에 활음계를 초청해서 그들이 소리를 할 수 있는 기회와 공간을 열어 주려는 것이다.

　2015년 5월 24일(일)에 『전통 활쏘기』 출판을 기념한 출판기념회가 열렸다. 이때 활음계의 김은빈과 김수현 정민아가 와서 공연을 했다. 이 공연을 시작으로 활음계 학생들은 온깍지활쏘기학교의 각종 행사에 와서 공연을 했다.

　2015년 11월 14일(토)에는 활음계 학생들(김은빈, 우정현, 이가현, 정민아)이 장호원 뚝방터에서 열린 '제2회 뚝방터 사수미 상사대회'에 참가하여 상견례를 가졌다. 이 모임에서 학생들은 직접 활쏘기 체험을 해보고, 각자 간단한 소리를 하여 공연을 했다. 특히 경기민요 전공자인 이가현은 장호원이라는 경기도에서 경기 소리로 창을 하여 박수갈채를 받았는데, 곧 이어질 획창을 위한 예비 모임이라는 의의가 있어서 중요한 날이었다.

　이런 전사를 바탕으로, 2016년 11월 26일, 청주 남일면의 활터(장수바위터)에서 '제1회 우리 활과 소리의 만남' 공연이 이루어졌다. 이 날은 '제2회 온깍지회두배활쏘기대회'가 열리는 날이었는데, 이 행사를 공연과 접목 시켜서 실제로 획창을 한 것이다. 김은빈 지유진이 중학생이던 엄유정 이소정을 데려와서 소리꾼이 4명이나 되었다. 소리꾼 4명에서 내는 기생획창 소리는 서까래를 쩡쩡 울렸고, 한량들은 신이 나서 선호중을 불렀다.

　'제2회 우리 활과 소리의 만남'도 청주시 국궁장(장수바위터)에서 2017년 5월 20일에 열렸다. '제7회 뚝방 활쏘기 한 마당' 행사에서 함께 공연한 것이다. 이 날은 온깍지 편사를 실시한 날이었는데, 학생부 활쏘기 대회도 함께 진행되었다. 이날 학생 참가자가 여섯 명이었다. 지유진 엄유정 이소정(가야금병창), 박혜선(타악), 김주은(가야금), 서혜리(해금).

　활음계가 꾸려진 뒤 각종 공연에도 참여하였다. 2017년 11월 16일에는 청주시에서 주관한 것

2017 젓가락페스티벌 유필무 붓장 북(『한국의 붓』) 콘서트 공연

가락페스티벌 북 콘서트에서 공연하며 많은 대중을 상대로 처음 획창을 선보였다. 엄유정 이소정(가야금병창), 서수민(가야금 산조), 서혜리(해금 산조)를 공연했는데, 이때 엄유정과 이소정이 남도창으로 하는 '호중'을 시연한 것이다.[15]

'제3회 우리 활과 소리의 만남'은 2018년 4월 7일, 청주 장수바위터(사수 강연원)에서 열렸다. '제3회 온깍지 회두배 활쏘기 대회'와 함께 진행된 행사이다. 이날은 학생 활쏘기 대회도 함께 열려 활쏘기 체험도 했다. 행사 중간에 학생들의 공연이 있었다. 박혜선이 장구로 휘몰이를 했고, 김진희가 해금으로 타령 군악을 연주했다. 뒤이어 엄유정과 이소정이 화룡도(〈적벽가〉 중 '조자룡 활 쏘는 대목')와 사랑가를 가야금병창으로 했다. 아이들이 공연을 할 때 추임새가 절로 나왔고, 덩실덩실 춤추는 한량까지 있었다. 이 날의 공연이 얼마나 호응이 좋았는지, 공연 후 학생들이 "이렇게 추임새가 많은 공연은 처음이었다."고 감탄할 정도였다.

이런 경험을 한 뒤, 대동정의 박문규 접장을 찾아가서 획창의 전 과정을 확인 받았다. 이날 확인한 사항 중에서 가장 중요한 것은 겹지화자 끝에 홑지화자를 한 번 더 붙인다는 것이었다. 이것은 그 동안 무심코 하던 획창에서 잠시 잊고 있던 부분이었는데, 박 접장은 그 부분을 정확히 짚

---

15) 경기소리에서는 '획창'이라고 하고, 남도소리에서는 '호중'이라고 한다.

어냈다. 바로 이 점 때문에 박문규 접장이 소리를 아주 정확히 기억하고 있다는 것을 더욱 확인하게 된 것이다.

'제4회 우리 활과 소리의 만남'은 장호원 둑방터(사수 이태호)에서 2018년 10월 13일(토)에 열렸다. 이날 대회는 '제5회 둑방터 사수미 상사회'였는데, 이날 공연을 함께 한 것이다. 이날 행사 중간에 국악 공연을 했다. 공연 내용은 다음과 같다.

    박혜선 '설장구 가락 한마당'
    김진희 '해금 지영희 류 짧은 산조'
    박상욱 '피리 염불도드리'
    엄유정 이소정 〈적벽가〉 중 '화룡도', 〈춘향가〉 중 '사랑가'

소리 중간에 추임새가 쏟아져 나와 가락을 뒷받침했다. 추임새가 크면 연주자들의 어깨도 함께 들썩거린다. 뒤이어 대회 진행에 맞추어 한량놀음과 호중을 했다. 이렇게 호중이 붙어 음악을 붙이면 분위기가 한껏 고조된다. 이날 경기에 참여한 한 한량은 이런 소감을 남기기도 했다.

'작은평화의집'이 옆에 있어서인지 둑방터에 평화로운 기운이 가득한 하루였습니다. 입교 후 처음으로 둑방터를 간 소감이 감개무량합니다. 천우신조로 배가 저녁 11시에 접안하는 관계로 행사를 마치고 뒷정리까지 도울 수 있어서 의미가 깊었습니다. 푸른 하늘 맑은 숲 거기에 활 학교 동문들과 스승님들을 모신 자리에 함께 하니 그야말로 有朋이 自遠方來하니 不亦樂乎아! 구

절이 절로 맞고 활음계 학생들의 소리까지 곁들이니 天上風流가 지상에 내려온 하루였네요.

가야금 병창하는 엄유정 이소정 두 친구의 소리는 작년과는 많이 다르게 성장한 듯합니다. 깊고 울림이 큰 소리에 온 몸을 흔드는 공명을 경험하니 참으로 힐링이 아닐 수 없습니다.

피리소리를 이처럼 가까이에서 듣기는 처음입니다. 작은 악기에서 두터운 소리가 나서 놀래고 그 소리가 고막과 측두엽을 자극하는 것이 느껴지면서 눈을 감고 소리에 취하였습니다. 설장고는 자극부위가 또 다르더군요. 모르긴 해도 활터 음악에 쓰이던 삼현육각은 저마다 신체 각 부위를 자극 하고 더하여 단전에서 나오는 목소리가 더하여지면 온몸의 기혈을 자극하여 한량들의 기를 북돋았음이 충분히 가능했으리라 여겨집니다. 큰 호강을 하는데 정 교두님과 활음계 학생들에게 깊은 감사를 보냅니다. 감사합니다. ― 조영희(군산 진남정) 접장

이렇게 하여 경기소리와 달리 남도소리의 활터 음악이 오래도록 잊혔다가 우리 곁으로 돌아오게 되었다. 비단 이것은 활 쏘는 당사자들만의 문제가 아니라, 한국의 전통 문화에도 큰 의미가 있는 일이라고 할 것이다.

3) 활 백일장 계승회

경기도 지역에서 성행하던 행사 중에 활 백일장이라는 것이 있다. 편사가 양반들의 풍속이라면 활 백일장은 일반 백성들의 행사로, 해방 전만 해도 그네타기 윷놀이 씨름과 더불어 세시풍속으로 반드시 행해지던 행사였다. 일제 강점기의 신문자료를 보면 다양하게 확인된다.

활 백일장의 운영방식도 씨름이나 그네타기 같은 다른 부문과 똑같다. 즉 동 다는 방식으로 하는 것이다. 비교권을 받아서 결승전을 치루는 형식인데, 주최 측의 운영 방식이 다양하게 변용된다. 이때 반드시 음악이 뒤따랐는데, 편사의 획창 형식과 마찬가지였다.

이런 행사를 수신하려고 하련 운영주체가 있어야 한다. 그럴 필요 때문에 구성된 것이 온깍지 동문회 경기 지역 모임인 '학소대'에서 '활 백일장 계승회(회장 정만진)'를 꾸렸다. 앞으로 해마다 한 번씩 가을걷이가 끝난 무렵에 행사를 할 계획이다.

4. 맺음말

활터에는 음악이 있고 그 음악은 아직도 희미하게 이어진다. 이 희미한 자취가 꺼지지 않으려면 앞서 말한 편사의 3요소가 살아나야 한다. 그렇지만 오늘날 국궁계를 돌아보면 그게 쉽지 않

다는 것을 직감한다. 협회의 제도 운영이 시수 중심으로 돌아가는 중이기 때문에 활터 문화 전반에 대해 관심을 나눠주기엔 어림없는 현실이다.

그래서 온깍지궁사회에서는 오래 전부터 이 문제에 대한 관심을 촉구했고, 온깍지활쏘기학교에서 그 후속작업으로 이런 현상들이 끊이지 않으려는 노력을 조금씩 기울여왔다. 하지만, 이런 노력이 소수의 제 살 깎기 식만으로는 한계가 있다는 것도 분명하다. 우선 편사의 실상에 대한 기록이 필요하고, 그런 기록을 토대로 편사의 정당성이 논리화하여야 하며, 그를 바탕으로 재정 문제가 해결되어야 한다. 그러지 않으면 몇 백 년 이어온 우리의 자랑스러운 전통 문화가 우리 시대에 끊어지는 참담한 결과를 마주하게 될 것이다. 인천편사와 한량놀음은 그런 과정의 시금석이 될 것이다.

개성편사 시행 방안

정진명

1. 머리말

2018년은 우리 겨레의 통일 문제에서 전환점이 되는 해이다. 판문점 남북정상회담과 싱가포르 북미정상회담이 꼬리를 물고 개최되어, 한 해 전에 북미 정상이 서로 핵전쟁을 언급하던 상황과는 완전히 달라졌다.

이에 따라 국내의 모든 분야에서 변화가 시작되어 남과 북이 어떻게 하면 제대로 된 교류를 할 수 있을 것인가 하는 고민이 수많은 사람들의 마음속에서 싹틔우며, 그런 변화의 조짐들이 날마다 공중파와 인터넷을 통해서 확산 확인되는 중이다.

이런 변화는 통일이라는 우리 겨레의 숙원을 향해 이어지기 마련이다. 오늘날 우리 앞에 놓인 이 절호의 기회를 놓치지 말고, 통일까지는 아니더라도 남북이 언제든지 오갈 수 있는 자유로운 교류가 이루어져 형식이 아닌 내실의 통일이 이루어지도록 해야 한다. 그러기 위해서는 민족통일을 위한 수많은 방안들이 나와야 하겠지만, 옛날부터 있어온 교류의 전통을 하나둘 되살려야 하는 것은 말할 나위도 없다.

생각을 이렇게 정리할 때 스포츠 분야에서 언뜻 떠오르는 것이 있다. 경평축구와 개성편사이다. 이 두 가지 스포츠 행사는 일제강점기 내내 민족을 하나로 묶는 구실을 했다. 경평축구는 축구협회의 존재와 사람들의 폭넓은 지지와 관심으로 마음만 먹으면 언제든지 실현될 수 있는 소재이다.

그렇지만 일제강점기 하에 경평축구만큼 관심을 많이 끌던 개성편사는 축구에 대한 관심도와 달라서, 국궁인이 아닌 일반인의 경우 그런 게 있는지조차 알지 못하는 상황이다. 이런 점은 활쏘기가 우리 민족의 가장 중요한 민속행사이자 스포츠였던 것이 사람들의 관심이 점차 다른 스포츠로 이동하면서 소외당한 지난 세월의 자취이기도 하다.

그렇지만 엄연히 존재하던 스포츠가 맥이 끊긴 채 분단 상황을 상징처럼 끌고 가는 것은 바람직하지 않다. 따라서 이 글에서는 개성편사의 성격을 뚜렷이 정리하여 앞으로 다가올 통일 한국의 큰 밑그림으로 이 행사가 작용하도록 준비하는 데 의의를 두려고 한다.

2. 편사의 성격과 개성편사

편사는 조선시대의 중요한 활쏘기 풍속이다. 주로 서울을 중심으로 한 중부 지역의 활터나 동네가 편을 짜서 활쏘기 기량을 겨룬 시합을 말한다. 이런 자취는 임진왜란 직후까지 거슬러갈 수 있다. 임진왜란을 겪은 조선 조정에서 국가 방위의 한 수단으로 활쏘기를 민간에까지 장려한 데서 비롯한 것이다.

그래서 해방 전후에 이르면 편사는 서울 편사의 형식으로 정착하는데, 서울에서도 다양한 형태의 편사가 자리 잡아서 많은 사람들의 관심을 끌며 중요한 스포츠 행사로 자리 잡는다. 이런 행사의 모습은 일제강점기의 신문에 많이 등장한다. 활쏘기 편사는 활을 쏘는 한량들만이 아니라 고을 전체가 들썩이는 대단한 행사였다. 그래서 활터에는 인산인해를 이루어 수많은 인파가 몰려와 구경을 했다.

시골에서는 시골대로 이런 현상이 일반화되었다. 즉 단옷날 가장 중요한 행사로 4가지 정도가 각 고을마다 경쟁을 이루었는데, '그네타기, 씨름, 활쏘기, 윷놀이'가 그것이다. 이런 것들은 일제강점기 하의 모든 신문에서 지역 소식을 전하는 단골 메뉴로 자리 잡는다. 그만큼 활쏘기는 우리 민족에게 흔하고 재미있는 놀이였다는 증거이다.

심지어 일제강점기 말기에 이르면 경성의 공설운동장에서 활쏘기대회를 추진하는데, 이때 대회 구경을 온 일반인들에게 입장료를 받는다. 그 입장료를 받아서 대회 운영을 하고, 어려운 사람들을 돕는 일까지도 한다.[1] 당시 활쏘기는 입장료를 내고서라도 구경해야 할 만큼 인기가 많은 종목이었다는 증거이다.[2]

이 편사는 지금까지 이어져 인천지역에서는 주로 봄에 활터끼리 대결을 벌이는 방식으로 행사를 치른다. 인천 지역 외의 곳에서는 전통 형식을 갖춘 편사를 찾아보기 힘든데, 유일하게 온깍지 편사가 경기도 장호원과 충북의 청주를 오가며 해마다 진행되는 실정이다.

---

1) 매일신보 1921년 6월 21일자 기사. 이때 만주에서 흉년을 당하여 동포들이 큰 어려움을 겪자 서울의 기생들이 한성권번과 대정권번으로 나뉘어 편사를 치렀고, 이때 생긴 돈으로 만주 동포들을 구하는 기금으로 썼다. 그래서 당시에 이들을 여자 의용병(義勇兵)이라고 부르기도 했다.
2) '활터의 아름다운 호칭:여무사', 『활쏘기의 어제와 오늘』 264쪽.

3. 개성편사의 자취

이런 편사의 전통 중에서 아주 독특한 자리를 차지한 것이 개성편사이다. 즉 서울 지역의 한량과 개성 지역의 한량들이 15명씩 편사원을 뽑아서 서로 교류전을 펼친 것이다. 이것은 해방 직후까지도 이어졌지만, 한국전쟁을 치른 뒤 남북의 교류가 중단되면서 사실상 지금까지도 이루어지지 못했다. 이는 민족 문화의 큰 손실이라고 아니할 수 없다.

북한 중에서 다른 지역이 아니고 굳이 개성 지역인 것은 나름대로 이유가 있다. 조선시대에서 활쏘기는 단순한 놀이가 아니라 조선을 지탱하는 유교 이념의 일환이었다. 즉 활쏘기를 통해서 군신간의 예절이나 법도를 실행하는 과정으로 존재한 것이다. 즉 유학의 이념에서 왕들의 활쏘기는 대사례이고, 군신간의 활쏘기는 예사이며, 지방에서 관리와 지역 사대부들의 활쏘기는 향사례이다. 이것을 실시하는 모델로 향사례를 설명한 지역이 바로 개성이다. 즉 개성에서 향사례의 모범을 보여 실시하고 그것을 전국의 다른 지방으로 보급하는 방식이다.

이렇게 개성이 조선시대 유교 통치의 모범이 되는 본고장으로 떠오른 것은 고려의 수도였다는 점 때문이다. 조선이 수도를 개성에서 한양으로 옮겼지만, 개성의 오랜 전통이 잘 살아있기 때문에 두 지역 간의 교류를 통해서 유교질서 확립은 물론 조선이 고려의 전통을 나름대로 이어받고 있음을 보여주려는 의도가 있는 행사이기도 하다.

시대의 변화와 조선의 멸망으로 인해 이러한 질서는 일시에 무너지면서 사람들의 기억 속으로 사라져갔지만, 풍속은 하루아침에 사라지는 것이 아니어서 활쏘기의 경우 개성 편사라는 형식으로 일제 강점기 내내 남과 북 각 지역을 대표하고 조선을 대표하는 행사로 살아남았다. 이 행사가 한국전쟁과 함께 끊어진 것이다.

개성편사에 관한 것은 일제강점기 하의 신문에 짤막하게 나타나기도 하지만, 사람들의 기억 속에서 더욱 선명하게 남아있다. 특히 개성편사를 치른 주인공인 황학정의 성문영 사두의 아들 성낙인 옹은 개성편사를 치르고 돌아오는 아버지를 맞으러 서울역으로 나갔다는 얘기를 했고, 또 개풍에서 살다가 한국 전쟁 때문에 남으로 피난 온 이상엽 접장은 개성 지역에서 있었

개성 관덕정(1960년대)

던 편사의 풍경을 기억한다.[3]

이상엽 옹의 기억하는 편사는 좀 남다른 바가 있다. 즉 편사가 시작되면 지는 쪽이 경비를 부담하기 때문에 우선 먹고 보는 관행이 있었다는 것이다. 그래서 소를 잡아라, 돼지 잡아라, 진수성찬을 차려서 잔치를 벌였다는 것이다. 그리고 한 번은 파주 한량이 서울 쪽의 웅사원으로 와서 부정 선수 논쟁까지 벌어졌다는 것이다.[4]

이런 것들은 사실 여부를 떠나서 편사를 대하는 사람들의 관심과 시비 판정이 얼마나 열띤 것이었나를 반증하는 사례들이다. 그만큼 개성편사는 지역의 자존심을 건 대결이었고, 그로 인해 수많은 신화와 전설을 곳곳에 뿌리며 진행되었던 대단한 행사였다.

4. 개성편사 추진 방안

개성편사는 현재 끊긴 상태이기 때문에 이를 다시 추진하려면 많은 노력이 필요하고, 단순히 복원만이 아니라 옛 전통에 충실하려면 그에 대한 대비책이 꼭 필요하다. 몇 가지로 생각해볼 수 있다.

1) 목적 및 방침

① 목적

개성편사를 추진하는 목적은 또렷하다. 한국 전쟁 이후에 끊어진 남북의 활쏘기 교류 행사를 복원함으로써 면면히 이어져온 문화유산을 살아있는 것으로 만들고, 이러한 행사에 참여하는 사람들을 통해 협력과 경쟁의식을 높여 남북통일의 밑거름으로 만들고자 하는 것이다.

② 방침

그러자면 큰 원칙 몇 가지를 정해야 한다. 첫째는, '전통'의 의미를 잘 살려야 한다는 것이다. 여기서 말하는 전통이란 개성편사가 1940년대의 활쏘기이기 때문이다. 즉 오늘날의 활쏘기가 아닌 1940년대의 활쏘기를 오롯이 살려야 한다는 것이다. 왜냐하면 오늘날(2018) 우리가 활터

---

[3] 이상엽, '개성지역의 해방 전 활쏘기 풍속', 『국궁논문집』 제4집, 온깍지궁사회, 2005
[4] 이는 사계에 대한 오해와 무지에서 비롯한 것이다. 황학정에는 사계가 있었고, 그 사계에 속하는 사람은 꼭 황학정 사원만이 아니라 전국의 누구도 다 가입할 수 있었다. 따라서 이때 파주 출신의 한량은 황학정 사원은 아니더라도 사계원이었을 것이고, 이를 잘 모르는 사람이 항의했을 것이다.

에서 마주치는 활쏘기는 개성편사가 실시되던 1940년대와 많이 달라졌기 때문이다. 특히 활 쏘는 동작은 이미지를 형성하기 마련인데, 그 두 시기의 이미지가 너무나 많이 다르다. 50여년이 흐르는 동안 우리 활쏘기가 많은 변화를 입은 것이다. 활쏘기 동작 자체도 많이 변했지만, 거기에 참여하는 사람들의 복식과 의식도 너무나 많이 달라졌다.

둘째는, 1940년대의 활쏘기를 기준으로 삼아서 정책을 입안하고 추진해야 한다는 것이다. 개성편사는 60여 년 전의 기억을 살리는 일이다. 그러므로 반드시 어떤 기준이 있어야 하고, 그 기준을 중심으로 모든 행정지원과 정책이 이루어져야 한다.

셋째는, 남북 교류의 의미를 잘 살려야 한다는 것이다. 남과 북은 한국 전쟁 이후 지금까지 70여 년간 허리가 끊기어 서로 다른 가치관을 지니고 살아왔다. 이 '다름'을 틀림으로 인식하지 않고 하나가 되기 위해서는 구성원들 모두가 '한 겨레'임을 자각할 수 있는 계기가 있어야 하고, 그 계기는 과거의 문화행사로부터 찾는 것이 가장 손쉬운 일이다. 이럴 때 개성편사는 훌륭한 대안이 될 수 있고, 남북 교류의 구심점 노릇을 할 수 있다.

넷째는, 이를 추진할 주체를 올바르게 선정해야 한다는 것이다. 현재 국궁계는 70년 세월과 함께 그 전의 모습으로부터 너무나 멀어져서 자칫하면 엉뚱한 모습으로 개성편사를 복원하게 된다. 그러므로 60여 년 전의 활쏘기를 기억하고 간직한 단체를 뽑아서 이러한 일을 자문하도록 해야 한다.

개성편사를 실시하려면 이러한 몇 가지 점을 감안하여 현재의 모습이 아닌, 1940년대의 모습으로 실시되어야 한다. 그러자면 그렇게 하려는 원칙과 기준이 꼭 필요하다.

2) 개성지역에 활 보급하기

북한은 1970년대 접어들면서 전통 활쏘기가 사라졌다. 국궁은 이미 사라지고 양궁이 도입되어 현재 북한 활쏘기를 대표한다. 따라서 개성편사가 이루어지려면 개성 지역에 전통 활쏘기가 복원되어야 한다.

해방 전 개성에는 활터가 3군데 있었다. 즉 관덕정, 반구정, 호정이 그것이다.[5] 개성편사가 실시되려고 하면 이 세 활터에서 그 전에 3차례(초중회, 재중회, 대중회)에 걸쳐 편사원 선발전을 거친다. 거기서 선발된 15명이 편사원으로 개성편사에 참여한다. 이 점은 서울의 경우도 마찬가지이다. 서울에는 5개 사정이 참여했는데, 황학정, 석호정, 청룡정, 서호정, 일가정이다. 이곳에서 선발전을 3차례 걸쳐서 응사원 15인을 뽑는다. 그렇기 때문에 개성편사 1개월 전부터 두 지역

---

5) 『조선의 궁술』

은 선발전으로 달아올라 시끌시끌해진다.

　그런데 현재 개성지역에는 활쏘기가 끊어졌기 때문에 결국 전통 활쏘기를 아는 사람이나 단체를 정하여 활쏘기를 보급해야 한다. 그러자면 전통 활쏘기를 제대로 아는 사람을 정하여 보급할 필요가 있다. 그렇다면 이런 조건에 가장 합당한 단체를 정해야 하고, 이렇게 시야를 좁힐 때 가장 먼저 떠오르는 단체가 2000년부터 꾸준히 전통 활쏘기의 본 모습을 찾은 '온깍지궁사회'이다.[6]

　그리고 온깍지궁사회의 이념을 이어서 후학들에게 가르쳐주는 온깍지활쏘기학교와 학교 졸업생들 모임인 '온깍지동문회'이다.

　특히 온깍지활쏘기학교는 2012년 개교한 이래 벌서 100여명에 가까운 졸업생을 배출하여 그들이 전국의 활터에서 소신껏 활동하는 중이다. 그런 점에서 교재와 교수방법을 비롯한 교육관련 경험이 많고, 또 교육을 위한 여건이 다 갖추어졌다. 이렇게 미리 준비된 단체를 활용하는 것도 시간과 노력을 더는 한 방법이다. 여기서 지도자를 뽑아서 개성으로 파견하여 전통 활 교육을 실시하면 된다.

　우선 개성 지역의 활쏘기 복원과 보급이 급선무이지만, 북한의 다른 지역으로 확산시키기 위하여 별도의 정책을 동시에 실시할 필요가 있다. 지역별 대표자를 뽑아서 개성에서 지도자를 양성하는 것이다. 개성에서 모여서 배운 이들이 각 지역으로 돌아가 활을 가르칠 지도자가 되는 것이다. 이렇게 되면 개성은 북한 전 지역으로 전통 활쏘기가 보급되는 교두보 노릇을 할 것이다.

　이렇게 사원들이 집궁하여 편사가 가능할 정도까지 교육을 시키려면 3~5년 정도가 소요된다. 이 기간 동안 남한의 서울에서도 선발전을 비롯한 편사 형식을 정비하여 여건이 무르익었을 때 치르면 된다.

3) 서울 지역의 경우

　반면에 개성 지역과 달리 서울 지역의 경우는 전통 활쏘기가 살아있어서 서울 지역의 한량들 가운데서 선발전을 치러서 뽑으면 어렵지 않게 편사가 이루어질 수 있다.

　그러나 여기서도 개성편사의 전통성을 살린다면 서울 한량들 중에서도 전통 사법을 구사하는 사람들로 구성하는 것이 바람직하다. 현재 서울 지역의 활량들은 대부분 반깍지 사법을 구사한다. 『조선의 궁술』에서 활병으로 간주되던 것이어서 전통 사법과는 거리가 있다. 이렇게 변형된 사법으로 전통 편사인 개성 편사에 참여하면 '전통'의 의미가 많이 퇴색될 것이 분명하다. 그러

---

[6] 『한국 활의 천년 꿈, 온깍지궁사회』 48쪽.

므로 개성편사가 제대로 된 모습이 되려면 개성의 활쏘기가 정비되는 3~5년 동안 서울에서도 온깍지 사법을 보급하여 편사 당일 양쪽 진영이 제대로 된 모습으로 만나도록 대비하는 것이 가장 바람직한 일이다.

5. 개성편사의 형식

개성편사의 형식은 서울편사의 형식과 똑같다. 관덕정(觀德亭), 반구정(反求亭), 호정(虎亭) 세 활터에서 15명의 응사원을 뽑는 선발전을 치른다. 그전에 꼭 해야 할 일이 수띠를 뽑는 것이다. 수띠는 편사의 우두머리이다. 따라서 누가 대표로 나서서 우두머리 노릇하느냐 하는 것에 따라 편사의 분위기가 많이 달라진다. 그래서 편사의 대장인 수띠는 아무나 할 수 있는 것이 아니라 인품과 덕망에 재력까지 갖추어야 했다.

일단 개성의 활터에서 전날 모든 사원들이 모여서 현장을 점검한 뒤, 이튿날 아침에 활터에 모여서 대회를 치르면 된다. 순서는 이런 식으로 하면 될 것이다.

- 개회 선언(사회자)
- 정순 선언(본정 사원) : 정순 나간다(거기한량 장족한량)
- 수띠 시사 : 허시 특례(한량획창 기생획창)
- 초순 발시(우궁 우선)
- 재순 발시(좌궁 우선)
- 종순 발시(우궁 우선)
- 우승 발표 및 다음 편사 예고
- 종회 선언(사회자)

편사에는 반드시 여러 사람이 필요하다. 이에 따른 사람들의 수요를 살펴보면 다음과 같다.[7]

수띠 1인
응사원 13인
종띠 1인

---

[7] '온깍지 편사', 『전통 활쏘기』, 온깍지총서2, 고두미, 2015. 191쪽.

획관 1인

　　거기한량 1인

　　장족한량 1인

　　획창한량(응사원 중에서 교대로)

이밖에 편사에 꼭 필요한 사람이 기공이다. 기공에는 소리꾼 4~5명과 3현6각(북, 장구, 피리2, 대금, 해금)이다.[8]

따라서 편사에 필요한 기공을 구성하는 인원은 10명이 넘는다. 기공은 인천편사에서 하는 사람들을 불러서 하면 된다.

6. 장족한량의 변화

이 구성원들 중에서 장족한량은 많은 변화를 거쳤다. 원래 서울 편사에서 장족한량은 장도리와 망치를 들고 과녁 옆에 대기했다가 나무 과녁에 박힌 화살을 뽑는 사람이었다. 유엽전은 원래 촉을 내촉과 외촉으로 구분하여 외촉을 조금 길게 하여 화살이 과녁에 박히도록 했다. 그래서 개성편사에서는 촉이 과녁에 박히는 것만을 관중으로 인정한다고 하여 개성편사에 갈 때는 외촉을 길게 만드느라고 활터가 한 동안 부산스러웠다고 성낙인 옹은 고증한다.

외촉이 사라진 것은 한국 전쟁 이후였다. 한국 전쟁 통에 흔히 접할 수 있는 것이 탄피였는데, 그 탄피를 조금만 두드리면 둥근 촉을 만들 수가 있어서 그렇게 편한 방향으로 흐른 것이다. 그래서 외촉이 사라지면서 많은 변화가 일었다. 우선 장도리와 촉돌이가 필요 없어졌고, 화살을 뽑는 장족한량의 노릇이 사라졌다. 그래서 나무 과녁에 화살이 박히지 않도록 고무를 입히는 상황까지 나아갔다.

이때 장족한량은 화살을 뽑는 대신 맞은 곳을 알려주는 노릇을 하기 시작했다. 장도리 대신 제일 먼저 손에 잡은 것은 부채였다. 맞았으면 부채를 펴서 흔들며 춤추는 것이다. 그런데 인천 편사에서 이 장족한량은 과녁 앞에 서거나 과녁에 바짝 붙어 선다. 날아드는 화살을 툭 쳐서 벗어날 화살도 과녁에 맞게 한다. 편사 중에 이른바 부정행위가 일어나는 것이다. 이를 두고 갈등이 일자 대회 규정을 바꾸어 쥘부채 대신 작은 깃발을 잡는다. 깃발을 잡은 장족한량은 과녁 한 복판에 서서 기다리다가 화살이 날아들면 맞을 곳에 미리 깃발을 갖다 댄다. 이런 것을 보면 신기에 가까워

---

8) 이건호, '전통 활쏘기의 편사 음악 고찰', 『국궁논문집9』, 온깍지총서3, 고두미, 2016. 11쪽

보는 사람으로 하여금 감탄을 자아내게 한다. 그래서 깃발은 구멍이 숭숭 뚫려있다. 인천에는 묘기를 전문으로 하는 사람이 있다.

장족한량이 깃발을 들자 무겁에는 깃발이 두 개가 된다. 하나는 작은 깃발이고 다른 하나는 5미터짜리 긴 깃발이다. 그래서 이를 소기와 대기라고 인천에서는 말한다. 장족한량이 잡은 작은 깃발 때문에 큰 깃발이 대기가 된 것이다. 그러나 이것은 옳은 명칭이 아니다. 5미터짜리 큰 깃발은 원래 거기(擧旗)이다. '거기한량'도 이 거기(擧旗)를 쓴다. 바닥에 눕혔다가 화살이 맞으면 들어 올리는 기라는 뜻이다. 이것을 잘못 알고 한자로 크다는 뜻의 거기(巨旗)라고 표기하는 경우도 있다. 그렇지만 현재 인천에서 대기라고 하는 것은, 인천 지역 나름의 풍속으로 정착한 것이니 오류를 바로잡을 필요는 없을 듯하다.

7. 맺음말

한국의 활터는 단순히 과녁을 쏘아서 맞히는 사격장이 아니다. 조선 시대를 지킨 무기의 중추가 활이었기 때문에 모든 국가의 구성 요소에 활이 빠지지 않는다. 높게는 임금의 대사례에서 단옷날의 활 백일장까지 온 백성이 즐기는 무기이나 스포츠였다.

그런 가운데 조선의 멸망과 함께 남은 가장 품격 높은 활쏘기가 편사이다. 이 편사는 현재 인천 지역에 고스란히 남았다. 그리고 개성편사가 해방 전후까지 실시되었다.

오늘날 남북 교류가 활성화되고 민족 통일이 돌이킬 수 없는 흐름으로 자리 잡아가는 까닭에 경평축구와 더불어 남북 화해를 이끌 열쇠가 바로 개성편사이다. 이미 끊어진 개성편사를 되살려 남북이 갈등을 극복하고 새로운 단계로 나아가 마침내 통일을 이루는 밑거름이 되기를 바라는 마음으로 이 글을 맺는다.

사말 정진명의 활쏘기와 책

저는 1994년에 집궁하여 올해(2018)로 궁력 25년이 되었습니다. 그간 우연치 않게 우리의 활에 관한 책을 몇 권 썼고, 그것이 지금도 앞으로도 국궁계에 영향을 미칠 듯하여, 제가 그런 작업에 관여하게 된 동기와 과정을 간략하게 소개합니다. 제가 쓴 책을 읽는 분들의 이해에 도움이 되기를 바랍니다.

1. 『우리 활 이야기』

1994년에 우연히 집궁을 했습니다. 활을 제대로 배우려면 교재가 있어야 하고, 어느 분야든 개론서가 당연히 있습니다. 그런데 활에는 당연한 그게 없었습니다. 어찌 보면 당연한 것이, 활은 우리나라밖에 없는 아주 특별한 상황이기 때문입니다. 그런 책을 낼 만한 학자도 출판사도 이익을 내지 못할 영역에 관심을 두지 않은 까닭입니다. 우리 사회가 우리의 전통을 어떤 식으로 대하는가를 아주 잘 보여주는 사례입니다. 그러나 누군가는 국궁 개설서를 써야 한다는 생각이 들었고, 지나간 5천 년간 그런 책이 나오지 않았다는 것이 너무나 놀라웠습니다. 그리고 이런 외도를 해야 하는 저의 운명을 맞닥뜨리면서 많은 갈등을 했습니다. 저의 전공은 국어이고 시인이기 때문입니다. 그렇지만 글쟁이의 운명을 벗어나지 못하여 결국 그때까지 제가 배운 국궁을 고등학생 동아리 시간에 가르친다는 것을 전제로 하여 원고를 정리하였습니다. 우여곡절 끝에 이 원고가 『우리 활 이야기』라는 책으로 나왔습니다. 1996년의 일입니다.

이것은 우리 활을 일반인들에게 소개하려는 책이었습니다. 활을 전혀 모르는 일반인들을 상대로 썼기 때문에 일반인들의 호기심을 풀어줄 수 있는 방향으로 체계와 편집이 이루어졌습니다. 글이 쉽고 부담 없이 읽을 수 있게 쓴 것이 특징입니다. 활 쏘는 분들이 봐도 될 책이지만, 그러기에는 전문성이 약간 부족하다는 느낌도 있습니다. 특히 사법 부분에서 그럴 수 있습니다. 집궁 2년차의 신사가 구사들로부터 귀동냥한 사법을 재구성하여 소개한 것이기 때문입니다. 이 책은 뜻밖의 인기를 얻어 출판 2개월 만에 재판을 찍었습니다. 활터 사람들보다는 우리의 전통 문화에 관심이 있는 일반인들이 사보는 책이었습니다. 최근에 개정판을 냈고, 초판은 절판되어 구할 수 없습니다. 개정판에는 사법 부분을 크게 손대어 그간 정리된 '온깍지 사법'으로 소개했고, 나머지 내용은 그대로 두었습니다.

2.『충북국궁사』(편저)

1997년에『충북국궁사』를 냈습니다. 이것은 충북의 국궁사를 서술하고 국궁 현황을 정리하려는 책입니다. 저는 엮은이로 그 책의 작업에 참여했습니다. 당시 충북궁도협회의 장영학 전무가 추진한 사업이었고, 각 활터로부터 자료를 받아서 그것을 정리하여 책으로 엮었습니다. 그럼으로써 그 동안 여기저기 흩어져서 잊혀져가던 자료들이 책으로 잘 갈무리되었습니다. 이 책이 나온 뒤『경남궁도사』와『경북궁도사』를 비롯하여 지역사를 정리한 책들이 연달아 나온 것을 보면 이 책이 효시가 되어 다른 책들의 출판을 이끈 계기가 되었음을 알 수 있습니다.

3.『평양 감영의 활쏘기 비법』(공역)

사법에 대한 체계가 없이 공부하던 차에 〈사법비전공하〉라는 한문책이 나타났습니다. 그것을 접한 저는 주변의 젊은 한량들과 함께 1년간 번역 작업을 하여 1999년『평양 감영의 활쏘기 비법』을 냈습니다. 이 책은 의외로 활터에 영향을 크게 미쳐서 사법 부분에서는 지금도 이 책을 참고하여 습사하는 한량이 많습니다. 이것은 그 동안 주먹구구식으로 사법을 익히던 한량들에게 사법의 논리화와 객관화를 촉진하는 결과를 가져왔습니다. 특히 인터넷 시대를 맞이하여 사이버 상에서 자신이 사법을 주장하는 사람들이 많아졌는데, 그때 논리화와 이론화에 이 책이 많은 영향을 끼쳤습니다.

4.『한국의 활쏘기』

『우리 활 이야기』가 나온 후,『조선의 궁술』을 구해보고, 해방 전후에 활을 쏜 구사들을 적잖이 만났습니다. 그들의 얘기를 들어보면 오늘날의 분위기와 많이 달라진 풍속을 알 수 있고, 또 그들의 기억 속에만 있어서 그들의 입산과 함께 사라져버릴 내용들이 아주 많았습니다. 그것을 귀동 냥한 저로서는 생각이 복잡했습니다. 이대로 두면 그들의 운명과 함께 오랜 세월 이어온 활터의 전통도 사라질 것이었습니다. 『우리 활 이야기』가 지닌 약점을 보완해야 할 필요를 느끼던 차에 결국 원고에 손을 댔습니다. 우선 제가 만난 사람들의 이야기를 채록하여 있는 그대로 글로 옮겼고, 그것을 바탕으로 전통 활쏘기의 세계를 종합했습니다. 『조선의 궁술』에는 없는 내용이 많아서 일일이 고전과 다른 책들을 참고하여 확인할 것이 많았습니다. 그렇게 해서 2년간 작업하여 『우리 활 이야기』를 내준 학민사로 연락했는데, 학민사에서는 뜻밖에 선뜻 허락하여 이 작업이 2권짜리 책으로 나왔습니다. 국궁 종합 안내서인 『한국의 활쏘기』(1999)와 대담집인 『이야기 활 풍속사』(2000)가 그것입니다.

『한국의 활쏘기』는 그 동안 3쇄를 찍었고, 2013년도에 개정증보판을 냈습니다. 이렇게 된 계기는 성낙인 옹의 입산과 더불어 조선궁도회 초기 자료를 받았기 때문입니다. 성낙인 옹의 아들 성재경 선생으로부터 성 옹의 활 관련 유품을 받았는데, 그 안에 중요한 자료가 많았고, 그런 자료들을 토대로 하여 내용을 좀 더 충실하게 보완하여 낸 것입니다. 이로서 『한국의 활쏘기』는 국궁 입문 필독서이자 종합 안내서로 자리 잡았습니다.

5. 『이야기 활 풍속사』

활터에는 자료가 의외로 없습니다. 그런데 구사들을 만나보면 지금 사람들이 알지 못하는 체험이 굉장히 많습니다. 당시 저는 10년이 채 안 된 신사여서 구사들의 입에서 나오는 말이 무엇을 뜻하는지도 잘 몰랐습니다. 그렇지만 직감으로 그들의 말이 굉장히 중요한 풍속사의 의미를 띠고 있다는 것을 느꼈습니다. 그래서 될수록 녹취를 했습니다. 지금이야 핸드폰 속에 녹음 기능이 있어서 쉽지만, 그 당시만 해도 비디오를 들고 가거나 녹음기를 사서 테이프로 녹음해야 하는 때였습니다. 저는 휴대용 소니 녹음기를 썼습니다. 그렇게 하여 대화 내용 그대로 글로 옮겼습니다. 이렇게 하여 나온 것이 『이야기 활 풍속사』(2000)입니다.

제 인생의 역작 『한국의 활쏘기』는 바로 이 책의 자료들을 근거로 하여 정리한 것입니다. 대화록이기 때문에 읽다보면 그것을 말하는 사람들이 살았던 과거가 머릿속에 고스란히 살아납니다. 마치 현장에 있는 듯한 착각을 불러일으키기도 합니다. 술술 읽히면서 재미도 있습니다.

6. 『활쏘기의 나침반』

그리고 세월이 흘렀습니다. 활터의 풍속은 제가 생각지도 못할 만큼 빠르게 변화되었고, 많은 것들이 기억의 저편으로 사라져갔습니다. 대신에 새로운 제도들이 생기고 고증 없는 주장들이 나타나서 활터에서 사이비 예절이나 논리로 자리 잡아갔습니다. 예를 들면 '정간'이나 '궁도' 같은 것이 그런 것입니다. 해방 전에는 있지도 않던 정간이 나타나서 얼토당토않게 활을 쏘는 한량을 활터에서 쫓아내는 노릇을 했습니다. 저 자신 이런 일들에 모순을 느껴 정간을 도끼로 찍어낸 뒤 활터를 떠났지만, 청주 우암정에서 멀쩡히 활을 쏘던 한 한량을 충주의 한 활터에서 정간배례를 조건으로 달아서 이적서류를 받아주지 않는 바람에 결국 고영무 접장은 활을 그만두었습니다. 정간이라는 망령이 이미 활을 쏘는 한량까지 활터 밖으로 몰아낸 것입니다. 정간이 앞으로 활터에서 어떤 짓을 벌일 것인가를 상징처럼 보여주는 사건이었습니다. 정간은 이미 한량의 생사여탈권을 쥔 귀신으로 등극하여 순진한 신사들의 버르장머리를 고치겠다고 불호령을 내리는 중입니다. 이런 사실 자체가 정간이 활터에 있어서는 안 될 것임을 반증하는 것인데, 모두들 이에 대해서 침묵하고 있습니다.

활에 대한 오해가 깊습니다. 활은 과녁 맞추는 기능이 있지만, 그건 오락에 불과한 일입니다. 활에는 그보다 더 중요한 것이 있습니다. 건강 즉 양생입니다. 전통 사법은 그를 위해 만들어진 사법이고 『조선의 궁술』은 체육을 위한 사법이라고 분명히 밝혔습니다. 그렇지만 오늘날 활터에서 유행하는 사법은 반깍지로, 건강을 해치는 사법입니다. 바로 이 점을 분명히 할 필요가 생겼습니다. 이를 증명하려면 수많은 세월이 걸립니다. 그렇지만 방향을 제시할 수 있겠지요. 그래서 나온 책이 『활쏘기의 나침반』(2010)입니다.

이 책은 우리의 전통 활쏘기를 오락으로 보면 안 되며 그렇게 생각하는 이유를 설명한 것입니다. 우리 활은 양생의 수단으로 보아야 한다는 것이죠. 그런 수단으로 1929년에 정리된 책이 바로 『조선의 궁술』입니다. 따라서 우리 활을 제대로 계승하려면 과녁 맞히는 일에 골몰할 것이 아니라 무엇이 전통 사법인가를 따져야 한다는 것이고, 그 과정에서 어떤 부분이 이해되고 선결되어야 하는가 하는 것을 정리한 책입니다. 오락으로 치닫는 국궁계에, 그 방향만이 아니라 양생이라는 중요한 줄기가 있음을 확인하고 알리려고 쓴 책입니다.

『한국의 활쏘기』는 우리 활에 관한 종합 안내서를 구상하고 쓴 책입니다. 실제로 그렇게 하여 544쪽에 이르는 방대한 책이 되었습니다. 우리 활에 관한 모든 정보를 담으려고 했고, 그래서 우리 활의 입문서 노릇을 그동안 톡톡히 해왔습니다. 따라서 이 책은 우리 활이 지금까지 어떤 형식과 모습으로 자리 잡고 이루어져왔나를 정리한 것입니다. 내용의 방향을 보며 과거에서 오늘에 이르는 모습을 정리한 것입니다. 따라서 이 책에는 저의 생각이 전혀 끼어들 여지가 없었습니다.

제가 쓰기는 했지만, 제 생각을 쓴 것이 아니라, 구사들로부터 들은 내용을 소개한 것이었습니다.

7. 『활쏘기의 어제와 오늘』

그렇다면 여기서 질문을 한 가지 해야 할 것입니다. 우리 활의 미래는 어떠해야 하는가? 이에 대한 답은 『활쏘기의 나침반』에서 어느 정도 이루어졌습니다. 우리 활이 어느 방향으로 나아가야 하는가 하는 가장 중요한 질문에 대한 저의 견해이고 지금까지 선배들이 내놓지 않은 의견입니다. 그렇지만 이런 견해가 정리되고 책으로 나오기까지 활터는 엄청난 속도로 변화를 겪었고, 그 과정에서 생긴 여러 가지 현안에 대해서 저는 꾸준히 글을 발표해왔습니다. 세미나나 학술대회의 현장에서 발표한 것도 있고, 온깍지궁사회 카페에 올린 글들도 있습니다. 이런 것들을 한 자리에 모아서 정리한 책이 나왔습니다. 그것이 『활쏘기의 어제와 오늘』(2017)입니다. 제목처럼 오늘날 우리의 전통 활쏘기가 어떤 상황에 처했으며, 앞으로 어떤 방향으로 나아가야 옛 활을 제대로 잇고 새롭게 도약할 것인가 하는 고민을 정리한 책입니다.

이 책의 결론은 간단합니다. 우리 활이 전통의 모습을 제대로 보존하고 제대로 된 미래를 향해 나아가려면 그 동안 왜곡된 사이비 전통을 바로잡아야 하는데 그때 가장 중요한 기준이 되는 책이 『조선의 궁술』이라는 것입니다. 앞서 사이비라는 말을 많이 했는데, 그것을 판단할 수 있는 기준이 『조선의 궁술』이라는 것입니다. 우리 활을 살리기 위해서는 한 마디로 『조선의 궁술』로 돌아가자는 것입니다.

그렇지만 아직도 국궁계는 전통의 언저리에서 헤매고 있습니다. 정곡을 빤히 보면서도 변죽만을 울리며 전통 콤플렉스에 시달리고 있습니다. 궁도, 정간, 반깍지……. 이런 것들이 사이비 전통인 줄을 빤히 알면서도 굳이 외면하고 경주마처럼 자기 앞의 길만을 바라보고 갑니다. 그 길의 끝이 어디에 이를지는 좀 더 가보면 알겠지요.

8. 『전통 활쏘기』(공저)

사실 우리 활이 전통과 상관없는 어떤 것이라면 이런 고민을 할 필요도 없습니다. 예를 들어 골프를 배울 것 같으면 우리가 걱정할 것이라고는 얼마나 골프를 잘 칠 것인가 하는 고민 하나일 뿐입니다. 그러나 우리의 활쏘기는 그렇지 않습니다. '전통'의 문제가 남아있습니다. 이것을 어떻게 살려나갈 것인가 하는 고민이 큽니다. 그런데 인터넷을 보면 이 문제를 아주 쉽게 생각하는 사람이 너무나 많습니다. 자신의 활쏘기가 바로 전통 활쏘기라고 주장하는 것입니다. 전통에 대한 고민이라고는 한 흔적이 전혀 없는 사람들이 말끝마다 전통을 말합니다. 이런 분위기에서는 진지한 활 공부가 필요 없습니다. 따박따박 과녁 두드리는 단순한 방법만 연구하면 됩니다. 진지하게 공부하려는 사람들에게 이런 놈팽이가 끼어들어서는 '너희는 그렇게 해라. 나는 과녁이나 맞출란다.'면서 약을 올리고 도망갑니다.

이런 경망스러운 분위기 속에서 그나마 제대로 공부하려고 하는 사람들이 모인 곳이 온깍지궁사회입니다. 그리고 온깍지궁사회에서 2001년부터 7년간 활동한 내용을 정리하여 사람들에게 알려주려고 만든 모임이 온깍지활쏘기학교입니다. 지원자를 받아서 몇 회 교육을 하다 보니 교재가 필요하여 만들었는데, 몇 년 뒤에 결국은 출판하기에 이르렀습니다. 류근원 명무와 공동으로 지은 『전통 활쏘기』(2015)가 그것입니다.

인터넷에는 자료가 너무 많아서 어떤 것을 봐야 할지 혼란스럽습니다. 특히 이제 막 활을 배운 신사들이 이런 혼란에 싸입니다. 이런 고민을 해결하기 위하여 신사들이 전통 활쏘기를 보는 데 꼭 필요한 내용만을 골라서 정리한 것입니다. 이 책 속의 내용을 뼈대로 살을 붙여야만 제대로 된 활쏘기에 이를 수 있다는 것입니다. 그래서 제목도 『전통 활쏘기』로 뽑았습니다.

9. 『활쏘기 왜 하는가』

이런 진지한 활 공부는 온깍지궁사회 카페에서도 꾸준히 이루어져 그간 우리가 왜 그런지 잘 모르고 해왔던 것들에 대한 의문을 풀 실마리가 많이 나타났고, 그런 공부 과정에서 많은 의문들이 풀렸습니다. 특히 건강 양생에서 꼭 필요한 의문이 '기'에 관한 것인데, 그에 대한 공부가 깊어져서 같이 공부하는 한량들끼리 그 지식을 공유했습니다. 그런 공부의 결과를 모아서 정리한 것이 『활쏘기 왜 하는가』입니다.

이 책은 동양의학의 경락론을 통해 우리 활의 비밀을 밝힌 첫 번째 시도라는 점이 중요합니다. 우리 활은 다른 활과 달리 인류가 도달한 최고 정점의 세계를 보여주는 스포츠입니다. 운동 역학만으로는 해결할 수 없는 영역이 있습니다. 중국의 내가권 무술들(태극권, 팔괘장, 형의권)은 300년 전부터 그런 영역의 논리를 활용하여 무술의 비밀을 풀어내는 방법으로 써왔습니다. 따라서 우리 활도 양생의 끝점에 이른 내가권 무술로, 경락이론이 아니고는 풀기 어렵다는 결론이어서, 결국 경락이론으로 우리 활의 비밀을 파헤치는 작업이 이루어졌습니다. 특히 이 책은 주역의 관념을 통해 우리 옛 그림에 나타나는 과녁의 괘에 대해서도 명쾌하게 밝혔습니다.

이런 작업을 하려면 경락이론과 동양의학에 대한 공부가 선행되어야 합니다. 그렇지만 경락이론이나 동양의학도 주먹구구식으로 이해되는 부분이 많고, 또 의사 전문가 집단의 글들이 많아서 일반인이 접근하기에는 어려움이 많았습니다. 그러다 보니 침뜸 공부를 통해 일반인들에게 동양의학의 내용을 소개하는 책까지 쓰는 '외도'를 하기도 했습니다. 그 과정에서 동양의학에 관한 책을 5권이나 썼습니다. 참고로 책 제목만 소개합니다.

『우리 침뜸 이야기』
『우리 침뜸의 원리와 응용』
『고려침경 영추』
『황제내경 소문』
『청소년을 위한 우리 철학 이야기』

지금까지 이 글을 읽어 오신 분은 짐작하시겠지만, 활쏘기의 여러 영역 중에서 제가 아직 손대지 않은 부분이 하나 남았습니다. 뭘까요? 바로 사법부분입니다.

10. 『활쏘기의 지름길』

물론 사법부분에 대해서도 〈온깍지 사법〉이라는 이름으로 이미 정리되었지만, 단순히 동작만을 묘사하는 것과 그것의 내면 원리를 설명하는 것은 차원이 다른 문제입니다. 묘사야 누구나 할 수 있지요. 그러나 원리는 그렇지 않아서 속으로 농익어야 하고 수많은 세월을 거쳐 몸으로 익히고 검증해야 합니다. 그러자면 시간이 걸립니다. 집궁회갑을 한 사람이 즐비한 우리 국궁계에서 과연 누가 사법에 대해서 이렇다고 주장할 수 있을까요? 그건 쉽지 않은 일입니다. 자신의 사법이 전통과 어떤 연관이 있어야 하는가 하는 것을 확인하는 과정이 필요하기 때문입니다.

그런 점에서 저는 무척 유리한 위치에 있었습니다. 성낙인 옹 때문입니다.(성낙인은 조선궁술연구회장 성문영 공의 외동아들로 1941년에 집궁하여 2001년 7월에 집궁회갑을 맞음.) 1996년 겨울에 처음 성 옹을 뵙고는 활 공부에 큰 진척이 있었습니다. 그 뒤로 『조선의 궁술』을 읽으면서 저의 공부 방향으로 잡았습니다.

그리고 20년이 흘렀습니다. 집궁으로 치면 25년이 흘렀지요. 이 세월은 활터에서 그리 오랜 것이 아니지만, 전통의 정통을 추구하겠다는 마음으로 저를 벼랑 끝에 몰아붙인 세월이라면 이제 전통도 누군가는 가닥을 드러내어 전통 사법을 공부하려는 사람에게 방향을 제시해줄 때가 되었다고 생각했습니다. 그래서 쓴 책이 『활쏘기의 지름길』입니다. 이 책은 거두절미 하고 사법에 관한 글로만 엮었습니다. 사법이 아닌 다른 영역에 대해서는 지금까지 수많은 책을 통해서 정리하고 소개했기 때문입니다.

『조선의 궁술』은 인류가 누릴 수 있는 마지막 단계의 완벽한 활쏘기입니다. 결국 우리가 하는 모든 활쏘기는 『조선의 궁술』로 돌아가기 위한 과정이어야 한다는 결론입니다. 그렇지만 『조선의 궁술』 속 사법 서술은 몇 쪽에 불과합니다. 이 때문에 전통 사법이 완성되지 않았다고 착각하고 제 멋대로 해석하여 새로운 사법을 창안하는 사람이 많습니다. 그리고 그런 엉터리 사법에다가 '전통'이라는 말을 버젓이 붙입니다. 간략한 것과 불완전한 것은 다릅니다. 『조선의 궁술』은 서술이 간략한 것이지 불완전한 것이 아닙니다. 그래서 저는 그 동안 『조선의 궁술』을 공부하며 느낀 점과 몸으로 확인한 내용을 쉽게 풀어내는 방법을 썼습니다. 지금까지 제가 다른 자리에서 간간이 설명한 내용도 있지만, 대부분 새롭게 설명한 것입니다. 세상의 그 어떤 이론도 『조선의 궁술』 세계를 완벽하게 설명할 수는 없습니다. 베일에 싸인 『조선의 궁술』의 비밀을 열기 위하여 제가 그 동안 고민해온 내용을 최대한 쉽게 풀었습니다.

11. 『활에게 길을 묻다』

이밖에 심심풀이로 낸 책도 있습니다. 시집 같은 경우가 그렇습니다. 제 본업이 시인지라 때로 활터에서 시심이 작용하여 시를 쓸 때가 있습니다. 그런 시들을 모아서 2005년에 시집을 냈습니다. 『활에게 길을 묻다』가 그것입니다. 국궁계에서는 최초의 시집이 아니었나 생각됩니다.

지금까지 써온 다른 글들은 어떤 사실들에 대한 설명입니다. 그러므로 개인의 생각이 특별히 작용할 이유가 없습니다. 있는 그대로 서술하면 됩니다. 그렇지만 활쏘기는 내면에서 벌어지는 힘이 있고 논리가 있습니다. 때로 그런 논리는 우리가 생각하는 일상의 논리를 뛰어넘습니다. 직관처럼 느껴지거나 상식을 넘어서는 논리가 불꽃 튈 때가 있습니다. 그럴 때 그런 상황을 드러내기에 가장 적절한 예술 갈래가 바로 '시'입니다.

활터에서 생활하다보면 그곳이 세상과는 또 다른 한 세상입니다. 그 세상에서 벌어지는 일들은 다른 세상에서는 알 수 없는 일들입니다. 그래서 그곳에서 벌어지는 그곳의 독특한 세계를 노래하다 보면 그것이 인류 문화의 유산이 됩니다. 활쏘기는 몸으로 하는 것이지만, 그것을 하면서 느껴지는 바와 느낌이 있습니다. 그것을 시로 표현해보는 것도 활쏘기의 세계를 한결 깊게 하는 방법입니다.

12. 『한국 활의 천 년 꿈, 온깍지궁사회』(엮음)

이 책은 온깍지궁사회의 공개 활동 시기 활동상을 정리한 책입니다. 2001년 출범한 온깍지궁사회는 거의 실시간에 가깝게 인터넷을 통해 활동 상황을 공개했고, 그 소개 글을 주로 제가 맡아서 썼습니다. 2007년 친목모임인 사계로 전환하였고, 다시 더 7년이 지난 2015년에 지난 행적을 한 번 정리해야 하지 않겠는가 하는 논의를 한 끝에 행사 소개 글을 중심으로 엮어보자는 논의에 이르렀습니다. 그래서 이미 인터넷에 공개된 자료를 정리하여 책으로 엮었고, 마지막까지 남은 사계원들이 십시일반으로 돈을 모아서 출판했습니다. 그 과정에서 온깍지궁사회 홈페이지 자료를 정리하는 작업을 제가 맡아서 편집했기에 여기에 간단히 소개합니다.

온깍지궁사회는 단순한 동호인 모임으로 출발했는데, 전통에 대한 담론의 복판에 섬으로써 2000년대 국궁사의 지표가 되었습니다. 온깍지궁사회에서 제기한 여러 문제들은 여전히 국궁계의 화두로 남아 이후 활 공부하는 분들의 관심사로 남아있습니다.

제3부

성낙인(서울 황학정, 1958)

사말 정만진의 활 수련기

정 만 진(평택 화궁정)

1. 무술과 활

활터에 활을 배우러 올라가면 사범이 대뜸 활부터 주고 당기는 방법을 알려준다. 그리고 한 달 정도면 사대에 서서 활을 쏘고 그것으로 사법에 대한 안내는 끝이다. 이런 방식이 요즘의 활터에서 흔히 볼 수 있는 일반화된 모습이다. 이런 방식은 큰 어려움이나 장애 없이 일반인들이 활을 접할 수 있다는 점에서는 국궁의 저변 확대나 여가 활용 면에서 볼 때 좋은 점이라고 할 수 있다.

그러나 한국의 활이 세계 무술사의 정점에 선 무술이고, 무려 5천년의 역사를 자랑해온 전통 무예라면 문제는 달라진다. 그런 고급 무술이 불과 2~3개월 만에 마스터할 수 있는 것이라면 당연히 여러 의문이 뒤따른다. 그리고 무술의 관점에서 볼 때 결론은 우리의 일반 상식과는 다른 쪽으로 나기 마련이다. 머지않아 몸이 고장 나는 고통스러운 현실을 마주하게 된다. 이런 당연한 결과는 나에게도 곧 나타났다.

나는 평택 화궁정에서 2004년 집궁했고, 두 달간 주살질을 한 다음에 서대에 섰으며 사범님의 지도를 충실히 따랐다. 그리고 과녁 맞추기에 나름대로 일가를 이루어 단체전 전국대회에서 여러 차례 우승도 했다. 그런데 수련을 하면 할수록 몸에서는 이상한 증상이 나타났다. 처음엔 줌팔의 고통이 심해지더니 그 다음으로 깍짓손 어깨, 허리, 그리고 목에 통증이 나타났다. 이 일을 겪으면서, 우리의 전통 무술을 배워서 몸과 마음의 양생을 얻으려 했는데 반대로 몸의 고통이 생겼으니, 이로 인해 받은 정신적 충격이 그 마지막 고통이었다.

사말이 이런 결론을 분명히 낼 수 있었던 것은 지난 세월 수련해온 무술의 영향이 컸다. 그렇지 않았다면 나는 약국과 병원을 드나들면서 그때 배운 사법이 전통인 줄 알고 지금도 열심히 활을 그렇게 쏘고 있을 것이다.

2. 무술을 배우다

나는 '국민'학교 4학년 때 처음 담임선생님의 지도로 단전호흡을 접하게 되었다. 지금은 평택 미군기지 확장 사업으로 사라진 대추초등학교가 나의 모교이다. 초등학교 4학년 때 정찬근 선생님이 방과 후에 4학년 전체 학우에게 단전호흡을 지도하셨다. 방법은 온몸의 힘을 빼고 편안히 누워서 들숨, 멈춤, 날숨을 각각 같은 길이로 하는 것이다. 처음의 느낌이 너무 편안하고 강렬해서, 그 후 지금까지 꾸준히 수련해오고 있다.

이런 영향으로 이후 호흡에 늘 관심을 갖게 되었다. 그리고 '국민'학교 졸업 후 입학한 중학교는 불교 재단에서 운영하는 청담 중학교여서[1] 그곳에서 제대로 된 참선 교육을 받을 수 있었다. 물론 이때의 교육이 완전한 것은 아니었지만, 전체의 뼈대를 보면 단전호흡의 방법을 전해는 데는 충분했고, 그 후로 내 인생의 귀중한 체험과 방향을 정하는 기준이 되었다.

고등학교를 진학하자마자 쿵푸를 배웠다. 우연히 찾아간 곳이었지만 그 우연이 나에게는 운명과도 같았고, 또 가장 깊은 몸 공부를 할 수 있는 방법과 철학을 알려준 것이었다는 점에서 지금도 나는 그 도장을 찾아간 것을 전생의 업보이거나 조상님들의 덕이었다는 생각을 한다. 그만큼 우연히 찾아간 도장은 진정한 무술을 가르치는 곳이었다. 그 도장은 평택의 쌍림문(雙林門) 체육관이다. 찾아간 즉시 청천 박상희 관장님을 스승으로 모시고 무술을 배웠다.

쌍림문은 송기만 문주(門主)로부터 배운 사람들의 무술 단체이다. 한국의 쿵푸는 대개 그 기원지가 중국 화교들이다. 쌍림문도 마찬가지로 송 문주는 화교인 장인어른에게 가전무술로 내려오던 것을 배웠다. 중국인들은 특히 자신의 무술을 모두 공개하는 것을 꺼렸는데, 송기만 문주의 부인은 외동딸이었던 까닭에 특별히 그들의 가전무술을 전수받을 수 있었다. 송 문주는 1970년경 전국에서 사범급의 수련생을 30여명 모아놓고 자신의 무술을 시범 보인 다음, 뜻이 있는 사람에게 전해주겠다는 선언을 했고, 그 중 12명이 제자로 입문하여 무술을 배웠으며, 몇 년 수련 끝에 체제를 정비하여 1975년에 세상에 공개되었다.

원래 12명의 제자는 각기 다른 무술을 수련하던 사람들로, 평택 쌍림문의 박상희 관장은 인천에서 당랑권을 수련하던 분이었고, 서울에서 소림권을 수련한 사람도 있고, 태극권 팔괘장 같이 다양한 무술을 수련하던 분들이었다. 그런 까닭에 나는 평택 쌍림문에 들어서 박 관장님으로부터 각종 문파의 권법 및 도검술을 통합적으로 배울 수 있었다. 그 뒤 가전무술인 일자형, 원형, 기공을 익혔다. 박상희 관장은 이들 12명 중에 가장 막내 급에 속하는 편이며 이들 12분은 지금도 한 달에 한두 번 모여서 수련을 지속한다. 송기문 문주는 현재 미국에 거주 중이며, 1년에 한두 차

---

[1] 한국 불교의 정화 사업으로 선풍을 크게 일으킨 청담 스님을 따르던 제자와 불자들이 만든 학교이다.

례 국내에 와서 제자들의 수련을 점검해주신다.

쌍림문에서 처음 배울 때는 기초체력 단련을 위주로 수련했다. 맨몸 수련에 중점을 두어서, 이후 어떤 무술 동작을 취하더라도 흔들림 없이 수행할 수 있는 기반을 닦는 것이 목표였다. 맨몸 훈련 이후 처음 봉술을 배워서 몸과 외부 병장기를 다룰 때 몸과 병장기가 혼연일치를 이루는 호흡 방법을 체득했다. 그리고 점차 창술, 도술, 검술 등의 순서로 깊이를 더해가며 수련하였다.

그렇지만 언제나 가장 중시한 것은 기본자세와 기본 내공수련으로, 초보자부터 시작하여 몇 십 년이 흘러도 혼자 수련할 수 있도록 지도하는 것이 쌍림문의 원칙이었다. 고수란 무슨 특별한 것을 더 하는 것이 아니라 기본 중의 기본을 고급스럽게 수행할 수 있는 사람이기에 기본동작은 초심자와 고수를 가릴 것 없이 언제나 동시에 하루도 빠짐없이 수련하도록 원칙이 정해졌다.

이런 원칙과 규정이 있기에 오랜 세월 수련을 한 쌍림문 문하생 중에서 체육관을 운영하는 제자들이 5명 배출되었다. 이 사형들이 배출한 또 다른 제자들도 각자의 영역에서 체육관을 운영하고 있다.

무술을 깊게 배운 사람의 욕심은 제자를 기르는 것이다. 자신이 터득한 것을 누군가에게 알려주는 것보다 더 즐겁고 보람찬 일이 없다. 그래서 도장을 연다. 나도 원래는 스승님의 허락을 얻어서 평택에서 도장을 열고자 했고, 그렇게 관장님께 요청을 했지만, 아쉽게도 관장님은 나의 개관을 허락하지 않으셨다. 당시 우리 집은 평택에서 방앗간을 운영하였고 꽤 많은 농사를 짓는 집안이었는데 장남인 내가 도장을 열면 그 일을 이어받을 사람이 없었던 까닭이다. 그래서 도장 개관의 꿈이 좌절된 이후 지금껏 농사를 짓는 농사꾼으로 살아왔다. 근래에는 평택에 미군기지가 들어서면서 농사처를 잃게 되어 지금은 서산 방조제의 땅을 10만평 사서 농사를 짓는다. 도장을 열고 싶은 열혈청년의 마음을 몰라준 관장님이 당시에는 무척 서운했으나, 우리 집의 이런 내력까지 감안하여 결정하신 관장님의 세심함에 요즘은 늘 감사한 마음으로 산다.

3. 무술의 높은 봉우리

무술은 몸으로 하는 것이기에 그 원리를 깨우치면 다른 무술과도 얼마든지 교류가 가능하다. 그래서 관장님께 무술을 배운 우리 사형들 중에는 쿵푸가 아닌 검도 체육관을 운영하는 분도 있고 다른 무술관을 운영하는 분도 있다. 송학 최장규 관장의 경우는 태극권을 전문으로 가르친다.

쿵푸의 경우 중국의 전래무술이기에 워낙 그 유파가 많고 계통도 광범위하여 각 문파의 비전은 특수한 몇몇 사람에게만 전해지는 상황이다. 그런데 이런 전통 무술의 판도에 큰 변화를 몰고 온 사건이 생겼다. 1990년에 열린 제11회 베이징 아시안 게임에 '우슈(武術)'가 정식 종목으로 채택된 일이다. 이 대회의 개막식 때 수 천 명이 한꺼번에 흰 도복을 입고 시범을 보인 태극권은 전 세계에 큰 인상을 남겼다.

무술이 제도화하고 국가가 개입하면서 생기는 가장 큰 문제는 '보여주기' 식이 된다는 점이다. 태권도도 경기 체육으로 전환하면서 격투기의 성격이 많이 사라지고, 합기도도 1대 총재인 최용술의 초기 술법이 많이 사라진 채 경기 합기도로 남아서 많은 부분 '전통'의 의미가 탈색되었다. 전래 무술인 쿵푸(工夫)에서 우슈(武術)로 바뀌면서 나타난 문제점도 똑같다. 우슈는 점수 채점 방식이기 때문에 점수를 따기 위한 동작과 몸짓이 가르침과 배움의 전부가 된다. 똑같이 때려도 맞은 사람의 입장에서 얼마나 더 아픈가 하는 것이 더 이상 중요해지지 않은 것이다. 무술이 아니라 스포츠로 옮겨간 모든 전통 몸짓들이 겪는 외화내빈의 결과이다.

가장 큰 변화는 우슈 아시안 게임의 종목을 7가지로 채택한 것이다. 그 7종목은 장권, 남권, 태극권, 도술, 검술, 창술, 곤술이다. 이렇게 됨으로써 각 문파의 권법뿐만 아니라, 수많은 내면의 원리가 획일화되고 사라지는 운명을 맞이했다. 이때를 계기로 태극권이 아시아권에 급격히 전파되는 결과를 가져온 반면에, 각 문파의 특징 있는 무술들은 점차 퇴보하게 되었다. 대회에서 상을 타는 뚜렷한 징표가 없는 무술을, 옛 사람들처럼 열정 하나로 달려들어 하는 젊은이가 점차 사라진 것이다. 결국 무술의 목표가 양생이 아닌 금메달 따기로 변질됨으로써 수 천 년을 이어온 쿵푸는 가장 큰 위기를 맞은 것이고, 그것은 우리가 배운 쌍림문의 경우도 예외가 아니게 되었다.

쌍림문은 이렇게 쿵푸가 무술로 변화되기 전의 문파이다. 나는 1983년부터 이 쿵푸를 수련하여 무술의 기초를 쌓았고, 2018년 지금까지 인연을 이어오며 수련을 이어가는 중이다. 2000년에는 전문 호흡 수련을 배우기 위하여 국선도 도장에서 4년간 수련하며 무술의 영역을 넓혀오던 중, 우리나라의 무술세계를 알고자 활을 배우기로 결심하였다. 그것이 2004년 2월 4일의 일이다. 지금은 화궁정으로 바뀌었지만 당시에는 평택 삼각정이었다.

4. 활을 독학하다

앞서 말했듯이 활터에서 가르쳐준 대로 활을 배운 나는 몸의 고통과 맞닥뜨렸다. 평생 내가 배워온 무술과는 상반되는 원리와 증상이 몸에서 나타났고, 그것을 도저히 극복할 수 없었다. 그래서 당시에는 활을 접을까 하는 생각도 했다. 그렇지만 다른 생각이 일었다. 사람은 몸의 구조가 같기에 몸짓에도 공통점이 있기 마련이고, 우리의 사법이 전통이라면 당연히 이런 일반 원리가 들어있기 마련이다. 그래서 그때부터 활을 무술로 보고 내가 평생 공부해온 무술의 원리로 해석하여 혼자서 수련하기 시작했다. 2년이 지났을 무렵에는 집궁하였을 초기에 몸에 나타났던 고통이 거의 다 사라졌다.

　이렇게 하여 활의 맛을 새롭게 느끼기 시작했지만, 여전히 끝내 해결되지 않는 것이 있었다. 걸치기, 들어올리기, 깍짓손 끌기 같은 부분은 방법도 많고 쏘는 사람마다 힘쓰는 방식마다 다 달라서 어떻게 하는 것이 가장 옳은 것인지는 끝내 알 수 없었다. 각처로 돌아다니며 해결 방법을 찾던 중 본정의 노사이신 노수천 접장님의 언질로 전통 사법이 따로 존재한다는 사실을 2008년에야 알게 되었다. 당시 나는 반깍지가 전통이고 온깍지가 비전통으로 배웠기에, 당시 경기남부 10개 정 대회에서 보면 온깍지로 활을 쏘는 궁사들이 여럿이었는데도 그들을 좋지 않은 눈길로 바라보았다. 당시 겉으로 표현은 안 했지만 속으로는 그렇게 봤으니, 그 분들에게는 이 자리를 빌려 정중히 사과드린다.

　일단 반깍지가 우리의 전통이 아니라 온깍지가 제대로 된 전통이라는 사실을 알게 된 것만으로도 큰 성과였다. 2008년부터 국궁논문집을 2집 구입하여 읽으며 독학의 길로 접어들었다. 그 뒤 4집, 1집, 3집, 5집, 6집, 7집, 8집을 구하여 각각 5권씩 제본하여 원하는 분들에게 나누어 드렸다. 그 중 일부는 지금도 나와 함께 온깍지학교를 나와 동문이 된 분도 있다.

　4집을 읽고 온깍지궁사회 카페가 있는 줄 알게 되었고, 정진명 접장의 저서를 전부 구입하여 공부하는 계기가 되었다. 특히 『활쏘기의 나침반』은 10회 이상 정독하여 전통 활쏘기의 기초를 닦는 계기가 되었다. 그렇지만 여전히 풀리지 않는 부분이 있어 답답하던 중 온깍지궁사회 카페의 공지사항 중에 사법에 대해서는 류근원 명무에게 물으라는 안내를 보고 해결의 실마리를 얻을 듯한 안도감이 들었다. 즉시 전화기를 들었다.

　2014년 4월 12일 토요일 오후 1시, 청주 우암정에서 이루어진 첫 만남. 첫 순 첫 시를 내는 류근원 명무의 모습을 보고 나는 한눈에 깨달았다. "아, 이것이 바로 우리의 전통이구나!" 내가 혼자서는 도저히 풀 수 없는 동작이 완전히 해결된 자세로 활을 내는 그 모습을 보는 순간 충격과 감동이 몰려와 그 한 순간이 마치 꿈만 같았다. 그 한 순을 내고 나서 나의 폭풍 같은 질문이 이어졌고, 그에 대한 답이 즉석에서 쉼 없이 이어져, 저녁때가 되도록 그칠 줄 몰랐다. 식사시간이 다 가오는 즈음이어서 류 명무가 "혹시 정진명 선생을 만나보겠느냐?"는 물음을 던졌고, 나는 숨도 안 쉬고 "네!"라고 대답하여 책으로만 보던 정진명 접장을 만나게 되었다. 나와 함께 간 김옥유 접장까지 넷이서 식당에서 만나 이런저런 질문을 하고 들으며 저녁 식사를 했는데, 헤어질 때는 너무 아쉬워서 속으로 "많이 찾아뵙고 배우자."는 결심을 하기에 이르렀다.

　이날 폭풍 같은 질문에 대해 류근원 명무는 쉽게 즉문 즉답을 해주었는데, 어느 하나 숨김이 없었다. 처음 만난 사람에게 전통 사법의 비의를 탈탈 털어서 다 보여주셨다. 이 점이 또 놀라웠다. 그래서 나중에 왜 그렇게 처음 본 사람에게 다 알려주었냐고 물으니 류 명무는 웃으면서 정진명 접장이 했다는 얘기를 전한다.

"다 가르쳐줘도 못 받아들이는 게 사람이에요. 사람은 자기가 아는 만큼만 받아들여요. 그러니 우리가 굳이 감출 일도 없지요."

5. 온깍지활쏘기학교와 전통 사법의 비의

청주로 활을 배우러 몇 차례 드나들 무렵에 온깍지궁사회 카페에 온깍지활쏘기학교 교육생 모집 공고가 떴다. 나는 즉시 신청했다. 교육은 4차례 청주에서 이루어졌다. 오전에는 청주 사창동의 침방에서 정진명 교두가 이론 교육을 하고,[2] 오후에 우암정으로 올라가 류근원 교두가 궁체지도를 하는 방식이다. 갈 때마다 소풍 가기 전날의 어린 시절처럼 마음이 설레었다. 어른이 된 뒤로는 이런 일이 좀처럼 없었는데, 그 만큼 활쏘기학교에서는 배워야 할 일이 많았다.

온깍지활쏘기학교에서 '전통'이라는 이름이 붙은 활쏘기를 배우며 느낀 것은, 첫째로 내가 젊어서부터 배워 익힌 무술과 온깍지학교에서 가르쳐주는 활의 원리가 똑같다는 점이다. 아니, 오히려 활이야말로 무술의 정점을 찍은 것이다. 활은 정중동의 극치를 보여주는 무술의 결정체이다. 일반 무술은 동작의 변화가 활보다 훨씬 더 많아서 내면의 세계에 집중하기가 쉽지 않은데, 활은 비교적 동작이 단순하여 내면의 세계에 집중하기가 훨씬 좋다. 특히 호흡과 기의 수련에서는 활이 최고이다.

특히 일반적인 무술에서는 수련을 해보면 용천혈의 기감이 제일 늦게 오고 또 느끼기도 어려운 반면에, 활은 비정비팔의 자세를 풀지 않고 계속해서 활을 쏘면 용천혈이 제일 먼저 반응한다. 이 점은 태극권을 오래 수련한 사람이 활을 쏘면 두 무술의 느낌이 같다는 것을 금방 알아챈다. 태극권의 경우도 용천혈의 반응이 제일 먼저 오고 쉽게 나타나기 때문이다.

전통 활의 좋은 점은 몸이 바르게 서게 해준다는 점인데, 비정비팔로 자세를 취하고 온몸의 욱심을 빼고 땅을 계속 디디면 그 반발력이 발바닥을 통과하여 종아리, 장딴지, 허리, 등뼈 등을 따라가며 제 몸의 원래 모습대로 서게 해준다. 그 후 점점 깊은 활쏘기를 하면 기운이 저절로 제 자리를 찾아가고, 이에 따라 막힌 경맥도 열려 일정한 흐름을 느낀다. 이것은 몸의 차원에서 말한 것이고, 정신의 차원에서 보자면 감각에 능동적으로 대처하게 된다는 점이다. 오감(눈, 코, 입, 귀, 혀)에 의(意)를 더해 외부의 자극을 그때그때 또렷하게 인식하게 된다. 오감을 단순히 느끼는 것이 아니라, 그런 통로로 보고 능동적으로 활용하게 된다.

인식에는 능동과 수동이 있다. '보인다.'라는 수동적인 상태와 '본다.'라는 능동의 상태, '들린

---

[2] 청주 침방은 얼마 뒤 문을 닫았고, 그 뒤로는 분평동의 잠두봉 식당에서 교육 했다.

다.'라는 수동적인 상태와 '듣는다.'라는 능동의 상태, '냄새 난다.'라는 수동적인 상태와 냄새 맡는다.'라는 능동의 상태, '맛 난다.'라는 수동적인 상태와 '맛본다.'라는 능동의 상태, '느껴진다.'라는 수동적인 상태와 '느낀다.'라는 능동의 상태로 말할 수 있으며, 수련이 깊어지고 감각이 고요해지면 거의 능동의 상태로 감각을 운용하게 된다.

이와 같이 고도로 정밀하고 한없이 깊은 세계가 우리의 전통 활에 있다는 사실을 온깍지활쏘기학교에서 확실히 알게 된 것이 큰 성과이다. 우리 활이 정말 전통이라면 다른 무술에 있는 것이 없을 리 없고, 그 점을 지금까지 전해온 활터가 내 주변에는 없었다는 점이 안타까울 따름이다. 지금도 그 전통으로 가는 길은 아주 좁아서 사람들이 과녁 앞에서 맞출 생각만 할 뿐, 그런 길을 찾지 않는다는 현실은 나로서는 이해하기도 어렵다. 그저 안타깝다는 말로 표현할 수밖에 없다.

6. 각궁을 배우다

활쏘기는 사법도 중요하지만 각궁의 공부 또한 이에 못지않게 중요하다. 집궁 2년차 봄부터 새로 제작된 각궁을 2장 구입하였다. 활을 배운 지 얼마 안 되어 일찌감치 각궁을 접하게 된 점도 활쏘기의 진수를 맛볼 수 있는 밑거름이 되었다.

처음에 사범님에게 각궁 얹는 법을 배웠고, 좀 더 깊이 있게 각궁을 이해하기 하기 위해 여러 궁장 및 사범을 찾아다녔다. 궁장으로는 권영우 접장님과 권복현, 고윤제, 이상운, 김윤경 같은 분들을 만났다. 그 중 권영우 궁장은 각궁에 대해 물으면 직접 시연해주시면서 각궁 전반에 관한 것을 일깨워주셨다. 요즘은 김윤경 궁장과 친분을 쌓으며 옛날과 요즘 각궁의 변형 과정 및 그 원인과 장단점에 대해 논의하는 중이다.

각궁을 해궁하는 방법을 많이 가르쳐준 분으로는 황시열(안산 반월정), 서윤석(용인 수양정), 김범호(군포 수리정), 오명규(평택 화궁정), 류근원(청주 우암정) 같은 분들이다. 이 분들을 만나서 각궁의 형태를 갖추어서 쏠 수 있는 기반을 갖추었다. 각궁에 대한 해석과 설명이 조금씩 다르지만 그 모든 것을 취합하고 이해하면 어느 순간 각궁의 상태가 눈에 들어오고 어떻게 해야 하는지 그 해결책이 마련된다.

특히 류근원 교두는 각궁에 대한 지식이 남달랐는데, 그것은 전통 온깍지 사법을 수련하는 까닭이었다. 오늘날의 각궁은 대부분 개량궁 사법에 맞추어 개량궁 느낌이 나도록 해궁한다. 그래서 모두 줌통이 주저앉고 한오금이 먼 바가지 활로 변한다. 특히 최근에는 줌통도 막줌에 편하도록 굵고 두껍게 만들어서 좀처럼 흘려줄 수가 없다. 그렇지만 전통 사법에서는 각궁의 미립이 바가지 활과는 많이 다르다. 류근원 교두는 온깍지 사법을 구사하는 한량이기에 각궁도 옛날 모습 그대로 해궁하려고 하고, 궁장들에게 그렇게 만들어달라고 요구하는 실정이다. 그래서 사법에 따라 각궁의 모양도 달라서 전통 사법에 딱 맞는 해궁 방법과 미립은 류근원 교두가 가장 정확히 안다는 것도 이해하게 되었다. 각궁을 누구나 쓸 수는 있겠지만, 전통 사법에 맞는 각궁이라면 사정이 달라진다. 서울 장궁방의 활은 줌이 좁고 한오금으로 가며 넓어졌다가 다시 목소에서 좁아지고 고자닢이 코브라 대가리를 닮았다고 하는데(『한국의 활쏘기』), 각궁이 그런 모양으로 닮은 이유가 다 전통 사법에 있는 것이라고 믿는다.

각궁을 배울수록 우리의 전통 사법이 이 각궁과 아주 깊은 연관을 맺고 있다는 사실을 알게 된다. 그러므로 전통 활을 배우는 데는 각궁도 오래 그리고 깊이 배워야 할 영역임이 분명하다.

7. 연궁과 중시

이렇게 해서 온깍지활쏘기학교에서 배운 내용으로 나의 활쏘기를 다시 정비했다. 그러면서 다시 한 번 느끼게 된 것은 연궁중시라는 말이다. 온깍지 학교에 가기 전에 나는 60파운드가 훨씬 넘는 개량궁을 쓰거나 그와 비슷한 각궁을 썼다. 어려서부터 무술을 했고, 또 직업이 농사이기 때문에 힘쓰는 일에는 자신 있는 나로서는 당연한 선택이었다.

그런데 온깍지 사법을 제대로 배우고 나니 굳이 센 활을 쓸 일이 없게 되었다. 굳이 센 활을 쓰지 않아도 화살은 바람을 이기고 가고, 시수도 결코 떨어지지 않았기 때문이다. 온깍지 사법을 제대로 배우면 온몸의 힘을 가장 효율적으로 쓰기 때문에 굳이 센 활을 쓰려고 할 것이 없다. 온깍지 이전에 내가 60파운드를 훌쩍 넘는 강궁을 썼다면 온깍지 이후로는 50파운드가 채 안 되는 활을 쓴다. 그 만큼 힘의 효율 면에서 차이가 난다. 온깍지는 최소 힘으로 최대 효율을 내는 사법이다. 정진명 교두의 경우는 36파운드 개량궁으로 7돈 죽시를 쓴다. 그래도 화살은 바람을 이기고 끝까지 힘이 실려서 날아간다. 남들이 그 모습을 보면 눈앞에서 보고도 믿지 못한다. 우리의 전통 사법은 이렇게 상상을 뛰어넘는 것이다.

8. 활터의 또 다른 전통

지금까지 나는 전통 사법을 배우려고 애썼다. 그런데 온깍지활쏘기학교에서 만난 활쏘기는 전통 사법만이 아니었다. 오히려 사법보다 더 중요한 것이 있었다. 그것은 활터를 둘러싼 여러 가지 풍속과 문화이다.

온깍지 동문들은 1년에 몇 차례 모임을 갖는다. 몇 년 전에 장호원 뚝방터에서 동문회 모임을 연다고 하여 참석했다. 그런데 그때 획창이라는 걸 했다. 과녁 맞은 것을 두고 획창한량이 "아무개 벼언~!"하고는 큰 소리로 외쳐대는 것이다. 생전 처음 듣는 소리였다. 지금까지 심판이 뒤에 앉아서 "관중! 다음!"을 외쳐대는 소리만을 듣다가 그 획창소리를 들으니 전혀 다른 세상에 와있는 듯했다. 이뿐만이 아니었다. 그곳에서 벌어지는 활쏘기는 오늘날의 대회와는 완전히 다른 방식으로 진행되었다. 얼마 지나지 않아 이것이 우리의 본래 활터 모습임을 알게 되었다.

그 뒤 이제는 충북예술고에서 국악을 전공하는 학생들이 인솔교사인 정진명 교두를 따라 활터에 왔다. 소리를 배우는 학생은 창을 하고 악기를 배우는 학생은 악기를 연주했다. 한량획창이 끝나면 바로 뒤이어 여학생들이 "이 활량 몇 시에 관주~웅이요. 지화자 지화자 지화자 지화자!"하고는 소리를 했다. 그 소리를 들으며 활쏘기를 해보니, 옛날 사람들이 왜 활터에 소리기생을 불러 장구 치게 하고 활을 쏘았는지를 대번에 이해할 수 있었다. 기운을 북돋우는 데는 소리만한 것이 없었고, 활쏘기는 온몸의 기운을 짜내어 쏘는 운동이었다. 그렇기 때문에 우리 활과 우리 소리는 궁합이 아주 잘 맞는 전통 풍속이었다. 이렇게 몇 차례 젊은 소리꾼들의 획창 소리를 들으며 활을 내보니, 자정에서 그냥 활을 낼 때의 맛이 영 싱겁기 짝이 없다. 정진명 교두가 충북예술고에서 만기가 되어 다른 학교로 가야 한다니, 앞으로 당분간 획창 없이 활 쏠 생각을 하면 아쉽기만 하다.

이뿐만이 아니다. 뚝방터 대회에서는 시지(획지)도 붓글씨로 쓴다. 붓글씨를 쓰는 운치도 참 멋있다. 이렇게 우리 활터의 풍속은 모두 멋이 살아있는 것이었는데, 지금은 어디서도 그런 멋과 운치를 찾아보기 힘들게 되었다. 결국 나는 이렇게 우리가 하나씩 배워서 지켜야 할 전통 속으로 들어선 것이다. 사법에 대한 관심이 사법 밖의 또 다른 큰 세계를 만나게 했다. 이런 생각을 할 때마다 어깨가 무거워짐을 느낀다.

9. 경락과 활

활 공부의 끝은 어디일까? 끝이 없는 것 같다. 활은 기운을 쓰는 운동이기 때문에 기운이 어떻게 움직이는지 알아야 한다. 그에 대한 궁금증은 어려서부터 가져온 터였는데, 이것이 온깍지활쏘기학교에 와서 거의 다 풀렸다. 그 해결의 실마리는 침뜸이었다.

온깍지학교에서는 활을 주로 가르치지만, 활을 이해하기 위한 다른 공부도 길안내를 한다. 그 중의 하나가 침뜸이다. 정진명 교두는 이미 침뜸 쪽에서도 우뚝한 업적을 세운 사람이다. 침뜸 안내서를 다섯 권이나 썼을 만큼 해박한 지식과 풍부한 임상 경험을 지닌 사람이어서 그가 쓴 책들은 이미 침뜸 입문 교과서로 자리 잡았다. 처음 활을 배우러 갔을 때 침뜸 책을 냈다는 사실을 알고, 침뜸 공부도 하고 싶다고 하자 교육과정 중에 침뜸 교육도 넣어서 온깍지 학교 동문들 중 적지 않은 사람들이 정 교두로부터 침뜸을 배웠다.

이렇게 되고 보니 활을 배우다가 동양사회의 밑바탕을 이룬 모든 이론을 섭렵해야 하는 상황에 이르렀다. 정말 황당무계한 일이지만, 이 모든 것들이 마치 코바늘이 꿰이듯이 연결된 것들임을 알기에 이르렀다. 이런 것들을 알면 알수록 활에 관한 지식도 넓어져 활을 보는 안목이 커진다.

10. 끝없는 활 공부

활을 잡은 지 15년째, 나의 활쏘기는 결국 양생의 세계로 나아갈 것이다. 이것은 활을 배우기 전 쿵푸를 통해 얻게 된 나의 결론이기도 하다. 다만 활이 그러한 세계로 가는 길이 될 수 있는가 하는 의문을 지녔고, 처음 집궁했을 때 맞닥뜨린 그 황당함으로 자칫하면 전통 사법의 세계를 영원히 못 만날 뻔한 아찔한 순간도 있었지만, 온깍지 학교를 통해 우리 활이 이루어놓은 진면목을 알기에 세상의 모든 무술은 같은 원리에 있다는 평범하면서도 무서운 진리를 깨달은 지금은 행복한 무술을 하며 하루하루를 보낸다.

　무술을 통해서 몸과 마음에 대한 고민을 안고 살아온 지 40여년, 그리고 활을 배운 지 15년, 온깍지활쏘기학교에 발을 들인 지 5년 만에 나는 아주 행복한 순간을 맞았다. 온깍지활쏘기학교의 카페에 다음과 같은 글이 올라온 것이다.

　온깍지 궁체 완성 1호(2018.09.23. 07:59)

　며칠 전에 정만진 접장님이 최송기 접장님 죽시 찾으러 오는데 함께 와서 장수바위터에서 활을 내고 갔습니다. 정만진 접장님 활 내는 것을 보니 궁체가 완성되었다는 판단이 들었습니다. 저 정도면 이제 더 이상 우리에게 배우지 않아도 될 것 같습니다. 궁체가 잠시 어지러워져도 스스로 조정해갈 수 있는 능력까지 갖추었습니다. 아마도 온깍지학교 출신 중에서 최초의 궁체 완성자가 아닐까 싶어서 즐거운 마음에 여기 공표합니다. 이제 명무를 향해서 매진하시면 될 것 같습니다.

　궁체가 내면에서 완성되더라도 겉으로는 끊임없이 모양이 바뀝니다. 내면에서는 똑같지만 겉보기가 달라집니다. 안에서 움직이는 원리야 똑같기 때문에 겉모습은 어떻게 흘러도 상관없지만 궁체가 완성되면 사람들의 주목을 받게 됩니다. 그래서 남들 눈에 이상하다는 생각이 들지 않을 정도로 자기 궁체에 대한 확인을 스스로 해서 일정한 모습 안에서 몸의 흐름이 유지되도록 주의해주시기 바랍니다. 가끔 주변 사람들에게 사진이나 동영상을 찍어달라고 해서 확인하면 됩니다.

　우리 두 교두는 온깍지학교를 처음 만들 때부터, 과연 이 세계가 사람에게 전달될 수 있을까? 하는 의문을 지녔습니다. 사실은 전달될 수 없을 거라는 생각이 더 컸습니다. 전통 사법은 배워야 하는 부분도 있지만, 그 테두리 안에서 스스로 찾아야 하는 부분이 생각보다 크기 때문입니다. 결국 우리가 전통사법의 큰 테두리를 가르쳐준다고 해도 스스로 그 안에서 자기만의 몸을 살펴서 어떤 이치를 찾아내는 일이 숙제로 남기 때문에 사실상 궁체 완성은 무한정 시간이 걸리는 일이어서 그런 생각을 한 것입니다.

　그런데 정만진 접장님은 그런 일을 잘 해내셨습니다. 스스로 자기 안의 움직임과 그 움직임 뒤에서 이루어지는 이치를 찾아내서 자기화했습니다. 욱심이 다 빠져서 보는 사람까지 편안해지는 궁체를 구사하게 되었습니다. 게다가 온깍지 궁체는 각궁 궁체입니다. 그래서 각궁을 자유자재로 다룰 줄 알아야 합니다. 그런 점에서도 정 접장님은 오랜 세월 각궁을 써서 궁체 완성의 조건을 이미 갖추었습니다.(참고로, 온깍지 궁체 완성의 조건은 각궁 10년 이상 상용입니다. 그래야 개량궁 버릇이 완전히 제거됩니다.)

온깍지 학교 이래 처음으로 이 정도 원숙한 수준에 이른 사람이 나타났다는 것은 온깍지 학교 전체의 영광이고 축복입니다. 다른 동문들에게도 모범이 되고 목표가 될 것이어서 굳이 여기 공표하고 축하합니다.(온깍지활쏘기학교 카페 사법공부방 402번글.- 작성자 온깍지)

완성할 수 없는 세계가 우리의 전통 활쏘기인데, 이런 표현은 실제 사실이기보다는 열심히 공부하는 사말에 대한 격려의 글이라는 생각으로 이해한다. 그렇지만 내 생각이 아니고 남의 눈에 이렇게 비친 결과라는 점에서 나는 기쁘게 생각한다.

활쏘기 공부는 영원한 공부라고 생각한다. 어제 몰고 오늘 불쏘는 것이 활이다. 그런 활의 세계에 내가 이루고자 하는 것이 있다면 그것만으로도 나의 목표는 행복하다. 그리고 그런 목표는 '전통'이 아니고서는 있을 수도 없는 세계이다. 전통은 방법과 목표를 제시한다. 전통이 제시해준 길을 간다는 것은 그래서 행복한 일이다. 그리고 더욱 행복한 것은 이 길을 가는 도반들이 있다는 것이다. 온깍지활쏘기학교를 졸업한 동문들이 나의 든든한 도반들이다. 나의 고민을 언제든지 들어주고, 좀처럼 답이 나타나지 않는 숙제에 대해 함께 고민할 수 있는 도반들이 곁에 있다는 것만으로도 나의 활 공부는 충분히 보상받은 것이라고 생각한다.

11. 맺음말

평생에 소원이 나의 무호를 갖는 일이었다. 그렇지만 무호란 무술을 통해 이루어야 할 숙제가 산처럼 남은 상태에서는 감히 요구하기도 얻기도 어려운 일이다. 온깍지활쏘기학교를 통해 전통 활에 관한 나의 고민이 많이 해결되었을 즈음에 정진명 교두로부터 무호를 받았다. 정광(正光). 생각해보면 이 글자가 갖는 큰 의미를 내가 감당할 수 있을까 싶은 생각이 들지만, 무호란 완성된 자에게 주는 것이기보다는 그것을 추구하려는 마음을 지닌 자에게 주어지는 것이라면 내가 받아도 될 것 같다는 생각에 선뜻 받아들였다. 그래서 앞으로는 이 이름이 주는 의미를 숙제로 생각하여 그 숙제를 풀기 위한 활을 쏘아야겠다는 새로운 결심을 하였다.

활만이 아니라 모든 무술에는 완성이 없다. 그 완성 없는 완성을 향해 나아가는 길이 진짜 완성의 모습인지도 모른다. 정광이라는 호와 더불어 나는 무술의 첫걸음으로 돌아온 느낌이다. 오늘도 활터로 올라가서 비정비팔로 선다. 과녁이 사라진다. 모든 것이 새롭다.

사말 김정래의 온깍지 입문기

김 정 래(독일 덕화대 사백)

1. 첫 활을 들다

'난데없이 웬 장난감 활이야?'

내가 속한 활터에 국궁을 들고 나타났을 때 사람들이 한 말이다. 그때 나는 그저 미소만 지었다. 무엇을 말해야 할지 준비가 안 되어 있었다. 막연히 주위들은 국궁의 우수함을 어수선하게 늘어놓을 수는 없었다.

나는 활 입문을 늦게 하였다. 첫 활은 국궁이 아닌 리커브였다. 약 7년 전, 첫 활을 쐈을 때를 기억한다. 당시 활터의 우두머리였던 자가 쏴보라며 활을 쥐어줬는데, 나는 어린 시절 활 놀이마냥 집게손가락으로 오늬를 쥐고 당겼다. 그자가 깜짝 놀라 동작을 멈추게 했다. 그는 내가 어린애처럼 활을 쏘는 모습에 정색을 했다. 서양 활은 세 손가락으로 당기는 게 일반적이다.

사는 곳이 독일이고, 활터에 한국인은 나밖에 없다. 이곳에서 이질적인 외모인 내가 활을 쏘노라면 누구든지 눈길이 그냥 지나치지 않았다. 그런 시선에는 평가가 있기 마련이다. 이 자가 잘 쏘는 지, 못 쏘는지의 문제다. 막 입문한 초보가 형편없는 자세로 화살을 중구난방으로 날리는 걸 보노라면, 언뜻 웃음이 스쳤다. 나는 그게 싫었다. 남에게 잘 쏘는 걸 보여주기 위해 활을 배우고자 한 것은 아니었지만, 그렇다고 비웃음거리는 되고 싶지 않았다. 그런 내 심중엔 성격이 한몫했다. 뭐든 하나 손에 잡으면 끝을 보고야 마는 완벽주의자 같은 기벽이다.

초보가 활을 쏘노라면, 괜히 한 마디씩 한다. 애정 어린 조언이긴 하나, 말하는 내용이 저마다 달랐다. 이 사람 말대로 따라 쏘다보면, 다른 누군가가 그건 틀렸다면서 다른 이야기를 해준다. 모두 그럴싸한 이론과 설명이다. 하지만 그들이 정작 활 쏘는 모습은 유창한 말과 달리 형편없는 실력이었다. 차라리 내가 공부하고 익혀서 스스로 뭐를 따를지 판단하기로 했다.

첫 활은 활 가게에서 임대해주는 28파운드짜리 국산 저가형 양궁이었다. 당시 난 정유회사에 속해 아프리카의 석유시설 시공현장에서 파견 근무 중이었다. 4주간 현장근무를 하면 4주가 휴

가였다. 그래서 현장 근무 중인 달엔 활에 대한 이론을 찾아보고, 휴가 때엔 원 없이 습사를 했다. 기백 발을 매일같이 쐈다. 양어깨의 근육통과 시위에 맞아 피멍이 든 팔뚝에 개의치 않고, 무지에서 벗어나려고 부단히 애썼다. 그렇게 반 년 가까이 보낸다.

입문 초기엔 깍짓손 떼기(릴리즈)나 줌손의 힘점 등 자세에서 개선점을 찾았지만, 점차 활쏘기에서는 물리적인 요소들이 차지하는 비중이 큼을 알게 되었다. 그렇게 내 활쏘기 공부는 자세에서 장비로 넘어가게 된다. 화살의 허리힘(스파인)과 무게중심(FOC), 화살촉의 무게에 따른 비행 변화, 시위 재질마다의 특성, 오늬 매김자리(노킹포인트)의 위치에 따른 비행, 활 손잡이에서 활줄까지의 거리에 따른 성능 변화 등이다. 활과 관련된 이론과 지식을 하나씩 깨우침과 동시에 습사로 차이점을 몸소 겪으며 초보 딱지를 조금씩 뗐다.

그 후, 연습용 활을 활 가게에 반납하고, 40파운드짜리 좋은 활을 샀다. 새 활을 쏘자마자 느낌 점은 고물차를 타다가 고급 승용차로 바꾼 승차감마냥 실로 차이가 엄청났다. 그리고 1년이 채 안되어 나는 지역에서 열리는 활쏘기 대회에서 매번 우승 또는 입상하는 괴물로 성장했다. 전 독일 챔피언이 일부러 활터에 찾아와 내가 활 쏘는 것을 구경하더니, 그 대회에 참가를 권유하기도 했다. 나는 자신감이 넘쳤고, 말 대신 실력으로 보여주면 된다는 오만함도 그득했다.

그 즈음, 활터나 대회에 나가면 우스갯소리가 들렸다. 내가 시상대에 서면, 저 사람은 한국인이니 당연하다는 말이었다. 그때마다 나는 내심 뭐라 대꾸하려다 말곤 했다. 내가 그간 쏴온 화살만 십만 발이 넘는다. 매일 오백 발 가량 쏘고 또 쐈다. 당시 나는 팔뚝보호대 안쪽에 독일어로 'Warum dort?, 저기 꽂힌 이유는?'라고 써두었다. 쏘기 전과 쏘고 나서 문제점을 찾길 반복했다. 화살이 그 어디에 꽂히든 나는 생각하고 또 생각했다. 그 노력의 결과를 모르는 주둥아리 궁사들로서는 단지 한국인이어서 잘 쏜다는 우스개로 위안을 삼는 게 한심할 지경이었다.

내가 속한 활터에 새로운 바람이 분 것도 그 즈음이다. 1년 전 느닷없이 찾아온 자에게 더 이상 훈수를 둘 수 없는 상황에서, 정작 자신들은 매번 쏠 때마다 뜻대로 가지 않는 화살에 스스로 실망을 했나보다. 갑자기 활터에 롱보우(영국 장궁)를 들고 오는 자들이 속출했다. 지금껏 쏘던 리커브에서 활 종목을 바꾼 것이다. 롱보우는 또 다른 자세로 쏴야한다며, 저마다 엉덩이를 뒤로 쭉 빼고 요상하게 습사를 한다.

나도 롱보우에 호기심이 생겼다. 미끈하게 뻗은 활의 외형 때문이 아니었다. 결국 활은 물리역학을 충실히 따르는 하나의 운동 도구라는 결론을 얻었기 때문에, 활의 종류는 큰 상관이 없음을 몸소 증명해보고 싶었다. 결국 내가 롱보우를 들고 활터에 나타나자, 기다렸다는 듯이 훈수가 시작되었다. 상체를 곧게 펴서 기울이고, 엉덩이는 뒤로 빼서 쏴라, 앵커링은 광대뼈 밑에 하라 등등. 그래야만 하는 이유를 물으면, 감자줄기 뽑아낸 듯 온갖 설명들이 뒤따랐다.

나는 모두 한귀로 듣고 흘리며 그저 리커브 쏘던 방식으로 습사를 했다. 하지만 활을 롱보우로 바꾸고 나서 일주일 후에 열린 대회에 출전하여 2등을 하고선, 그 활에 대한 매력을 잃었다. 외형은 달라도 원리는 같았기에 뭔가 특별한 활은 못되었기 때문이다.

그렇게 5년가량 흐르면서 나는 베어보우 종류는 거의 다 다뤄보게 되었다. 그 누구의 활이든 처음 잡아 몇 발만 쏘면 곧 조밀한 탄착군을 형성할 수 있었다. 활은 결국 물리적인 요소에 균형을 이뤄, 발시 때까지 최대한 유지해주면 그만이었다. 어느 시점에 이르자, 내 신체와 활에 꼭 맞는 화살을 쓰고자 직접 화살대를 사서 재단하고, 무게를 맞추고 깃을 달기 시작했다. 그 과정에서 깃의 크기와 개수, 부착 각도를 저마다 달리해서 무수히 실험을 해보았다. 자잘한 것까지 모조리 직접 겪어보며 활쏘기를 했는데, 결국은 가장 단순한 형태에 머물게 된다.

나는 그런 경험을 바탕으로 활쏘기 매뉴얼을 만들게 된다. 초보부터 상급자까지 능력별로 참고할 수 있는 그 매뉴얼은 내가 속한 활터에서뿐만 아니라, 이웃 나라의 궁사들에게도 알음알음 소개되어 사용 중이다. 그와 함께 클럽의 전속 트레이너가 되어 체험자, 신입부터 문제점에 봉착한 궁사들에게 조언을 해주게 되었다.

그런데 정작 나 자신은 더 이상 양궁에 매력을 못 느끼게 된다. 잘 맞춰도 더 이상 희열이나 성취감은 없고, 오히려 평소보다 못한 결과가 생기면 실망하는 상황에 이른 것이다. 그렇게 머물 바에야 차라리 안하고 말리라. 나는 마침내 미지의 활로 눈을 돌린다. 사실, 처음 활을 배워보기로 한 순간부터, 언젠가 국궁을 쏘게 되리란 것을 예감했다. 명료한 계획은 아니었지만, 그리 될 것임을 나는 알고 있었다.

2. 활을 바꾸다

'난데없이 웬 장난감 활이야?'

어느 날, 단풍나무와 잘 마감된 손잡이 등 멋진 외관의 활 대신, 단출한 국궁을 들고 활터에 나타나자 들은 첫 마디다. 속으로는 이 활이 바로 모든 활들의 아버지인 국궁이라고 말해주고 싶었다. 그런데 뭐가 그리 대단한 활인지는 나조차도 몰랐다. 그냥 웃을 수밖에 없었다.

처음 국궁으로 습사를 했을 때엔 기존의 내가 알던 활 지식을 그대로 접목시켰다. 양궁 베어보우(조준기가 없이 눈대중으로 쏘는 사냥용 활) 쏘는 방식이었다. 국궁도 시위를 당겨 활대의 탄성으로 살을 보내는 범주는 벗어날 수 없다. 그래서 그런 습사방식도 곧 효과가 나타나, 얼마 후 참가한 대회에서 또 다시 국궁으로 우승을 하게 되었다. 그것도 컴파운드 등 모든 활 종류를 통틀어 전체 2등의 점수였다. 보통 컴파운드는 만작 때 활 장력이 급감하고 조준기가 있는 이점으로 점수가 월등히 높기 마련인데, 국궁으로 그들을 앞선 기록을 낸 것이다. 갑자기 주위에서 국궁 바람이 불기 시작했다. 그들은 활이 대단히 좋아 명중도 쉬운 줄로 착각했다.

속한 활터에 너댓 명이 국궁을 들고 나타나서 쏘는 법을 가르쳐달라고 했다. 난감했다. 내가 쏘는 방식이 전통 궁체가 아님을 스스로 잘 알고 있었기 때문이다. 그때부터 나는 다시 활공부에 들어갔다. 주변에서 활 선생을 찾을 수 없는지라, 오로지 인터넷으로 정보를 구했다.

인터넷에는 국궁에 관한 자료들이 널려있었다. 뭐 하나 허투루 읽고 넘어갈 수 없어보였다. 모두 일리가 있었다. 단번에 와 닿지 않는 내용들마저 저 너머에 어떤 경지가 있고, 그 수준에 다다르면 비로소 깨우칠 것이라는 분위기였기에 더욱이 관심이 갔다.

해외에서 국궁을 배운다는 것은 단점과 장점이 공존했다. 주변에 스승이 없는 대신, 다양한 궁체를 누구하나 가로막지 않는 가운데 이것저것 시험해 볼 수 있었다. 어느 한 정에 속해 활을 배웠다면 그 정에서 행해지는 궁체로만 익혔을 텐데 말이다. 나는 매번 접하는 정보들이 그때마다 전부이고 진리인 양 느꼈다. 이윽고 다른 말을 듣게 되면, 또 다시 기존의 알던 것을 버리거나 덮어씌우며 하나하나 알아갔다.

온깍지, 반깍지, 실전용 궁체 등 인터넷에 떠도는 국궁에 관한 내용을 모조리 읽고, 습사에 적용해보면서 몇 개월을 보내다보니 한 가지 의문이 생겨났다. 대체 수천 년을 이어온 국궁이라는 것이 현세에서는 왜 이리 제각각일까? 나는 마구잡이로 읽던 습관을 뒤로 물리고, 현미경으로 들여다보듯이 국궁 정보들을 새로이 살펴보기 시작했다. 인터넷에 있는 국궁에 관한 정보는 대략 세 가지로 나뉘었다.

　첫째, 활과 관련된 과거 문헌을 소개,
　둘째, 한 개인이나 소수의 인원이 과거 문헌을 근거로 현재 사법의 전통성을 주장하는 것,
　셋째, 위의 두 곳에서 공개된 정보를 무차별적으로 갈무리해서 잡학사전처럼 모아놓은 곳.

왜 국궁에 관한 정보가 인터넷에 그토록 풍성한가는 바로 셋째의 경우 때문이었다. 수많은 개인 블로그나 활 관련 카페에 소개하는 내용들이 그러했다. 이것은 내게 축복이자 독배였다. 많은 정보들을 구할 수 있어 좋았으나, 무엇이 옳고 그른지 선별할 능력이 정보의 홍수 속에서 실종되다시피 했기 때문이다. 게다가 과거 문헌은 언어의 한계 때문에 해석이 저마다 달라, 같은 내용을 두고도 종종 설전이 벌어지기 일쑤이나 뭐 하나 쉬이 결론이 안 난다. 대개 그런 경우엔 자신의 의견에 힘을 싣기 위해 점점 더 많은 근거를 차용하고, 급기야 국궁을 토론하면서 다른 나라의 활 이야기로 범벅이 된다.

고요한 인터넷의 바다에서는 목소리 큰 사람이 주목받고, 많이 내는 사람이 돋보인다. 나 같은 구경꾼의 눈길을 사로잡은 자도 그런 사람들이었다. 한편, 나처럼 자존심이 쓸데없이 센 사람은

남의 말을 쉬이 받아들이지 않는다. 아무리 주목받는 자의 의견일지라도, 일단 내가 스스로 경험해보고 나서야 그의 말을 받아들일지 말지 결정하게 된다. 그렇게 나는 그들 저마다의 활쏘기 이론이나 의견을 닥치는 대로 습사에 적용해보았다. 대개의 이론은 뭔가 국궁만의 비법인양 말하지만, 사실 무의미한 것들이었다. 가장 중요하다고 주장하는 동작이 사실 화살이 떠나고 나서야 행해지는 것이었다. 또 어떤 것은 화살의 힘을 극대화시키는 사법이라고 주장하지만, 가장 기본적인 것을 모른 채 엉뚱한 이론들을 계속 덧붙인다. 그 사법이란 다름 아닌, 부지불식간에 반 치 가량 더 당기면서 발시를 하게 되어, 대략 3파운드의 증가를 불러온다. 더 당기니 더 세지는 것뿐인데, 설명하는 말들을 보면 엄청난 사법인양 말로 진화한다.

그리하여 결론은 금세 났다. 한 개인이 몇 년 간 습사하거나, 토론으로 내리는 정의가 과연 수천 년의 세월을 걸쳐 완성된 전통 활쏘기와 일치하는 것일까? 전통 활쏘기를 구사하는 스승에게 전수받은 적 없이, 오직 문헌과 개인 습사를 토대로 깨우쳤다면, 선조들은 그 간단한 활쏘기를 깨닫기 위해 억겁의 세월을 허비한 것인가? 현세에서는 그렇게 전통 활쏘기라는 이름 아래 제각각 급조되고 변형된 사법과 엉성한 이론으로 아우성이었다.

이것이 내가 똑똑해서가 아니라 당연한 결과였다. 그들이 뭔가 주장할 만한 것을 내놓은 것이 반짝하는 순간이었던 만큼, 그들 주장의 본질에 닿는 것 역시 긴 시간이 필요치 않은 것뿐이었다. 전통 활쏘기는 수많은 선조들이 시행착오 끝에 쌓아올린 종유석과도 같다. 그처럼 높은 수준의 활쏘기를 아무 도움 없이 혼자 몇 년 해보고 똑같은 종유석을 얻었노라고 말하는 건, 어린 애가 봐도 맞지 않는 이치다. 그렇게 나는 전통 활쏘기는 여전히 알지 못하는 가운데, 가짜들의 아우성에서 점차 멀어졌다.

국궁을 제대로 배워보겠노라고 다짐했던 나는 어느새 길 잃은 아이가 되어 혼잡한 시장판 가운데 서있었다.

3. 활을 배우러 한국을 가다

그런데 온갖 국궁 관련 내용들을 보자니 한 가지 공통분모를 발견했다. 고문서 원문을 제외한, 대개의 활쏘기 관련 이론은 그 출처가 한 군데였다. 그 활쏘기 이론들을 그대로 소개하거나, 각자의 입맛에 맞게 변형하여 이용하는 등 여러 형태로 퍼져있긴 하나, 그 문서는 한 곳에서 태생하여 살아 돌아다니는 것이었다. 활자화된 내용뿐만 아니라, 활터에서 누군가 자신의 것인 양 설파하는 활쏘기 이론 및 철학까지도 결국 근원을 짚어보면 그 재료의 산지가 대개 그 곳이었다. 주먹구구식이던 활쏘기 관련 내용들도 그 곳이 시발점이 되어 갑자기 분석하고 체계화시키는 분위기로 바뀌었다. 그곳은 '온깍지궁사회'였다.

나는 온깍지궁사회에서 발표한 궁술관련 내용들을 차근히 읽기 시작했다. 그곳의 글자들은 각궁에 유엽전으로 먼 거리를 쏘는 궁체에 한정된 사법의 해석들로 채워있었다. 결국 그 모든 내용은 『조선의 궁술』을 바탕으로 풀어나간 것이었다.

국궁을 쏘는 사람들이 의외로 관심을 두지 않는 사실 하나가 있다. 과거 선조들은 단거리, 속사, 기마, 전투용 정량궁 등 다양한 사법들을 발전시켰으나, 안타깝게도 모두 단절되고 유일하게 이어진 사법이 바로 『조선의 궁술』에 기록된 유엽전 사법인 것을 말이다. 활터에서 현재 쏘는 사법이 전통 사법인 줄로만 아는 사람들은 '단절'과 '전승'에 어떤 차이점과 의미가 있는지를 신경 안 쓰는 듯하다.

온깍지궁사회의 글들을 진득하게 읽다보니 점점 『조선의 궁술』에 관심이 가기 시작했다. 하지만 거듭 글을 읽으며 국궁의 세계에 빠져들다가 곧 한계에 다다랐다. 글로 풀어낸 사법을 몸으로 따라하면서 맞춰가기는 거의 불가능에 가까움을 체감했다. 무술은 말과 글, 심지어 영상으로 전수될 수 없다. 내가 잘 구현해내고 있다고 느껴도 그건 나만의 착각일 뿐, 헛다리짚는 게 다반사다. 번쩍 번개가 치듯 깨달음을 얻었다고 기뻐해도, 나중에 보면 머리카락 한 올 만치나 보잘 것 없는 부분이었다. 몸통은 늘 저 깊숙한 곳에 있었다.

마침내 나는 온깍지궁사회의 정진명 선생께 간곡한 이메일을 드렸고, 몇 차례의 교신 끝에 직접 선생님을 뵈러 한국을 찾기에 이른다.

두 달간의 한국방문은 오로지 활 배우는 데 초점을 맞추었다. 그간 온깍지궁사회에서 소개한 활 관련 이론들을 대강이나마 읽어봤고, 양궁으로 활 좀 쏜다는 소리를 들은 터라, 당시 한국을 찾은 나는 자신감이 있었다. 금세 배울 줄 알았던 것이다.

온깍지활쏘기학교의 수강료는 20만원이었다. 나로서는 활을 배우는 데 돈을 지불하는 건 전혀 문제가 아니었다. 20만원이 작아서가 아니었다. 뭔가를 배우는 것은 곧 가르쳐주는 사람의 시간을 쓰는 것이다. 그 시간 안에는 많은 경험과 지식 그리고 열정이 꽉 차 있다. 그런 기회를 얻는다는 것 자체가 귀할 뿐이었으므로, 나는 기꺼이 온깍지활쏘기학교에 수강 신청을 했다.

웬걸, 수강 첫날 받은 활쏘기 관련 책만 해도 시가로 수강료를 훌쩍 넘었다. 수강료란 그저 진지하게 활 공부하고 싶은 자들만 걸러내는 일종의 문턱 역할이었다. 기차역처럼 누구에게나 문은 열려있지만, 표를 손에 쥔 자만이 여정에 오른다.

정진명 선생님을 처음 뵈었을 때의 느낌을 잊지 못한다. 그 분은 오랜 교직생활 동안 숱한 학생을 겪었고, 그래서인지 인간 군상의 단면을 잘 아시는 듯 했다. 무뚝뚝하면서 온화함이 얼핏 보이지만, 또 어느 순간에라도 단호히 회초리를 드는 매서움이 있었다. 그리고 열 번의 농담에서 세 번 쯤은 웃길 수 있는 유머도 지니셨는데, 그런 분이 시작하신 첫 수업부터 나는 내가 알던 활의 세계와는 전혀 다른 곳에 와있음을 느꼈다.

사풍이 먼저였고 사법은 그 후였다. 몸 쓰는 활에 웬 사풍인가는 선조들에게 활터란 무엇이었는지를 알면서 수긍이 갔다. 활터는 우리가 속한 사회와는 다른 그만의 세계가 있으며, 그곳만의 법도와 예절이 있다. 선조들이 품었던 예절과 풍류를 알면 활터는 현재이면서도 과거의 호흡을 이어 받는다. 상상해보라. 과거의 활터가 품위와 멋을 아는 선조들의 무대였다면, 작금의 활터는 어떤가? 온깍지활쏘기학교의 사풍 수업은 당연히 국적불명의 것들이 아닌, 우리 것만을 배운다. 우리 활터에서 선조들부터 행해온 전통, 그 모든 행위와 예절의 바탕에 깔린 철학을 들여다보는 것이다. 그렇다고 형이상학적이고 어려운 이야기들이 아니었다. 왜 이런저런 전통이 생겨났고 이어졌으며, 또 어느 것은 사라졌고, 변형되었는지 여러 자료를 통해 접하고 이해하는 과정이었다. 수업 내내 고리타분하며 현학적인 내용 없이 생생한 고증과 역사가 살아 움직였다.

점심 식사 후에는 활터로 가서 사법을 지도받았다. 사풍을 둔곡 정진명 선생께서 맡으셨다면, 사법은 현곡 류근원 선생께서 지도하셨다. 첫날부터 온전히 몸을 쓰는 원리를 어찌 깨달으랴? 허나 단순히 근육의 힘으로 쏘는 것이었다면, 애당초 활을 배우러 한국을 가지도 않았다. 그 너머에 존재하는 무언가를 분명히 짐작하고 있었기 때문에 그걸 직접 체험하러 간 것이다.

첫 날, 바로 그 것은 깊게 수련해야만 그 실체가 궁사의 몸에서 꿈틀댈 것임을 깨달았다. 내가 찾던 것이다. 수천 년 간 이어져 온 전통 활쏘기는 단순한 잔기술이 아니다. 온깍지활쏘기학교에서는 그득한 그것을 대충 얼버무려 뭔가가 있다는 식으로 끝내는 게 아닌, 분명하게 보여주고, 말해주고, 느끼게 한다.

'몸이 붕 떠있어.'

첫날 내 습사 모습을 보고 교두님께서 하신 말씀이다. 당시 나는 전통 활쏘기라 함은 깍짓손을 힘차게 뒤로 뻗는 동작이 가장 중요한 줄로만 알고 있었기에, 내 신경도 온통 깍짓손 떼는 데에만 쏟았다. 고로, 기운은 아래에서 단단히 받치고 올라오지 못하고, 그저 어깨와 양팔 선상에서만 지엽적으로 나타날 뿐이었다. 그런 내면의 모습을 교두님들께서는 마치 속을 들여다 본 듯 말씀하신다.

총 4회의 수업은 매번 그렇게 진행되었다. 오전은 사풍, 오후는 사법이다. 마침내 온깍지활쏘기학교를 수료하고 나니, 내가 예상하던 방향과는 전연 딴판으로 활쏘기가 흘러가기 시작했다. 수료가 완성이 아니었던 것이다. 온깍지활쏘기학교의 두 교두님은 제자들에게 가야할 길을 보여주시고, 언제든 봉착하는 물음 앞에 답을 주신다. 그러나 활쏘기의 완성은 정작 스스로 그 길을 걸어가면서 깊어진다. 그 길을 가야하는 것은 나의 몫이다. 온깍지활쏘기학교를 수료한 나는 곧장 그 길로 들어서게 되었다.

4. 연궁

그렇다면 무엇이 그토록 거창하게 감춰진 전통 활쏘기의 비법이란 말인가? 온깍지활쏘기학교의 두 교두님은 무엇을 백 명 가량의 제자들에게 전주해주신 것일까? 대개는 이런 의문을 가짐과 동시에 바로 명쾌한 답을 얻길 원할 테이다.

대답은 간단하다. 간단히 차릴 수 있는 단 한 그릇의 음식이라면, 전통 활쏘기란 이름이 필요 없다. 그냥 활쏘기일 뿐이다. 내가 배웠고 앞으로도 계속 배우는 것은 차라리 한말의 누룩이라고 빗대고 싶다. 처음엔 열정으로 시작하여 장작불이 거세게 타올랐지만, 결국 증류는 지긋한 불과 찬물이 조화롭게 만나야 정제된 이슬이 맺힌다. 두 달간의 한국행에서 나는 장작, 아궁이, 솥 그리고 누룩을 한 말 얻어왔다. 이젠 불을 조절하는 법을 홀로 터득해야하고, 언젠가 솥단지를 다루는 법을 제대로 익히면 그날에서야 한 방울의 주정을 얻는다. 그렇게 술독이 가득 차면, 함께 활을 배우는 온깍지활쏘기학교 동문 및 교두님들과 흥취를 즐길 테이고, 설령 채우지 못하더라도 어떠랴. 한 방울만 얻어도 나는 취할 수 있다.

그럼에도 나는 전통 활쏘기를 이야기하면서 모호한 말을 써버리고 말았다. 다시 구체적인 표현을 써보겠다.

나는 양궁을 쏘면서 많은 궁사를 봐왔다. 강궁을 우습게 아는 사람들이었다. 우선 나 자신부터 그랬다. 28파운드로 시작하여, 반 년 간 줄기차게 쏜 후 내 활로 장만한 것이 40파운드였다. 나는 그 활을 자유자재로 다루었다. 하루에 보통 300발에서 500발 가량을 쐈는데, 근육통 하나 없이 만만했던 활이다.

그 즈음 내가 속한 활터에 강궁 바람이 불었다. 남자라면 최소 50파운드는 쏴야 한다는 분위기였다. 자존심인지 분위기에 휩쓸리는 얄팍한 귀 때문인지 나 역시 50파운드 활을 사고야 만다. 그러나 습사를 해보니 내가 활에게 끌려가는 형국에 45파운드로 내린다. 그 마저 내게는 만만한 활이 아니어서, 결국 다시 40파운드로 정착하며 몸에 맞는 활 찾기는 시행착오를 끝낸다. 활 세기는 자존심이나 자랑이 아님을 기백만 원을 쓴 후에야 깨달은 것이다.

그럼에도 막 입문한 자마저 50파운드가 넘는 활을 쏘는데, 사실 독일인 골격은 동양인으로서는 깜짝 놀랄 만큼 강골들이 많다. 고로 그들에게 50파운드는 상대적으로 그리 센 활은 아닐 수 있다. 그러나 몇 개월 안 가 나타나는 현상이 있다. 그렇게 강궁으로 입문한 자들은 결국 얼마안 가 활쏘기자체에 흥미를 잃고 아예 활터를 안 오게 된다. 당연하다. 쏘고 나면 근육통에 시달리고, 즐기는 활쏘기가 아니라 억지로 유지하는 형편이니 무슨 발전이 있을까. 아직도 50파운드 이상을 고집하는 궁사들이 있기도 한데, 궁력에 비해 실력은 늘지 않으니 어느새 활터에 와서 활은 안 들고 새총 쏘는 부류만 잔뜩 늘어났다.

이것이 양궁의 경우, 50파운드 넘는 활이 일반적으로 어떤 폐해를 일으키는지 보여주는 사례이다. 활을 배우는 단계에서는커녕 완숙해져도 결코 만만한 세기가 아니다. 다른 경우로는, 몸 안에 그 충격이 고스란히 차곡차곡 쌓여, 몇 개월 안가 통증으로 활을 놓고 만다. 활이 궁사를 잡아먹는 경우다.

나는 그런 경험을 바탕으로 국궁의 적정 입문 파운드는 40파운드라 생각했다. 하지만 인터넷의 잘못된 정보를 본 게 실수다. 어찌된 게 대개의 국궁 입문용 활은 성인남자라면 45파운드로 시작하라는 말들뿐이었다. 너무나 보편적인지라 당연한 것으로 여겨 나도 45파운드로 시작했던 것이다.

내 만작길이는 여덟 치 반 인데, 45파운드 활로 그 길이를 당기면 50파운드가량 나오게 된다. 그런데 50파운드로 만작을 하면 당겨서 유지하는 데만 급급하지, 차분하게 자세를 이루며 몸을 느낄 수가 없었다. 양팔은 만작을 하느라 쥐어짜다시피 하고, 관절은 발시 때마다 '또각'하고 부러지거나 충격에 몸서리치는 느낌이었다. 활쏘기가 굉장한 충격을 몸으로 감내하는 훈련인가? 아니면 신체에 무리가 가지 않는 선에서 완벽히 몸을 사용하는 것인가? 나는 후자에 바탕을 두고 있기에 당장 45파운드 활을 물리고, 30파운드로 새로이 수련을 시작했다.

이렇게 활의 세기로 먼저 운을 떼는 이유는 바로 올바른 활 배우기는 반드시 연궁이어야만 가능하기 때문이다. 양궁과 마찬가지로 국궁도 그러하다. 내게 만만한 활이 최고의 활이다. 내가 이기지 못하는 활은 도구가 아니라 등에 진 멍에다.

5. 선조들은 무엇을 보았는가?

연궁의 중요성에 이해를 같이 할 수 있는 자라면, 몸을 쓰는 법도 수월히 받아들일 줄로 믿는다. 신체는 골격이 바탕이고 근육이 그 골격을 움직인다. 세상의 모든 활쏘기는 이렇게 골격과 근육 두 가지만 사용한다. 하지만 우리의 선조들은 그 외의 것을 찾아냈다. 바로 '기'라는 무형의 물질이다.

일단 '기'라는 말이 튀어나오면 그럴싸한 활쏘기 비법을 들으려고 몰려든 구경꾼 중 태반이 자리를 떠날 테다. 나로서는 그게 이해가 가면서도 한편으로는 웃기기도 하다. 동양에서 '기'는 일상의 전반에 걸쳐있는 철학이어서 세계 어느 곳보다 친숙한 존재이다. 그러나 정작 활쏘기에서 '기'를 사용한다고 하면, 갑자기 주정뱅이 헛소리를 듣는 것 마냥 비웃는다.

반면, 이곳 독일에서 내가 조금씩 전통 활쏘기를 전파하면서 느낀 게, 이들은 진지하다. 자기들이 모르는 무언가를 접하면, 일단 경청하고 이해해보려고 한다. 결국 그게 그럴싸한 말로만 끝나는 게 아니라, 직접 실체를 느끼기 시작하면 그들은 열정적으로 신뢰를 보낸다. 일례로 최근 나에게 활을 배우기 시작한 독일 친구는 중국 무술부터 태권도까지 동양무술을 오래 수련한 자이다. 이 친구의 한국인 태권도 스승이 자주 한국 활에 대한 이야기를 했고, 언젠가 자기가 활을 쏘게 되면 국궁이 될 것이라고 말했다 한다. 마침내 나와 연락이 닿았는데, 애초엔 아들과 놀이삼아 쏘려고 활을 알아보던 차원이었다. 나는 딱 잘라 말했다. 그런 당겨서 쏴 맞추는 활쏘기라면 굳이 내게 물어올 필요도 없으니 아무렇게나 쏘라고. 내가 수련하는 전통 활쏘기는 '기'와 연관되어 있으며, 고로 대부분의 힘을 발에서부터 끌어올리는 이치를 배운다고 했다. 그러자 깜짝 놀랄 대답이 나왔다. '발에서부터 힘을 끌어올리지만 몸 전체는 이완시키는 것을 뜻하나? 너무 딱딱하지도 무르지도 않으면서 가장 강력한 상태 말이다.' 그 친구는 동양 무술의 원리를 이해하고 있었다. 더 이상의 구구절절한 설명이 필요 없었다. 그 친구는 진지하게 활 공부를 시작했다.

그렇다면 우리 선조들이 다다른 전통 활쏘기의 수준은 어떤 것인가? 그리고 활쏘기에서 '기'는 어떻게 사용하는 것일까? 내 얄팍한 궁력으로 논하기엔 무척 망설여지지만, 일단 이제껏 이해한 한도 내에서 표현 해보기로 한다.

우선 호흡이 '기'다. 숨을 불어넣는다는 것은 살아있음을 뜻한다. 그렇게 살아있는 신체에 활이 들린다면, 활도 이질적인 물체에서 몸의 일부로 화한다. 올바른 힘쓰기로 만작을 충실히 하면 신체 특정 부위만이 활의 힘을 감당하는 게 아니라 전체가 한 덩어리로 뭉쳐진다. 활대도 그 일부가 되는 것이다.

그러한 상태로 보내는 살은 거의 모든 힘을 실어 차고 나가며, 발시 때 그 어떤 불쾌감도 몸에 남지 않는다. 그나마 있을 발시 후 탄성의 여력은 활대를 통해 몸 안으로 치고 들어오는 게 아니라, 원활히 흐르다가 어느 시점에서 자연스레 소멸한다. 그렇지 않고, 있는 힘껏 당겨 쏘는 활쏘기라면 반드시 발시 충격이 크게 발생한다. 각궁이라면 다행히 천연 재료가 많은 상쇄를 시켜주지만, 그렇지 않고서는 몸을 상하게 만든다. 외부의 충격과 우직하게 맞서는 신체가 정면충돌하기 때문이다. 강궁일수록 그 충격은 커져서 소위 골병드는 지름길이 된다. 활터에 어깨, 팔꿈치, 허리 통증으로 활을 자주 못내는 사람들이 반드시 있을 것이다. 그들은 하나같이 일하다, 또는 다른 원인으로 다쳤다고 생각한다. 하지만 우리 몸은 모든 것을 기억한다. 활에서 오는 충격으로 임계점까지 다다랐던 부위가 마침 가해진 사소한 충격에 무너진 경우가 태반인 것이다. 건강한 몸이라면 능히 견딜 수 있는 충격이었음에도 말이다.

허나 올바른 활쏘기는 소통이다. 그렇다고 그 통함을 줌손과 깍짓손 또는 활과 인체 사이의 교량으로만 이해하면 안 된다. 비정비팔로 견고하게 디딘 발부터 올라오는 힘이 허벅지를 탄탄하게 하고, 분문이 꼭 조여지며, 상체가 비틀어지면 온몸이 짜지는 이른바 '짤심'의 기둥이 서고, 그 큰 힘은 두 방향으로 갈라졌다 모인다. 한쪽은 바짝 세운 줌손의 중구미를 거쳐 흘려 잡은 줌손으로 가고, 나머지는 깍짓손으로 간다. 그 균형을 이룬 힘 사이에 활과 살이 팽팽히 놓여있다. 손에 들린 활과 화살은 단순한 물체가 아닌 힘이 흐르는 매개체이며, 그 힘은 살짝 누운 활대 속까지 꽉 채워져 있다. 모두 한 덩어리가 되는 것이다.

한편, 깍짓손 역시 제대로 쥐는 법을 익히면 흘려 잡은 줌손모양과 꼭 같은 형태가 된다. 이 모든 비틀어지거나 짜진 신체는 회오리마냥 한 방향을 이루는데, 심지어 시위마저 그 방향과 같게 꼬여있다. 현재 우리가 아무런 이해 없이 보고 만지고 쏘는 활의 형태 및 궁체는 바로 위의 이유 때문에 그리 완성되어 전해 내려오는 것이다.

만작은 바로 그 내부에서 일어나는 힘의 증폭을 끌어내는 과정이다. 그리고 '기'는 들이마시는 호흡을 통해 위에서 들어오고, 아래로는 양발을 통해 올라와 하단전에서 만난다. 상하의 균형은 그렇게 완성되고, 좌우는 줌손과 깍짓손으로 양분된다. 점점 활쏘기가 깊어질수록 힘의 중심은 더 압축된다. 바깥에서 안으로, 위에서 아래로 옮겨간다. 줌손이 아닌 중구미에서 힘점을 느끼고, 힘의 원천도 하단전에서 저 아래 굳건한 양발임을 느끼게 된다.

발시는 그렇게 몸에서 응축된 힘을 폭발시킴과 동시에 살이 그 힘을 이어받아 떠나는 것이다. 그럼에도 잔여 폭발력이 신체에 남는데, 깍지손이 뿌려지는 궤적으로 반이 흩어지고, 나머지 반은 역시 깍짓손의 궤적과 흡사한 둥근 활대를 휘감으며 어느새 안개처럼 흩어지므로 거부감을 못 느낀다.

이 모든 과정에서 근육이 기여하는 부분은 생각 이상으로 적다. 오히려 근육이 너무 개입하면 딱딱하게 굳은 활쏘기가 되어, 활쏘기의 모든 충격을 정면으로 받아들이는 꼴이 되고 만다. 기는 그렇게 작용한다. 보이지 않지만 힘차게 흐르는 몸 안의 힘. 바로 왕성히 흐르는 기가 그 주인공으로써 마치 큰 분수를 뿜어내 듯 한다.

전통 활쏘기란 바로 위의 모든 과정을 신체로 구현함을 말한다. 적중을 위해 양궁에서 차용된 자세를, 모양새를 위해 중국 사법에서 발견되는 공통점을 부각하는 게 아니라, 궁사의 내면에서 고차원적인 활동을 끌어내는 것이다. 그것이 선조들이 기나긴 세월을 통해 제련한 끝에 도달한 활쏘기의 수준이다. 또한, 이렇게 화살 하나를 내보기기 위해 몸에 기를 응축시켰다가 폭발시키면, 곧 무위로 돌아가며 몸이 정화됨을 느끼게 된다. 활쏘기를 하면 건강해진다는 말은 기실 그런 양생 효과 때문이지, 단순한 근육 사용으로 얻는 것이 아니다.

말을 이렇게 장황히 풀어봤지만, 사실 난 그런 몸의 느낌을 매 습사마다 느끼지는 못한다. 하지만 전통 활쏘기를 십 년 이상 한 여러 동문이나 교두님들은 그 수준으로 올라가서 활쏘기를 하고 있다. 올바른 전통 활쏘기를 하면 당장 느낄 수 있는 게 있다. 그 흔한 팔꿈치 통증조차 없는 것이다. 반대의 경우로, 근육의 힘으로 당겼다 놓으며 활쏘기를 하는 자를 볼 때에도 부조화를 느낄 수 있다. 그러한 궁사가 발시 때 파동과 정면충돌하는 모습을 보노라면 마치 내가 그 충격을 받

획지 쓰는 정진명 교두.

듯 몸서리 쳐진다. 활을 쥔 줌손의 뼈에 조각조각 금이 가고, 파동으로 근육이 경악하는 느낌이다.

한편, 전통 활쏘기에서 운용하는 '기'의 힘은 '침뜸'을 배우면 보다 명료히 이해할 수 있다. 동양의학인 침술은 그 기본 철학이 우주를 꽉 채운 '기'를 전제로 한다. 그 변화를 설명할 수 있는 틀이 음양오행이다. 전통 활쏘기를 하면서 꼭 침뜸을 공부할 필요는 없지만, '기'의 실체를 분명히 깨닫고 싶다면 가장 확실한 길이다.

나는 마침 정진명 선생께서 침뜸에도 일가견이 있으신 줄 뒤늦게 알게 되어, 거의 즉흥적으로 배운 경우다. 첫날, 정 교두님께서 내 얼굴을 보시고는 비위가 안 좋다는 뜻밖의 말을 하셨다. 처음에는 무심코 넘겼는데 생각할수록 묘한 말이었다. 그리고 그 이유가 내 생각 안에서 저절로 드러났다. 백인들과 부대끼며 산 지 10년이 넘은 가운데, 동양인으로써 겪는 여러 차별과 무시에 많은 스트레스를 받았다. 그것이 소화기 쪽으로 영향을 끼쳤다. 얼굴은 누렇게 뜨고 살도 나날이 빠지는 추세였다. 한편, 독일에서 침술은 상당히 알려진 동양의술이다. 침술 동호회부터 병원 전속 침술사까지 널리 퍼졌고, 대체의학을 따르거나 몸에 칼을 대고 항생제로 속을 채우는 데 거부감이 있는 자들이 선호한다. 그래서 정 교두님께서 침뜸을 강의 해주신다는 기회를 놓칠 수가 없었다.

침뜸 강의는 기본 이론으로 이해를 다진 후, 직접 내 몸에 침을 찔러보는 방식이었다. 몇 차례 강의 후, 독일로 돌아와서부터는 정 교두님께서 쓰신 침뜸 책들을 읽으며 계속 공부 중이다. 아울러 가족과 지인들에게 침을 놓은 지 반년이 됐는데, 환자뿐만 아니라 침을 놔주는 내 자신부터 그 신통한 효과에 놀란다. '기'는 실재하고, '침'이 그 흐름을 돕는 걸 매번 실감한다. 예를 들자면, 관절염을 앓고 있는 한 친구는 남편이 의사이다. 그것도 이곳의 큰 병원에서 한 부서의 책임자인 경험 있는 의사다. 아내의 관절염에 그 의사 친구가 해준 것이라고는 항생제와 진통제를 매번 갖다 주는 일뿐이었다. 도무지 낫는 기미는커녕 점점 악화되어 이런 저런 치료센터를 다녀도 신통치 않았다. 그러다 마침내 내가 침을 놔주겠노라는 권유를 받아들였다. 자기 몸의 상태는 자신이 잘 안다. 그 친구는 이제 만사 제쳐두고 침 맞는 날짜를 물어온다. 내가 정 교두님께 배운 병의 근본을 치유하는 침술이 부어올랐던 발목이나 손목 관절부위를 서서히 가라앉히는 가운데, 기가 몸 전체를 원활히 흐르기 시작하면서 가뿐해지는 건 침 맞는 본인이 더 잘 알기 때문이다.

원래 내 계획에 없던 또 한 가지, 전통 활쏘기를 배우면서 빠져든 또 하나는 붓글씨이다. 정 교두님께서 쓰시는 획지에 반한 게 그 이유다. 이 획지라는 게 지금은 거의 사라진 풍속이지만, 선조들은 활쏘기 대회를 열면 직접 한지에 붓글씨로 그 결과를 기록하였다. 전통 활쏘기를 온전히 계승하려면 붓글씨를 쓸 줄 아는 사람이 반드시 있어야 한다. 그것이 화살을 날리는 일과는 별개지만 분명히 한 부분을 차지하는 전통 활쏘기인 것이다. 나는 마침 온깍지활쏘기학교 동문 중 서예를 하시는 분이 계셔서 입문에 도움을 받았다. 독일로 다시 돌아오는 내 보따리엔 화살 백 여발 및 활 네 자루와 함께 문방사우도 무겁게 채워있었다. 지금도 나는 붓글씨를 매일 두세 시간씩 연습한다. 붓글씨의 매력을 차츰 알아갈수록 먹을 가는 시간마저 황홀할 지경이다.

활쏘기, 침, 서예. 이 세 가지에 무슨 연관이 있는지 세세히 풀어내지는 못하겠다. 어느 것 하나 제대로 아는 수준이 아니기 때문이다. 다만, 이것만은 분명하다. 진지하게 활 공부를 하다보면 언젠가 서예와 침이 눈에 아른거리게 될 것이다. 그것을 낚아채 손에 쥐어보느냐는 궁사 개개인의 선택이다. 어느 것이든 긴 시간을 두고 천천히 여정을 걷다보면, 처음 안 것은 티끌이었을 뿐, 점점 깊은 골짜기로 걸어 들어가는 자신을 발견할 테다. 이전보다 더 깊게 알고, 그 만큼 더 볼 줄 아는 눈이 생긴다. 자신의 인생을 살아감에 있어 얼치기한테 현혹되는 여지가 점점 줄어드는 것만큼 현명한 삶도 없을 테다. 결국, 한 번 뿐인 이 삶을 충실히 채우고 훗날 떠날 때, 먹 향과 시위소리로 한바탕 즐거웠노라하며 가뿐히 우주의 먼지로 되돌아가지 않을까? 살며 살아가는 한 인간이자, 활을 내며 고민하는 궁사에게 이 보다 더 진한 삶이 또 있을까? 고작 활 하나로 인생 자체를 성찰한다는 식의 망상이 아니다. 삶의 관조는 미물에서도 얻을 수 있을지니. 우리는 활을 쏘지만, 결국 자신을 들여다보는 것이다.

6. 졸고를 끝내며

온깍지활쏘기학교를 수료한지 이제 반년이 지났다. 그간 내 행적을 보면, 참 부끄럽기 그지없다. 동문들의 공간인 인터넷 카페에 지금껏 쏟아낸 말들은 참으로 치기어린 하룻강아지의 꼬리짓이었다. 나는 이만큼 하고 있으니 알아주시오, 하는 어쭙잖은 허세가 대부분이었다. 이 글도 역시 언젠가는 부끄러운 자화상으로 다가올 것이다. 하지만 마냥 부끄럽지만은 않은 일이라 여긴다. 모자람을 알게 되는 건, 그만큼 더 깊어졌다는 것이고, 그렇게 한 발 한 발 걸어갈수록 오늘 보낸 내 삶은 어제의 것과 다를지니. 다시 누군가 내 손에 들린 국궁을 장난감 취급하며 농을 걸면, 처음 그때처럼 무얼 말 할지 몰라 머뭇거리진 않을 것 같다. 백지 상태의 그라면 이제 난 깨우쳐줄 지식과 몸으로 보여줄 수는 능력을 미량이나마 품었다. 하지만 잘못된 지식으로 다져진 자라면 나는 또 한 번 그저 웃고 말 것 같다. 난 그런 자들까지 교화시키며 살아야 하는 성인이 아니다. 나로서도 홀로 가야할 여정이 만 리 길인 와중에 그런 피곤한 소모전에 끼어들어 내 시간과 정열을 낭비하고 싶지 않다. 누가 이런 나를 탓할쏘냐? 이 글의 마지막을 날카롭게 끝맺는 이유는 나만의 인생신조 때문이다. 진정 배울 사람, 그리고 가르쳐줄 만한 가치가 있는 자에게는 그럴싸한 감언이설이나 동화를 불러일으킬 감정놀음이 필요 없다. 그들은 작금의 먼지바람 속에서도 저 앞에 단단히 박혀있는 기둥을 찾아낼 수 있다. 이 글은 그들에게 바치는 것이며, 함께할 도반들이 장막 뒤에서 기다리고 있음을 새삼 알리고 싶다.

끝으로, 치기 넘치고 여러모로 엉성한 졸고를 감히 선보여 송구스러운 마음이다. 그럼에도 모난 곳을 너그러이 품어주신다면, 그 혜량 앞에 사말은 더욱 겸허히 무릎을 낮추어 감사를 드린다.

제4부

성낙인(서울 황학정, 1942)

침뜸 의학의 뼈대

정진명

1. 머리말

침뜸 의학은 본초학과 달리 일상생활에 많이 알려진 치료법입니다. 그래서 옛날에는 동네마다 4관 놓을 줄 아는 사람들이 있어서 동네의 급한 병을 다스렸습니다. 이들이 다스리지 못하면 그때 읍내 병원으로 나가는 방식이었습니다.

그렇지만 침뜸은 근대화를 거치면서 전문성이 강조되어 전문가 이외에는 사용하지 못하도록 법제화하였습니다. 그 과정에서 간단한 응급처방까지 법의 저촉을 받게 되자 침구주권은 국민에게 있다는 당연한 사실을 토대로 침뜸의 대중화를 외치는 사람들도 있습니다.

2. 침뜸의 제도 변화

근대로 접어들면서 동양의학은 서양의학과 만납니다. 동양의학은 사람들의 병세를 관찰하여 종합한 증상학을 토대로 세운 학문이지만, 서양의학은 해부학을 바탕으로 세운 학문입니다. 출발점이 다르고, 치료에 대한 개념도 다릅니다. 서양이 동양을 침략하는 과정에서 동서의 의학이 서로 만납니다. 이렇게 한 지 벌써 200년이 흘렀고, 그 사이에 전세는 완전히 역전되었습니다. 지난 3000년간 동양사회를 지배했던 의학은 서양의학과 만나면서 완전히 미신 수준으로 전락하였습니다.

이런 격심한 변화 속에서 침뜸에 호의를 보인 정권은 마오쩌둥의 공산당이었습니다. 약물로 처방하는 본초학은 약값이 만만찮기 때문에 주로 돈 좀 있는 사람들이 쓰는 치료방법입니다. 반면에 침은 아프기 때문에 사람들이 싫어합니다. 그런데 공산당에 가입한 사람들은 대부분 빈농에 젊은 사람들이었습니다. 마오쩌둥의 만리장정을 나설 때 대부분 병사들이 20살이 채 안 된 젊은이들이었고, 똥구멍이 찢어지게 가난한 집안 출신이었습니다. 주덕이나 팽덕회 같은 당시의 장군들 나이가 30대였습니다. 이들에게 돈이 안 들고 효과가 즉시 나는 침뜸은 가장 좋은 치료수단이었습니다. 그래서 마오쩌뚱은 침에 특별한 애착을 보입니다. 의학의 서세동점이라는 거대한 흐름 속에서 마오쩌뚱만이 침에 대한 애정으로 서양의학에 맞서는 중국의 의학으로 여기고 과학화를 지시하고 제도권 의학으로 인정합니다. 양방 합진이라는 방법이 중국에서 일상화한 것은 마오쩌뚱의 생각에 힘입은 바가 큽니다. 양방 합진을 하라고 하면 당연히 서양의학을 한 의사들이 결사반대를 하게 됩니다. 그 강한 반대를 물리치고 양방 합진을 실현시킨 데는 이런 배경이 깔린 것입니다.

이렇게 하자면 동양의학의 과학화와 현대화가 꼭 필요합니다. 그래서 중국인민공화국이 성립한 1947년 이래 중국의 전통의학자들은 동양의학의 현대화에 심혈을 기울입니다. 그 첫째는 과학화입니다. 그래서 그들은 여러 고민 끝에 서양의학의 체제를 본뜹니다. 즉 치료영역을 분과별로 나누고 과학의 방법에 맞는 것을 중심으로 이론을 개편하는 것입니다.

이렇게 하면 미신으로 지탄 받는 부분이 동양의학에서 사라지게 됩니다. '기'에 대한 담론이 그렇습니다. 기는 혈과 음양의 짝을 이루는 개념입니다. 입증할 수도 없고, 어떤 장비로도 확인할 수 없습니다. 오로지 진맥을 통해서만 확인할 수 있습니다. 그런데 『황제내경』은 기에 대한 담론입니다. 그러다보니 황제내경에서 기에 대한 담론이 모두 빠진 채로 동양의학의 재편성이 시작됩니다. 그 결과는 불 보듯 환합니다. 체제도 이론도 모두 서양의학을 닮는 것입니다. 서양의학은 서양과학의 정신으로 만들어진 것이고, 서양과학은 입증가능성을 유일한 잣대로 존재합니다. 물질로 입증되지 않으면 안 됩니다.

결국 이 기준으로 볼 때 동양의학 중에서 유일하게 그 효과를 입증할 수 있는 영역은 침만이 남게 됩니다. 약의 경우 서양 사람들에게는 건강보조식품과 다를 바가 없는 것입니다. 오직 침만이 치료 효과를 확인할 수 있는 유일한 방법입니다.

이렇게 서양의학에 의해 동양의학이 심한 왜곡을 겪을 때 그나마 침의 효능을 끝까지 믿고 후원한 사람이 마오쩌뚱입니다. 마오 덕분에 동양의학은 중국의 제도권 안으로 들어와 정착하고, 이런 전통은 오늘날까지 이어집니다. 의원을 양성하기 위한 교육체계도 마찬가지입니다. 중국의 동의학대학은 각 성마다 하나씩 있습니다. 대부분 4년제이고, 여기서 쓰는 교육과정은 동양의학의 다양한 과목이 망라되었습니다.

이 제도가 고스란히 일본으로 건너가 일본 의학 교육 체계로 편입되고, 냉전으로 중국과 단교 상태에 있던 우리나라는 중국이 아닌 일본의 교육체계를 한의대에 적용합니다. 1965년 동양의과대학이 경희대 한의대학으로 편입되면서 일본의 교육체계를 거의 그대로 받아들입니다. 그래서 오늘날 동양 삼국의 교육 체계가 비슷한 모양으로 자리 잡게 됩니다. 흑룡강성 중의학 대학의

4년 교육과정을 검토해보면 우리나라 한의대의 교육체계와 대동소이함을 알 수 있습니다.

이상에서 알 수 있는 것은, 동양의학이라고는 하지만 그 체제나 내용이 서양의학의 모습을 많이 닮았다는 것입니다. 이것의 문제는 동양의학의 본질이 무엇인가 알 수 없게 되었다는 것입니다. 바로 '기'가 그것입니다. 제도권의 교육체제에서는 기에 대해서 거론하기가 참 난처합니다. 뜬구름 잡기라는 비판을 면할 길이 없죠. 그러다보니 무슨 치료를 하면 어떤 결과가 나더라는 식의 설명을 할 수밖에 없습니다. 과학화가 만든 결과입니다.

그렇지만 침뜸의 경우 특히 기에 대한 이해가 없으면 점차 어려워집니다. 반드시 기에 대한 이해를 깊이 해야 합니다. 그리고 그 기운은 활쏘기에서도 똑같이 확인되는 것입니다.

3. 서양의학의 미래

서양의학에서는 앞으로 사람을 믿지 않게 됩니다. 의사도 없어집니다. 이른바 슈퍼컴퓨터 효과 때문입니다. 실제로 미국에서는 이런 방법이 오래전부터 연구되었고, 이제 막 실용화 단계에 접어들었습니다.

이게 무슨 소리냐면, 지금까지 병원에서 치료한 자료를 빅데이터로 분석하면 모든 병에 대한 진단이 나오고 그에 따라 처방도 나온다는 것입니다. 예컨대 당뇨병의 경우 지금까지 당뇨병을 두고 각 병원에서 의사들이 치료한 기록과 자료가 있습니다. 그것들을 모두 모아서 분석하면 인종별로 지역별로 병의 발생율과 발생 시기, 그리고 그 증상들이 일목요연하게 정리됩니다.

따라서 어떤 환자가 병원에 왔을 때 여러 가지 검사와 문진을 하여 컴퓨터에 입력하면 앞으로 이 환자가 겪어갈 순서와 증상이 나오고 그에 따른 처방까지 나오게 됩니다. 따라서 이 상황에서 의사가 할 수 있는 것은 진단도 아니고 판단도 아니고 처방도 아닙니다. 이미 진단은 컴퓨터가 하여 이 환자의 정보를 입력하는 순간 현재의 병증은 당뇨라는 것이 확진되고, 그에 따라 처방도 내려져 주사와 약물 치료의 양까지 확정되는 것입니다. 의사는 그것을 프린트해서 환자에게 건네주는 일만 하면 됩니다.

따라서 병원에서는 오진이란 없습니다. 지난 100년 동안 누적된 병원의 임상자료가 정확히 분석되고 작동하여 한 치 오차 없이 그 환자에 대한 진단과 처방이 이루어집니다. 인간의 판단이 개입할 여지가 없습니다. 오히려 사람보다 더 정확한 분석과 진단이 이루어집니다.

지난 1980년대 접어들어 우리나라에서도 대기업이 병원을 세웠습니다. 삼성병원과 현대아산병원이 그런 것이죠. 그 전에는 주로 의과대학에서 부설로 종합병원을 세웠는데, 이제는 자본이 나선 것입니다. 이런 자본을 앞세운 병원에서 꿈꾸는 것이 바로 이런 병원 체계이고, 이미 우리나라도 의료체계는 이런 방식이 완성단계에 이르렀습니다. 머지않아 우리는 의사 없는 병원에서 컴퓨터가 처방해주는 약을 받아서 치료받다가 컴퓨터의 예언대로 죽어갈 것입니다.

그런데 이렇게 결론을 짓고 나면 무언가 허전하지 않은가요? 삶은 불가역 과정이지만 우리 몸도 그럴까요? 우리 몸은 안 그럴 때가 있다는 것을 침뜸을 해본 사람들은 누구나 알 것입니다. 옛날보다 훨씬 더 좋아지는 경험을 우리는 정말 많이 하고 또 주변에서 많이 봅니다. 바로 이런 특이 경험 때문에 위에서 내린 서양의학의 결론이 어딘가 개운치 않은 뒷맛을 남기는 것입니다. 그리고 그 뒷맛에는 동양의학의 질병관이 있고, 그 의학의 체계를 세운 분들의 몸에 관한 철학이 있습니다.

옛말에 약과 독은 같다고 했습니다. 잘 쓰면 약이지만 잘못 쓰면 독이 되는 것입니다. 예컨대 감기 걸린 사람이 병원에 가면 일정한 양의 약을 줍니다. 지금까지 치료 경험을 토대로 평균치를 산술하여 낸 양입니다. 이 양에 딱 알맞은 사람은 없습니다. 평균이란 숫자로만 존재하지 거기에 딱 맞는 사람은 없습니다. 그렇다면 모든 개인에게 평균이란 맞지 않는 옷과 같은 것입니다. 개인에게 필요한 양 이상의 약은 독이 된다는 뜻이죠. 서양의학의 처방은 이 운명을 벗어날 길이 없습니다.

반면에 동양의학은 개인에 대한 맞춤입니다. 그래서 단 한 번도 같은 처방이나 같은 약을 써서는 안 됩니다. 의원의 판단에 따라 가감을 해서 지어야 하고 침 놔야 합니다. 이것이 바로 컴퓨터가 하지 못하는 인간만의 일이 됩니다.

만약에 동양의학에서 어떤 가정을 하여 모델을 세우고 거기에 맞춘 처방을 하고 치료를 한다면 그것은 곧 의학의 몰락을 뜻합니다. 처방의 뼈대는 있되, 가감은 개인의 기운을 보고 판단하는 것이고, 그것은 환자를 앞에 둔 의원 고유의 영역입니다. 이것을 놓치면 동양의학이 아닙니다. 서양의학의 탈을 쓴 동양의학이죠. 지금 제도권 동양의학은 이 함정을 벗어나지 못합니다.

컴퓨터에 의한 치료는 다음과 같은 한계와 문제점을 지닙니다. 예컨대 고혈압 환자에게 약물을 처방하고 결과를 확인합니다. 혈압을 떨어뜨리는 약물을 넣는 것이죠. 그러면 컴퓨터가 판단하는 혈압의 결과는 호전됩니다. 그렇게 치료를 한 동안 하다 보면 이상한 현상이 나타납니다. 발기부전이 오는 것입니다. 6개월에서 1년 정도가 걸립니다. 고혈압을 낮추는 약이 신장의 기능을 약화시킨다는 증거죠. 그렇지만 슈퍼컴퓨터는 이 사실을 알지 못합니다. 이 관계의 연결 고리와 그 이유를 알 수 없습니다. 또 다시 발기부전 치료약을 처방합니다.

전에 같이 근무하던 선생님 한 분이 오랜만에 전화를 하셨습니다. 퇴행성류머티즘을 심하게 앓던 분인데, 손목의 뼈들이 자라서 완전히 들러붙었고, 만져보면 마치 갑옷 장갑을 낀 것 같았습니다. 그래서 제가 6개월가량 침을 놔주었습니다. 그랬더니 색깔이 많이 밝아졌습니다. 제가 어떻게 치료했을까요? 그 분은 어릴 때부터 소화 기능이 안 좋았던 겁니다. 그 얘기를 하니 깜짝 놀라더군요. 어릴 때부터 잘 체했는데, 그걸 어떻게 아느냐는 겁니다. 간단합니다. 퇴행성류머티즘은 비위기능 상실에서 오는 겁니다. 이런 사람들은 몸이 찹니다. 소화가 잘 안 되죠. 이건 주로 소장병증으로 보는데, 소장과 리중표를 이루는 장기가 비장입니다. 그분의 병이 옮겨가는 과정이 딱 잡히지 않나요?

그분은 그때의 기억 때문에 저에게 전화하신 것입니다. 그 2년 전에 몸이 갑자기 나빠져서 서울 성모병원으로 치료를 다녔는데, 2년 정도 치료하고 나니, 이제 병원의 치료가 눈에 환히 보이더랍니다. 그러면서 한 마디 하십니다.

"병원 치료는 숫자놀음이여."

이게 무슨 소리냐면, 병원에 가면 우선 혈액검사부터 시작해서 몇 가지 검사를 한답니다. 그러면 수치가 딱 나오죠. 이번에는 백혈구 수치가 높으니 그걸 잡아야 한다면서 백혈구 수치를 낮추는 약을 처방한답니다. 두어 달 그 약을 먹고 병원에 가면 이번에는 혈소판 수치가 낮다며 약을 처방한답니다. 그 다음에는 신장에 염증 기운이 있다며 신장 약을 주고, 간 기능이 떨어졌다며 간 약을 준답니다. 이런 식으로 2년간 치료를 받았다는 것이죠. 이제는 몸 어느 부위인지는 기억이 안 나는데, 어딘가 헐어서 고름이 줄줄 샌답니다. 하다하다 안 되니까 항암치료를 하자더랍니다. 이 절박한 상황에 이르고 보니 몇 년 전에 제가 침 놔준 기억이 나서 저에게 전화를 하신 것입니다. 그래서 그 분도 교사이니 우리 학교로 침 맞으러 오라고 했는데, 소식이 없더군요.

한 가지 예를 더 들면, 류머티즘을 오래 앓은 사람은 고통이 극심하여 스테로이드제 같은 강력한 항생제를 씁니다. 이렇게 몇 년 치료를 한 사람이 갑자기 눈이 멀었습니다. 안구 황반변성이 온 것입니다. 이 둘의 관계를 컴퓨터는 알지 못합니다. 그러면 류머티즘의 약에다가 황반변성에 대한 약을 다시 처방하죠. 이렇게 슈퍼컴퓨터의 미래는 인간을 끊임없이 약에서 약으로 돌려막는 결과를 초래합니다. 굳이 슈퍼컴퓨터가 아니라도 서양의학은 '약 돌려막기'로 시간을 끌다가 마지막 순간에 이제 준비해야 할 것 같습니다, 라는 말 한 마디를 남기고 환자를 병원 밖으로 내보냅니다. 죽을 때라도 집에 가서 편하게 죽으라는 것이죠. 그런 환자들 중에 침뜸 치료를 받고 되살아나는 사람이 정말 많습니다.

정말 웃기는 것은, 이렇게 다 죽어가는 환자를 침뜸으로 살려놓으면, 그 환자는 병원을 다시 찾아간다는 겁니다. 그러면 의사는 검사 차트를 보며 이렇게 말합니다. "이제 항암치료 해도 되겠네요." 다 죽어가던 환자가 항암치료를 할 만큼 기력을 회복했다는 것입니다. 그러면 이제 환자는 선생님의 말대로 항암치료를 다시 시작합니다. 오 마이 갓!

4. 침뜸의 교육 단계

침뜸은 가장 일상화된 치료법이기 때문에 누구나 쉽게 배워서 쓸 수 있습니다. 그렇지만 공부가 깊어질수록 동양의학의 일반 이론에 접근하기 때문에 공부할 내용도 많아집니다. 방법과 효과는 단순하지만 그 단순함을 설명하기 위해서는 수많은 이론이 필요합니다. 사람의 이해 단계나 수준에 따라서 천차만별입니다. 교육할 때는 이 점을 고려하여 접근합니다.

1) 정경

침뜸은 혈을 이용하기 때문에 경락에 대한 이해가 필수입니다. 그래서 기초반에서는 이 부분을 잘 이해하도록 가르칩니다. 정경이란 12정경을 말합니다. 동양의학에서 모든 병은 5장6부의 불균형이라고 봅니다. 치료란 이 불균형을 바로잡는 모든 행위를 가리킵니다. 따라서 약, 침, 뜸, 안마, 마사지, 체조 같은 것들이 모두 치료법에 해당합니다. 우리는 침뜸을 공부하기 때문에 우선 이 경락에 대한 이해가 필요합니다.

가장 단순한 진단과 치료는 이 경락에서 나옵니다. 사람이 어디 아프다고 할 때 아픈 부위를 어떤 경락이 지나는가 살피는 것입니다. 그러면 해결책도 나옵니다. 그 경락상의 어떤 혈이 특별히 아프게 반응합니다. 그 자리에 침을 찌르고 뜸을 뜨는 것입니다.

이렇게 몸과 혈의 반응관계를 살피는 치료가 가장 기초가 되는 방법입니다. 침뜸 첫 단계에서는 이것을 빨리 이해하고 임상을 해보는 것이 가장 중요합니다.

경락은 하나씩 그 자체로 자신의 성질을 띠지만, 서로 연결되어 영향을 미칩니다. 이 영향관계를 파악하기에 딱 좋은 이론이 음양론입니다. 따라서 초기 단계에서는 이 음양론의 개념을 잘 이해하는 것이 중요합니다.

음양론은 후대로 내려오면서 분화하여 3양3음으로 발전합니다. 3양은 소양 태양 양명을, 3음은 궐음 소음 태음을 말합니다. 이들이 경락 전체의 성질과 관계를 규정지으면서 침뜸에 쓰는 여러 가지 방법론을 만들어냅니다.

2) 장부

경락과 장부는 원래 관련이 없이 서로 다른 이론과 배경으로 형성된 것입니다. 그런데 춘추전국시대에 의학 논쟁이 발생하면서 진나라의 통일이 이루어질 무렵이면 서로 다른 이 두 이론이 결합하기에 이릅니다. 이 결합이 어설프게 이루어질 무렵에 형성된 책이 『황제내경』입니다.

경락은 몸의 표면에 그어진 같은 성질을 가진 혈들의 연결선인데, 이것이 5장6부와 관련을 맺고 있다는 것이 이런 논의의 핵심입니다. 3양3음은 모두 여섯 인데, 장부론에서는 5장6부로 1개가 모자랍니다. 이것을 억지로 짜 맞추기 위해서 만들어진 것이 심포입니다. 그래서 심포경은 가장 늦게 나타납니다. 게다가 이름도 지금과 다릅니다. 마왕퇴에서 발견된 백서에는 경락의 이름이 나오는데, 오늘날 보는 이름과 다릅니다. 삼초경이 이맥(耳脈)으로, 대장경이 치맥(齒脈)으로 나옵니다. 이맥은 귀를 고치는 경락이라는 말이고, 치맥은 이빨과 잇몸병을 고치는 맥이라는 말입니다. 실제로 귀가 아플 때는 삼초경인 외관에 침뜸을 하면 통증이 멎고, 잇몸이 아플 때는 상렴이나 하렴 같은 대장경의 혈에 침뜸을 하면 차도가 나타납니다. 이렇듯이 경락과 장부는 서로 다른 것이었습니다. 이 두 이론을 연결하려는 노력은 송나라 때까지 계속해서 이어집니다.

경락론이 3음3양의 논리이고, 3음3양은 음양론의 확대판입니다. 그렇지만 5장6부는 처음부터 5라는 숫자를 염두에 두고 짜인 구조입니다. 그래서 5행론의 형태임을 알 수 있습니다. 춘추전국시대 추연이라는 학자가 5행론을 제창한 이래 그 이론이 끊임없이 인체에 적용되면서 의학에 일대 혁신이 이루어진 것이고, 그것이 장부론으로 정착하는 것입니다.

음양론과 오행론 때문에 같은 동양권에서도 중국의학을 동양의학이라고 하게 되는 것입니다. 예컨대 중국 못지않은 큰 나라가 인도인데, 우리는 동양의학이라고 하면 인도를 떠올리지 않고 중국을 떠올립니다. 음양오행론이 성립함으로써 약물간의 상호관계를 파악하고 응용하는 이치를 구조화할 수 있고, 그것이 의학 발전의 일대혁신을 가져온 것입니다.

황제내경의 시절에 이르면 서로 경쟁하던 경락론과 장부론이 결합하여 경락이 장부로부터 나온다는 사실이 일반화됩니다. 경락 치료와 장부 치료가 달랐던 것인데, 경락을 통해서도 장부를 치료할 수 있다는 논리가 자리 잡은 것입니다. 그 반대도 마찬가지입니다.

중급반 침뜸 교육에서는 바로 이 관계를 응용하여 진단하고 치료하는 방법을 가르칩니다.

3) 기경

경락과 장부를 결합하면 병을 완벽하게 치료할 수 있다는 것이 위에서 확인한 것입니다. 그런데 실제로 환자를 치료하다 보면 뜻대로 되지 않습니다. 경락으로도 치료가 잘 안되고 장부로도 치료가 잘 안 되는 환자가 나타납니다. 이런 문제점을 해결하기 위하여 의원들은 여러 가지 방안을 두고 고민하며 해결책을 모색합니다. 이런 가운데 나타난 가장 강력한 방법이 기경입니다.

기경은 정경과 짝을 이루는 말입니다. 정경은 모두 12개로 장부와 연결되었지만, 기경은 8개로 그런 연결이 없고, 혈도 없습니다. 임맥과 독맥을 빼고서는 자신의 연결점을 갖는 경맥도 따로 없습니다. 그래서 경맥이라고 말할 수도 없는 지경입니다. 그렇지만 임상을 해보면 그 효용을 확인할 수 있습니다. 그래서 경락이라고 할 수도 없고 아니라고 할 수도 없는 묘한 존재입니다. 그래서 여기에 기경이라고 이름을 붙였습니다.

정(正)이니 기(奇)니 하는 것은 고대 중국의 일반 관념이었습니다. 정은 제대로 된 것을 말하는 것이고 기는 정이 아닌 것을 말합니다. 군대에서도 정병이 있으면 기병이 있습니다. 정병은 정식으로 편제된 군대를 말하는 것이고, 기병은 게릴라 전술을 수행하는 부대를 말합니다. 승부의 겉모습은 정병이 결정짓지만, 대부분 기병의 전술에서 승부가 실제로 결정 납니다.

이 개념을 인체에 도입해보면 몸에 나는 탈도 이렇다는 것입니다 정병(正病)이 있고, 기병(奇病)이 있습니다. 정병은 장부론이나 경락론으로 접근하면 해결됩니다. 그러나 기병은 원인을 알 수 없습니다. 그래서 이러저러한 수단을 동원해도 신통치 않습니다.

이런 현상을 그럴 듯하게 설명하기 위하여 중국의 옛 의원들은 중국 중원의 땅에 빗댔습니다. 중국에는 거대한 강이 둘 있습니다. 양자강과 황하죠. 이 둘이 늘 범람하여 중국인들의 삶을 위협했습니다. 그래서 강물이 넘치지 않도록 물길을 내기 시작했습니다. 이에 가장 큰 공헌을 한 사람이 우 임금입니다. 이때부터 강물이 잡히기 시작해서 수나라와 당 나라 때에 이르면 물길이 거의 완성됩니다. 수나라는 토목공사를 하다가 기운이 다 빠져서 망한 나라입니다. 그 토목공사는 성을 짓는 것도 있지만, 대부분 수로를 파느라고 한 공사들이었습니다. 즉 북쪽 황하에서 남쪽 양자강까지 다양한 수로를 파서 물길로 연결한다는 거대한 구상입니다. 그리고 그것은 뒤이은 당나라에 이르러 거의 완성됩니다.

이 수로를 우리는 운하라고 하죠. 운하는 뱃길을 여는 의미도 있지만 황하와 양자강에서 넘치는 물을 딴 곳으로 돌리는 노릇도 합니다. 그래서 물길이 비로소 잡히고, 중국 문명은 발전을 이루기 시작합니다.

이런 본보기가 있기에 중국의 옛 의원들은 정경과 기경을 이렇게 빗댔습니다. 즉 12정경은 중국의 12개 강물이고, 기경은 그 강물을 연결 지은 운하이다. 이렇게 하면 그 일과 모양이 쉽게 이해됩니다.

결국 정경에서 넘친 물이 들판에 고이는데, 홍수가 끝나고 나면 대부분 물이 빠지지만 저지대는 그대로 물이 남아있습니다. 그런 더러운 호수들이 몸에서 병을 일으킨다는 것이고, 결국 정경으로도 해결되지 않는 그런 웅덩이 물들은 기경으로 해결할 수 있다는 것입니다. 그래서 기경에서 8가지 경맥을 찾아냅니다.

이 기경팔맥에 대해 처음 기록한 것은 춘추전국시대의 편작이 쓴 『난경』입니다. 물론 황제내경에도 나옵니다. 그것을 난경에서 처음으로 좀 더 자세히 정리한 것입니다. 그리고 명나라 때로 내려오면 이시진(1518~1593)이 『기경팔맥고』라는 글을 써서 총 정리합니다.

그런데 이 기경의 개념은 어렵기도 하고 뜬 구름 잡기 같아서 의원들이 아주 어려워했습니다.

가장 곤란한 것은 진단입니다. 기경에 대해 언급한 위의 책에서 말하는 증상들이 정경의 병과 정확히 구별되지 않는다는 것입니다. 그래서 역대 의원들이 기경의 특효성에 대해 주목하고 연구를 많이 했습니다만, 그 효과를 크게 강조하면서도 이렇다 할 이론을 내지 못했습니다.

기경팔맥의 진단이 혁신을 이룬 것은 최근의 일입니다. 1980년대 접어들어 일본에서 기경 진단법이 나왔습니다. 그렇지만 그것이 큰 관심을 끌지 못했는데, 우리나라의 재야 침구사들이 관심을 갖고 적극 활용하여 일가를 이루기에 이르렀습니다.

아직 이들 단체에 대한 이름이 없습니다. 저와 같이 공부한 분들이 주로 쓰는 방법입니다. 앞으로 좋은 이름을 지어주어야 할 것 같습니다. 기경학파라고 해야 하나? 하하하.

장부론과 경락론으로도 잘 해결이 안 되는 병이 있고, 그런 병을 다스리는 데 특효를 내는 것이 기경팔맥입니다. 이것을 잘 배우면 병의 뿌리를 다스릴 수 있습니다. 물론 어느 한 방법에만 얽매이는 것은 바람직한 일이 아닙니다. 기경치료의 경우 즉효성은 있는데 지속성이 부족합니다. 그래서 장부 치료나 정경 치료의 전후에 하는 전치 후치의 용도로 많이 씁니다.

장부론과 경락론을 익힌 뒤, 고급반에서 배워야 할 이론입니다.

4) 종합

어떤 병에 대한 진단과 처방은 하루아침에 이루어진 게 아니라 지난 2천년에 걸친 논쟁을 통해서 만들어진 것입니다. 그래서 그런 처방이 만들어진 과정을 들여다보면 그런 처방이 나오기까지 제안된 몸에 대한 여러 고민들이 나타납니다. 결국 그런 시행착오를 통해서 오늘날 우리에게 자명한 듯이 보이는 이론이 나타난 것입니다.

이 과정은 논쟁을 들여다보면 잘 알 수 있습니다. 이 논쟁들이 바로 고전으로 자리 잡았습니다. 그래서 마지막 단계의 침뜸 공부는 고전을 이해하는 것입니다. 그래서 침뜸 공부는 침뜸에 관한 고전을 읽고 그 당시의 고민을 이해하는 것입니다.

대체로 동양의학이 큰 방향을 잡는 데는 세 시기가 있습니다. 춘추전국시대에서 진한 대에 이르는 형성기를 거쳐, 금원 시대의 4대가가 출현하는 시기, 그리고 청대의 온병학 논쟁이 그것입니다.

형성기의 시대를 이해하려면 『황제내경』과 『난경』을 읽어야 합니다. 사람이 우주와 연관 지어 어떻게 몸을 바라보았는가 하는 것을 아주 잘 알 수 있습니다. 금원 시대(1115~1368)의 의학논쟁은, 나중에 4대가로 정착하는데, 서역(鼠疫)이라는 새로운 질병이 발생하여 그것에 대한 대응방법을 논하는 과정에서 의견이 서로 다른 사람들이 주장을 하는 과정을 말합니다. 당시의 의학은 『신농본초경』을 바탕으로 한 『상한론』이 주를 이루었는데, 서역이 발생하자 이 이론이 잘 맞

지 않아 새로운 방법을 찾아
나선 결과입니다.

『상한론』의 개념은 질병이
몸의 얕은 곳(살갗)에서부터
깊은 곳(장부)으로 단계를 거
쳐서 들어간다는 것이고, 그
에 따라 병이 어느 자리에 있
느냐를 판단하여 그에 적절
한 처방을 쓰는 것입니다. 그
래서 깊이에 따라서 6경을 배

『황제내경』「소문」과「영추」

치합니다. 그런데 금원 시대에 이런 질서로는 잘 다스려지지 않는 상황이 나타납니다. 북송의 수도인 변량(개봉)을 금나라 군대가 에워싸고 성 안의 사람들을 굶겨죽입니다. 그러자 식량이 떨어진 사람들이 시체 먹고 사는 쥐를 다시 잡아먹는 지경에 이르는데, 이것이 역병(흑사병)을 일으켜 순식간에 퍼집니다. 이때 변량에서 100만이라는 인구가 이 병으로 죽습니다. 갑자기 극렬한 열증을 일으키는 이 질병을 놓고서 의원들이 고민이 깊어진 것입니다.

유완소(劉完素)는 상한론으로 다스릴 수 없을 만큼 격심한 열을 일으키며 죽어가는 사람들을 보고 그 화열을 끄는 것이 가장 급한 일이라고 봅니다. 당연히 서늘한 약성을 지닌 약재로 다스려야 한다고 하여 '한량파(寒?凉派)'라고 합니다.

장종정(張從正)은 극심한 사기가 일어나므로 이것을 먼저 쳐서 대세를 돌려야 한다고 여깁니다. 그래서 3가지 방법으로 상초에 있는 것은 토하게 하고, 중초에 있는 것은 땀내거나 내려가게 하여 풀고, 하초에 있는 것은 설사하게 하여 사기를 몸 밖으로 내보내야 한다고 주장합니다. 그래서 이들을 '공하파(攻下派)'라고 합니다.

이고(李杲)는 똑같은 약을 쓰는데 어떤 사람은 죽고 어떤 사람은 사는 것을 보고는, 약 자체가 문제가 아니라 그것을 받아들이는 사람의 기운이 중요하다고 여겨 비위의 기운을 돕는데 주력하여 큰 효험을 봅니다. 그래서 '보토파(補土派)'라는 이름이 붙었습니다.

주진형(朱震亨)은 양은 항상 남아돌고 음은 항상 부족하다는 생각으로 병에 대한 대응을 합니다. 음을 보충하고 화를 내리는 것인데, 특히 음을 보충하는 것이 중요하다고 여겼기 때문에 '자음파(滋陰派)'라고 합니다.

이 네 학파는 시기를 앞두고 서로 경쟁하지만, 결국 나중에는 보토파의 승리로 귀결됩니다. 이런 논쟁의 승부를 따지는 것이 우습기는 하지만, 생명의 작용을 보는 시각이 확립됐다는 의미입니다. 즉 토는 후천지기를 받아들이는 기능이기 때문에 곡기를 제대로 공급하면 몸의 생명력이 살아나서 병사에 대해 스스로 싸워 이긴다는 것입니다. 실제로 당시에는 먹는 것이 부실해서 병을 키웠기 때문에 똑같은 병사가 들이닥쳤는데도 생사의 결과가 달랐던 것입니다. 그래서 곡기가 생명을 가르는 바탕이 된 것입니다.

그런데, 오늘날에는 상황이 많이 달라졌습니다. 요즘은 굶어서 죽는 사람이 없습니다. 오히려 영양과잉으로 죽어가죠. 그래서 비위의 문제보다는 스트레스의 문제가 더 심각합니다. 같은 비위의 병이라도 스트레스로 오는 것이 더 심각하다는 뜻입니다. 따라서 현대의 병은 이 스트레스의 문제를 해결하는 것이 가장 중요합니다. 이렇게 되면 보토파의 이론을 오늘날 새롭게 해석해야 한다는 결론에 이릅니다. 어떻게 해야 할까요? 어떤 경락과 장부를 주로 다뤄야 이 문제가 해결될까요? 이렇게 숙제 하나 내드립니다.

청나라 때의 『사고전서』에서는 이들의 업적을 기려 "유가의 학파는 송대에 갈라졌고 의가의 학파는 금원대에 갈라졌다."고 평가했습니다.[1] 이들은 주로 중국의 남쪽과 북쪽에서 활동한 의원들입니다. 그러다 보니 의학의 논쟁이 남북대결의 양상을 보였죠. 그래서 동쪽에 있는 한반도의 의원들은 중국의 남의와 북의를 의식하여 자신들을 동의라고 여기고, 책 이름을 『동의보감』이라고 짓습니다.

명나라로 내려오면 장개빈을 눈여겨볼 필요가 있습니다. 장개빈은 장부론과 경락론을 완벽하게 결합하여 자신만의 독특하고 조리 정연한 이론을 만들어냅니다. 제가 황제내경을 번역하면서 보니 장개빈의 해석이 저의 생각에 가장 가까웠습니다.

온병학은 청나라 때 콜레라가 돌면서 수많은 사람들이 죽자 이를 두고 해결방법을 모색하는 과정에서 나타난 논쟁입니다. 주로 엽천사(葉天士)의 임상을 바탕으로 하여 새로운 처방과 진단을 시도했고, 그 결과 그 전과는 다른 새로운 차원의 진단과 처방이 이루어졌습니다. 그 전까지는 상한론의 한계가 있기는 하지만 병이 깊어지는 순서가 있다고 여겼습니다. 그런데 콜레라는 이런 절차를 부시고 건너뛰는 것입니다. 그것을 관찰한 엽천사는 사기가 태양경으로 들어오는 것이 아니라 태음경인 폐로 직접 들어온다는 결론을 내립니다. 콜레라가 바이러스에 의한 전염인데, 지금은 당연하게 여기는 그것을 알 리 없던 시절에 이런 결론을 내린 것을 보면, 당시의 관념으로 엽천사의 결론은 굉장한 파격이었습니다. 엽천사는 너무 바빠서 글을 쓸 겨를도 없었고, 그를 따르는 사람들이 책을 남깁니다. 오국통, 오우가, 설생백, 왕맹영 같은 사람들입니다.

우리나라에서는 청나라와 교류를 하지 않았기 때문에 이런 사실을 전혀 모른 채로 조선 말기를 맞이합니다. 덕분에 사상의학과 사암오행침이 나와서 오늘날 한국을 대표하는 의학으로 자리잡았습니다. 그렇지만 이들 의학이론도 동양의학 전체의 큰 흐름 속에서 보아야지, 우리만의 특

---

[1] 儒之門戶分于宋, 醫之門戶分于金元 : 四庫全書 總目 醫家類

수성으로 설명하면 큰 문제에 맞닥뜨립니다. 어느 분야든 나무를 보느라고 숲을 못 보는 경우가 종종 발생합니다.

온병학 논쟁이 정리될 때쯤이면 서양의학이 중국에 들어와서 이제 동양의학은 새로운 전기를 맞게 됩니다. 결국 마취제와 항생제를 개발한 서양의학의 무지막지한 공격을 견디지 못하고 미신 수준의 보약을 짓는 민간요법 단계로 전락합니다. 이런 위기를 맞은 동양의학에 마오쩌둥의 정책이 새로운 방향을 텄다는 얘기는 앞서 말했습니다.

이런 과정에서 발생한 논쟁의 핵심과 그것을 정리한 글들을 읽다보면 그 진단과 처방이 나온 확실한 배경을 이해함으로써 다양한 방법으로 임상에 응용하는 힘이 커집니다. 그래서 고전 공부를 침뜸 공부의 마지막으로 설정한 것입니다.

고전 공부의 위대함과 유리함은 우리가 활쏘기에서도 익히 느끼는 바입니다.『조선의 궁술』을 제대로 공부한 사람과 주먹구구 사법으로 아는 체하는 사람은 그 품격도 다르고 깊이도 다름을 우리는 그 동안의 경험을 통해 익히 합니다. 침뜸도 마찬가지입니다. 우리는 침과 활에서 일생을 걸쳐서 해야 할 공부 감을 찾아낸 것입니다.

5) 민족의학 문제

어떤 현상을 우리 겨레의 특수성으로 설명하려는 논리를 민족주의라고 합니다. 이것이 궤변으로 흐를 때 국수주의라고 하죠. 우리나라는 일제강점기가 시작될 때까지만 해도 성리학 중심의 세계보편주의였습니다. 유학 중심의 세계관으로 현실에 뿌리박은 양반층이 무너짐으로써 일제강점기가 시작되었고, 일본제국주의에 대한 반발로 여러 분야에서 민족의식이 싹트는 가운데 종교가 가장 먼저 벌떼처럼 일어납니다. 이런 현상들이 현실의 무력 앞에서 무너져갈 때 사이비 종교로 흘러가고, 이런 사회의 한 쪽 귀퉁이에서 민족의식을 강조하는 세력이 등장합니다. 그것이 해방 때까지 항일운동을 지탱하는 가장 강력한 힘이었습니다. 그러다보니 학문 연구도 일제의 식민사관에 맞서는 방향으로 철학과 사상의 기초를 설정합니다. 이러한 학문 성립 과정에서 주목받는 것이 바로 실학파의 등장입니다. 실학이란 후대의 학자들이 만들어낸 개념이지 실제로 그들은 유학자였습니다. 그 전의 양반들이 헛된 이념에 파묻혀 예송 논쟁 같은 탁상공론을 할 때 그를 비판하며 백성들의 삶에 직접 도움이 되는 실질을 존중해야 한다고 주장한 흐름을 말합니다. 실학이란 양반들이 해야 할 당연한 한 갈래에 지나지 않습니다. 이런 것을 민족의식과 연관하여 새로운 철학과 사상의 등장으로 역사학자와 철학자들이 설명한 것입니다. 그리고 이들의 근대정신은 일본 제국주의가 퍼뜨리는 식민철학을 뒤집는 학문 연구의 쾌거이자 독립운동의 일환이기도 했습니다. 일제 식민사학에 맞서기 위해 단재 신채호가 민족주의 사관에 기초한 글들을 많이 썼던 것도 그런 이유입니다.

그런데 해방 후에 이런 경향을 정권에 이용하는 사람이 나타납니다. 바로 유신정권이죠. 그래서 정권은 정통성이 부족한 자신의 허점을 덮기 위해 한국학을 강조하면서 민족의식을 더욱 부각시킵니다. 그래서 나타난 것이 1968년의 국민교육헌장입니다. 1960년생인 제가 '국민'학교에 들어가자마자 종아리를 맞아가면서 전문을 외운 것입니다. 이 초안을 작성한 사람은 서울대학교의 박종홍 철학과 교수와 안호상(초대 문교부 장관)이었습니다. 박종홍은 서양철학을 전공한 사람인데, 유신 정권을 정당화하는 철학 체계를 정리한 사람입니다. 안호상은 단군 사상을 신봉하는 사람입니다. 단군은 민족주의의 연장입니다. 이들의 관심과 연구도 해방 전의 학자들이 추구했던 방향의 연장선에 있습니다. 조선후기의 실학파를 한국 현대사상의 전사로 이해하고 그들의 역사관이나 철학관이 우리 사상의 바탕이 되어야 한다고 믿은 것입니다. 그 연장선에서 우리 민족의 우수성과 자부심을 논리화한 것입니다.

이들은 학문의 여러 분야에서 이런 작업을 이어가는데 이들이 사학계에서 실학파라는 새로운 문파를 만들어냈듯이, 의학계에서도 새로운 민족의학을 찾아냅니다. 그것이 이제마의 사상의학과 사암도인의 사암오행침입니다. 이을호의 경우는 다산 정약용에 꽂힌 사람인데, 다산의 역학을 연구했을 정도로[2] 자신의 모든 것을 다산 연구에 쏟아 부은 사람입니다. 이들은 민족의학에 관심을 갖습니다. 그래서 동의보감은 물론 동양의학계에 기여한 전대의 의원들을 연구하고 실학파의 현실 추구 정신과 연관 지어 의학에서 나타난 우리만의 의학연구를 집대성합니다. 그때 이들 앞에 혜성처럼 나타난 것이 바로 이제마였습니다. 하지만 청대의 의학 논쟁을 접하지 못하고 조선 후기에 국내에서 발전한 의학을 우리 민족의 전통 의학에 놓음으로써 의학의 변방임을 스스로 자처한 꼴을 면하지 못하게 됩니다. 사상의학은 오늘날 한의학계를 3분하는 중요한 이론이 되었지만, 그 이론 또한 전통의학의 연장선에서 접근해야 그 의학의 본 모습을 잘 활용할 수 있습니다.

의학은, 어느 민족의 의학일 수 없습니다. 어떤 훌륭한 치료법이 나오면 그 즉시 인류의 질병을 구제하는 방법이 됩니다. 즉 의학에는 어떤 이론이든지 인류 보편의 가치로 승화되는 필연의 과정이 존재한다는 말입니다. 여기서 우리가 어떤 의학을 만들었다고 해서 그것이 우리 민족의 독점이 허락되지 않는다는 것입니다. 이런 상황을 애써 무시하고 민족성을 강조하면 결국 국수주의로 전락하게 된다는 사실을 그들은 너무 쉽게 간과한 것입니다. 민족의학을 강조하는 모든 논리는 이런 함정에 빠집니다.

의학은, 민족의 것이 아니라 세계의 것입니다. 어느 민족이 만들어서 좋은 게 아니라, 인류가

---

[2] 이을호, 『다산의 역학』, 민음사, 1993.

공동으로 맞닥뜨린 문제를 해결하기 위해 어떤 사람과 어떤 민족이 우연히 그렇게 해결한 것입니다. 이 문제를 간과하면 의학은 사상의 수단이나 자본의 흥정물로 전락합니다. 어느 것이든 사람을 살리는 도구로 태어나 사람을 죽이는 흉기로 타락하게 됩니다. 의원이 돈 때문에 생명을 살린다면 그것이야말로 막장 드라마겠지요. 그렇지만 우리가 자본주의 현실에서 아주 자주 마주치는 현상인 것은, 우리가 그런 사회를 살고 있다는 생생한 증거입니다. 의학은 국경도 신분도 없는, 만인에게 평등한 약이 되어야 합니다.

동양의학 용어와 흐름

정진명

1. 중의학, 동의학, 한의학

　의학은 크게 동서양에서 다른 방향으로 발전해왔습니다. 그래서 의학의 앞에 서양과 동양이라는 이름을 붙여서 구별합니다. 동양의학과 서양의학.
　서양의학은 특별히 다른 이름으로 불리는 일이 없습니다. 그냥 의학이라고 하면 서양의학을 말하는 것입니다. 다만 그 아랫갈래로 가면 내과, 외과, 신경과…… 같은 방식으로 이름을 붙이는 정도입니다. 이것은 같은 방식으로 상호 교류하면서 발전해왔기 때문에 이름에도 일치를 본 것입니다.
　그런데 동양의학은 이렇게 간단하지 않습니다. 우선 이름부터가 지역마다 다 다릅니다. 중국에서는 중의학이라고 하고, 북한에서는 동의학이나 고려의학, 한국에서는 한의학, 일본에서는 동양의학을 중심에 놓고 여러 이름이 섞여 쓰입니다.
　중의학은, 중국의 의학이라는 말이어서 중국인들이 자신들을 중심에 놓고 붙인 말입니다.
　동의학은, 동양의학을 좀 더 줄인 말이고, 북한에서 자신의 주체성을 강조하려고 하면 고려의학이라고 합니다.
　한의학은, 원래 중국의 한나라 때 완성된 학문이라는 뜻으로 쓰인 말이었는데, 한국에서 漢을 韓으로 바꾸어서 우리 민족이 가꾸어온 의학이라는 뜻으로 씁니다. 그냥 한글로 표기할 때는 알 수 없지만, 한자로 표기하면 국적을 바꾸는 큰 의미가 숨어있습니다.
　이렇게 의학의 앞에 붙는 이름이 다양한 것은, 그것의 내용과 체계가 엄청나게 달라서 그런 것이 아니고, 그것을 사용하는 사람들의 존재를 부각시키려는 것입니다. 결국 의학을 제 겨레의 것을 소유하려는 욕심이 개입된 것입니다.
　서양의학이 한 줄기로 발전해왔듯이, 동양의학 역시 황제내경이 성립하는 춘추전국시대에 거의 완성됩니다. 그 이후는 그것을 도입한 각 민족이 자신들에게 맞는 부분을 좀 더 갈고 닦은 것에 지나지 않습니다.

따라서 중의학이니, 동의학이니, 한의학이니 하는 용어들은 동양에서 존재한 의학들을 대표하는 말이 될 수 없습니다. 자기 겨레의 소유로 하려는 때 묻은 욕심이 들어있는 말이기 때문입니다. 따라서 서양의학에 짝하는 개념의 의학이름이라면 〈동양의학〉보다 더 합당한 것이 없습니다. 이 동양의학이라는 큰 틀 아래 각기 민족의 특성이 가미된 의학체계를, 그들이 원해는 대로 동의학, 중의학, 한의학이라고 불러주는 것이 좋을 것입니다.

따라서 의학의 이름을 분류하면 이렇게 될 것입니다.

```
의학 – 서양의학
    – 동양의학 : 중의학, 동의학, 한의학
```

2. 의학과 요법

이상에서 보듯이 의학이란 말은 아주 큰 말입니다. 그런데 이 말을 작은 말에 붙여 쓰는 수도 있습니다. 예컨대, 약의학이나 침뜸의학 같은 것이 그런 것입니다. 물론 이렇게 써도 크게 틀린 것은 아니지만, 갈래의 개념으로 바라보면 조합된 두 말의 범주가 서로 맞지 않습니다. 따라서 이때의 의학은 요법을 가리키는 말에 지나지 않습니다. 요법은, 치료방법의 준말이죠. 따라서 한약요법이나 침뜸요법이 좀 더 정확한 말이라고 할 수 있습니다.

3. 침뜸 이론 교류

태극권의 1인자와 태권도의 1인자가 만나서 한 판 붙으면 어느 쪽이 이길까요? 알 수 없습니다. 그건 개인의 능력이기 때문입니다. 사자와 범이 싸우면 어느 쪽이 이길까요? 이걸 직접 시켜보는 자는 참 어리석은 자입니다. 알 수가 없습니다. 컨디션이 좋은 쪽이 이길 것이고, 싸움 기질을 타고난 자가 이길 것이기 때문입니다. 배워서 익힌 것은 승부와 무관합니다. 승부로 수준의 고하를 따진다면 정말 동물세계의 감각만이 유일한 잣대가 될 것입니다.

사람은 동물로 태어나지만, 동물이 아닙니다. 동물로 태어나 동물의 속성을 하나씩 버리는 것이 교육이고 사람의 길입니다. 그러므로 그 분야의 것을 배워서 사람에게 이롭게 하느냐 못 하느냐 하는 것으로 승부를 결정해야지 개인의 본능 속에 들어있는 어떤 기질을 기준으로 승부를 논하면 스스로 모순에서 헤어나질 못하는 어리석은 일입니다.

침뜸은 동양세계에서 수천 년간 발전하고 퍼지고 나라별로 민족별로 발전하면서 교류해온 것입니다. 그것은 건강해야 한다는 인류 공통의 과제 때문입니다. 그 과제에 기여한 나라가 많을 수 있고, 많이 기여하고 적게 기여하고 하는 차이가 있을 수 있습니다. 그렇지만 어느 나라 사람이 그 일을 이루든 그것은 그 사람 혼자서 한 것이 아니요 동양 사회 전체의 노력 속에서 개인이 이룬 위대함이라고 할 수 있습니다. 그러므로 침뜸의 이론을 놓고 누가 더 우수하다든가 어느 민족이 더 우수하다는 것으로 위계질서를 세울 수 없습니다. 침뜸의 발전에 어느 곳이 가장 기여를 했든 그것은 건강이라는 인류공통의 목표에 도달하기 위한 노력이었다는 점입니다. 다만 우리가 그 과정에서 확인할 수 있는 교류의 증거가 있다면 그런 증거들을 통해서 인류가 공통으로 노력한 부분에 대해서 정당한 평가를 해주고 그를 바탕으로 오늘날의 교류도 더욱 활성화시켜 침뜸이 추구하는 인류의 건강이라는 목표에 기여해야 할 것입니다. 이것이 오늘날 우리가 침뜸의 이론을 공개하고, 과거의 이론들을 정리하여 오늘에 계승하는 진정한 이유일 것입니다.

그런데 침뜸을 대하는 동양 각국의 상황을 보면 자신의 소유권을 주장하는 경우가 많아지고 그런 졸렬한 경향이 점차 강화되는 경향을 보인다는 점입니다. 용어에서부터 그렇습니다. 한국에선 한의학이라고 하고, 중국에서는 중의학이라고 하며, 북조선에서는 고려의학이라고 하여 의견의 일치를 보지 못하고 있습니다. 이런 것은 여러 모로 불필요한 에너지 낭비라고 생각합니다. 오랜 세월 서로 다른 환경에서 침뜸이 발전해온 결과 나라별로 겨레별로 약간의 차이점은 생기지만, 그 특수한 분야에 집착하여 전체의 흐름을 자신의 공으로 돌리려는 것은 제 논 물대기 식에 지나지 않습니다. 목표는 제 논에 물대기가 아니라 온 세상에 촉촉한 비를 내려주는 것이어야 합니다.

그러자면 옛 자료에 대한 정확한 논거가 필요하고, 검증이 필요합니다. 이것은 침뜸의 발전을 이해하는 데도 중요하기 때문입니다. 책에는 서지라는 것이 있습니다. 서지는 책으로 만들어진 상황을 말하는 것입니다. 예컨대 후대에 조작된 자료를 갖고 그 시대의 사실로 잘못 확정하면, 그것을 토대로 해서 이루어진 모든 논의는 물거품이 되고 맙니다. 이런 오류를 범하지 않으려면 자료에 대한 정확한 판별이 필요합니다.

예컨대 중국의 침뜸을 연구하는 학자들 중에 9궁8풍론을 진한대의 이론으로 보고서 이론을 전개하는 학자들이 있습니다. 그렇지만 이건 좀 조심스럽습니다. 왜냐하면, 9궁8풍론은 『황제내경』 영추에 나오는 것인데, 이 영추는 송나라 때 고려에서 진상한 『침경』이기 때문입니다. 이것은 송사 본기에 나오는 내용입니다. 그러니 9궁8풍론이 실제로 진한대에 있었는데 고려에 전해오던 이론인지, 아니면 고려에서 발생한 이론인지를 먼저 가려야만 이론으로서 의미가 있다는 것입니다. 그렇지만 9궁8풍론을 논하는 학자들이 『침경』이 고려에서 진상한 책이라는 사실조차 알지 못한다면 그건 큰 문제가 아닐 수 없습니다. 그렇게 해서 재구성된 고대의 의학이론은 사실 거짓이 될 것이기 때문입니다.

사실 이런 문제들은 동양의학을 표준화하려는 과정에서 많은 문제점을 드러냅니다. 일단 혈 이름을 영어로 표기하는 것으로 합의를 봤지만, 혈 이름을 국제화하려면 발음이 나라마다 달라서 어느 발음으로 해야 할지는 결정하기 난감한 상황입니다. 이런데 침뜸을 세계문화유산으로 등재하려는 움직임조차 일고 있어서, 자칫하면 침뜸의 발전이 아니라 나라별 나눠먹기 식으로 변하여 엉뚱한 일에 에너지를 소모하게 될 우려가 큽니다. 이런 것은 의학의 발전에 오히려 역행하는 일이 될 것입니다. 의학의 주인은 국가나 겨레가 아니라 사람입니다. 어느 나라나 겨레가 의학을 독점하면 인류 전체의 건강을 위협하는 일이고, 의학의 발전을 끝내는 방해하게 될 것입니다.

따라서 이미 있던 이론을 정리하는 작업도 정확한 고증 위에서 이루어져야 하며, 새롭게 나타나는 이론에 대해서도 나라나 겨레의 소속에 따라 외면을 당하는 일이 없이 공개되어 많은 사람들의 검증을 받는 소통이 이루어져야 합니다. 그런 점에서 2000년도에 중국만의 비밀스런 침법이라는 『평형침법』을 공개한 사실은 아주 훌륭한 사례가 될 것입니다. 마찬가지로 『침경』이 고려에서 왔다고 하여 중국의 의학 발전에 미진한 영향을 끼친 것도 아닙니다. 이론은 지연과 학연을 떠나서 그것 스스로 발전해야 인류를 위해 공헌할 수 있습니다. 대만의 동씨가문에 전해오던 〈동씨침법〉을 공개한 것도 인류를 위해 크게 기여한 사례라고 할 수 있습니다.

한국에서는 구한말에 사상체질이 나왔고, 1970년대에는 수지침이 나와서 오늘날까지 활발히 연구되고 치료의 방법으로 응용됩니다. 이런 것들도 아울러 세계에 소개되어 많은 검증을 거쳐서 인류의 건강을 위해 활용되어야 할 것입니다.

4. 동양의학의 세계화와 움직임

동양의학은, 서양의학과 다른 독특한 체계와 방법이 있습니다. 그것이 서양의학의 무차별 공세에 짓눌려 미신 수준으로 전락한 것이 근대의 동양의학 모습이었습니다. 그런데 서양의학 특히 미국에서 동양의학에 대한 연구를 한 차례 합니다. 동양의학의 여러 방법, 예컨대 약물 침 뜸 안마 같은 여러 가지 중에서 유일하게 치료로서 효과를 내는 분야는 '침'이라는 결론을 냅니다.

본초학의 경우 우리가 보약의 개념으로 여기는 영역인데, 이것은 서양의학에서는 건강보조식품에 해당합니다. 안마나 마사지 같은 경우는 의료 행위라고 보기 어렵습니다. 유일하게 침만이 서양의학에서 말하는 치료의 효과를 뚜렷이 낸다고 보고, 서양의 의과대학에서는 침을 정기교육

과정에 넣었습니다. 그렇지만 가르칠 만한 사람이 없어서 의생들이 알아서 책을 읽고 참고하는 수준에 머무른 것이 현재의 상황입니다. 그렇지만 경락 체계나 침술 치료는 이미 서양의학에서 새로운 인식으로 대접을 해주는 상황입니다. 이런 인식이 가장 안 되는 나라가 우리나라입니다.

　전 세계의 동양의학을 살펴보면, 동양의학이 제도권에서 정식 의학으로 인정받는 나라는 중국과 한국 두 나라뿐입니다. 정식 의과대학으로 편입되었고, 졸업을 하면 의사로 인정을 받으며, 병원을 차릴 수 있는 나라입니다. 일본의 경우는 침구대학까지 인정을 해주지만 졸업을 하면 병원에 취업하는 게 아니라 접골원을 운영할 수 있는 수준입니다. 접골원은 정식 병원만 못하지만 사람들의 병을 다스릴 수 있는 2차 의료체계에 속합니다. 정식 병원이라기보다는 민간요법을 합법화한 것이라고 보면 됩니다.

　중국의 경우 4년제부터 6년제까지 운영됩니다. 6년제의 경우 대학과 대학원을 결합한 형태입니다. 졸업한 뒤에는 의사고시를 치르는데 불합격률이 40% 가까이 된다고 합니다. 시험이 꽤 어려운 것입니다. 그래서 의사 자격증을 따면 말 그대로 의사로서 개업을 할 수 있고 양방협진을 할 수 있습니다.

　그렇지만 중국은 워낙 큰 나라라서 의료체계가 우리나라처럼 정교하지 못합니다. 그러다보니 치료의 개념이 우리와 달라서 발병 이후의 치료를 치료라고 하고 여기서부터 의사가 개입합니다. 반면에 발병 이전의 건강관리에는 의사가 아니라도 할 수 있습니다. 물론 돈을 받고 합니다. 그러다보니 발병 이전과 이후를 구별할 수 없고 결국 자격증이 없어도 얼마든지 치료를 할 수 있는 상황입니다. 예컨대 침놓고 뜸뜨고 하는 것이 얼마든지 가능한 상황입니다. 이때의 침뜸은 치료가 아니라 건강 유지의 수단이 되는 것이죠. 법에서 문제 삼지 않습니다.

　미국은 자본주의 나라이기 때문에 대학을 얼마든지 세울 수 있습니다. 그래서 미국에는 침구대학 같은 것이 많습니다. 대학 졸업 후 개업을 할 수 있습니다. 실력만 있으면 돈을 벌 수 있죠. 게다가 미국은 의료보험 제도가 까다로워서 병원을 제대로 다닐 수 없습니다. 그러다보니 이런 민간요법 수준의 치료가 각광을 받는 상황입니다. 다만 의원들의 실력이 낮아서 제대로 인정을 받지 못할 뿐입니다. 실력만 인정받으면 떼돈을 벌 수 있는 곳이 미국이기도 합니다.

　독일의 경우는 의료체계가 아주 잘 된 곳입니다. 지역별 주치의 제도 같은 것이 있어서 의사의 권위가 아주 강합니다. 환자가 아무리 아프다고 해도 의사의 처방대로 따라야 합니다. 그러다보니 환자는 아픈데 의사는 약을 주지 않는 경우도 많죠. 환자보다 의사가 앞섭니다. 우리나라처럼 슈퍼마켓 돌아다니듯이 병원을 순례하는 나라는 그리 많지 않습니다. 그러다보니 기존의 의사들에게 불만을 품은 사람들이 자연요법을 찾습니다. 그리고 그들은 경제관념이 투철해서 자격증 같은 것을 묻지 않고 치료가 되면 돈을 알아서 지불합니다.

　동남아의 경우는 주로 화교들을 중심으로 동양의학이 퍼졌고 그들이 주로 의원 노릇을 합니다. 세계의 동양의학계를 중국이 주도하고 있는 이유가 바로 화교들의 노릇이 큽니다. 베트남과 태국 같은 곳을 가보면 화교들을 중심으로 동양의학 체계가 형성되었는데, 여기에 우리나라에서 침을 배운 분들이 교포들을 상대로 시술하며 주변 사람으로 영역을 넓혀가는 중입니다. 그래서 수지침도 많고 뜸 사랑의 체침도 많습니다.

동양 삼국 이외의 나라에서는 침뜸에 대한 수준이 그리 높지 않습니다. 우리가 아는 초보 수준만 해도 큰 환대를 받습니다. 침뜸의 세계화는 얼마든지 열려있는데, 국내에서 돌팔이 무자격으로 대접받기 때문에 그런 일도 힘든 상황입니다.

이런 상황에서 미국과 일본이 세계의 동양의학계를 주도하고 일본이 뒤따르는 형국입니다. 침뜸은 외국인들에게 미지의 세계입니다. 그리고 그 효과를 보고 놀라서 새로운 관심을 불러일으키는 분야이기도 합니다. 앞으로 생명을 다루는 분야가 의학의 새 영역을 여는데 우리 한국의 동양의학계는 그 실력이나 수준에 비해 이런 대응에 밝지 못합니다.

인술인 의술의 몰락은 자본과 결탁할 때 이루어집니다. 그 분야에서 먹고 사는 사람들이 더 이상의 새로운 모험과 도전을 하지 않으면 의학은 발전을 그 즉시 멈춥니다. 그리고 돈벌이 수단으로 전락하고 말죠. 이 질문을 오늘의 의학계에 해보면 우리나라 동양의학의 미래가 어떨 것인가 짐작해볼 수 있습니다. 그런 질문의 답에 희망이 보이기를 간절히 바랄 뿐입니다.

응급 처방법

정진명

한 가정을 이루면 자신의 건강이 자신의 문제로 끝나지 않는다는 사실을 알게 됩니다. 자신의 건강도 건강이지만 가족이 아플 때 어떻게 대응해야 하는가 하는 고민도 깊어갑니다. 따라서 가장이 된 사람은 이런 일들에 대해 어느 정도 대응할 수 있는 지식을 갖추어야 합니다.

병원 문을 두드리는 급한 환자들의 병에 대해서 몇 가지 알아보고 넘어가겠습니다.

1. 기절한 사람

기절한 사람은 먼저 엄지와 새끼손톱의 바깥 모서리를 땁니다. 폐경의 소상과 소장경의 소택이라는 혈입니다. 심한 경우 다른 곳을 따도 피가 나지 않는데, 이곳에서는 대부분 납니다. 손발 끝에서 피를 한 방울이라도 내는 것이 응급처방의 중요한 요령입니다.

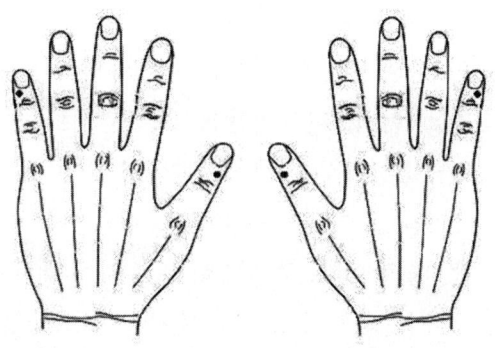

그래도 반응이 없으면 다음으로 갑니다. 10선혈과 10왕혈.

10선혈은 손톱 밑입니다. 10왕혈은 손톱의 위쪽입니다. 손톱 밑은 손바닥에 속하고, 손톱 위는 손등에 속합니다. 열 손가락의 이 두 군데를 몽땅 따서 피를 내면 사람이 살아납니다. 그리고 이것은 손가락만이 아니라 발가락에도 모두 해당됩니다. 그러니까 위급상황에서 따야 할 곳은 손가락 20곳, 발가락 20곳 해서 모두 40군데입니다. 손가락을 먼저 딴 다음에 그래도 회생하지 않으면 발가락을 따는 것입니다.

2. 경기

아이들이 놀란 것을 경기라고 합니다. 이 경기는 빨리 치료해야지 그냥 두면 다른 장기에 불균형을 초래하여 나중에도 큰 병으로 남게 됩니다. 경기는 말 못 하는 아이들이 더욱 위험합니다. 경기는 손을 바늘로 따는 것보다 더 좋은 방법이 없습니다. 그 즉시 효과를 냅니다.

그런데 아이를 키우다 보면 무엇이 경기인지 잘 알 수 없습니다. 이렇게 판단하면 됩니다. 말 못 하는 갓난아기들은 모든 것을 울음으로 표현합니다. 울음만 들으면 엄마는 아기가 뭘 원하는지 대번에 알 수 있습니다. 그런데 둥가둥가 달래도 특별한 이유 없이 15분 이상 계속 울어대면, 경기라고 봅니다. 그러면 당황하지 말고 이곳을 따주면 됩니다.

경기를 일으킨 아이들은 검지 바깥쪽으로 푸르딩딩한 줄이 올라갑니다. 이곳을 따면 잠시 후 울음을 그치고 땀을 쪽 흘리면서 곯아떨어집니다. 아주 신기합니다. 이곳은 수지침의 심기맥 상에 있어서 심장에 영향을 주는 혈임을 알 수 있습니다. 그래서 4지에서도 똑같은 효과를 볼 수 있습니다.

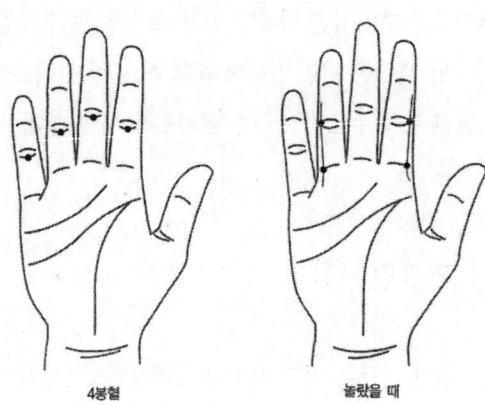

이 검지는 3관이라고 해서 아이들의 병증을 살피는 중요한 자리인데, 그곳을 손으로 밀어서 색깔로 병을 판단하는 것입니다. 그러나 여기서는 응급처치법이니, 그와는 상관없이 수지침의 심기맥 상을 따주는 것입니다. 그러면 아주 특효입니다.

한 번 놀란 아기는 계속해서 놀랍니다. 그래서 자주 놀라는 사람은 4봉혈을 따주면 좋습니다. 어떤 때는 피가 나오지 않고 맑은 물이 나옵니다. 이것은 담음의 일종입니다. 몸에 해로운 것이죠.

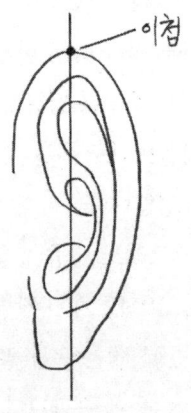

또 온몸이 불덩이처럼 열이 나면서 경기를 일으키는 경우가 있습니다. 그럴 때는 양쪽 귀의 가장 높은 곳(이첨)을 따면 됩니다. 귓바퀴를 세로로 접으면 접히는 그 자리입니다. 이곳을 따면 열이 뚝 떨어집니다.[1]

3관은 풍관 기관 명관을 가리키는데 검지의 마디 셋을 순서대로 가리키는 말입니다. 갓난아

---

[1] 김남수, 『평생건강을 위한 침뜸 이야기』, 정통침뜸연구소, 2008. 101쪽.

기들은 말을 못하고 울기만 하기 때문에 어떻게 병을 알아볼 수 없습니다. 그럴 때 밝은 곳에서 이곳을 손으로 훑어보면 지문이 확인됩니다. 그 지문이 굵고 길수록 위험한 것입니다. 첫 마디를 지나 둘째 셋째 마디까지 침범하면 정말 위험한 것입니다.[2]

3. 급체와 멀미

급체는 갑자기 체한 것을 말합니다. 이런 병 정말 많습니다. 가장 좋은 것은 위의 경우처럼 따는 것입니다. 그러면 재빨리 가라앉습니다.

급한 병은 손발의 끝에서 반응을 보인다고 했습니다. 그러니 위장 경락의 발가락 쪽 혈을 이용하는 것입니다. 발가락 끝에서부터 차례대로 여태, 내정, 함곡입니다. 이렇게 조로록 꽂으라고 한 것은, 침뜸을 처음 배운 초보자를 위한 것입니다. 잘 못 놔도 셋 중에 하나는 얻어 걸리겠지요. 합혈인

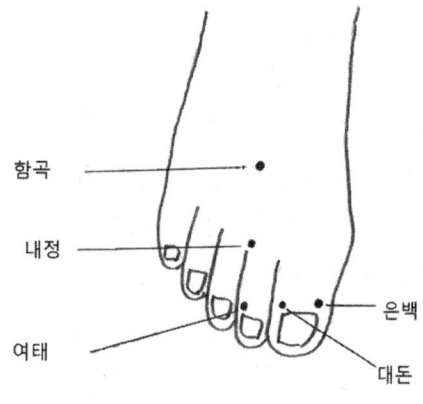

족삼리도 좋습니다. 그리고 여기에 이중표인 심포경의 내관을 추가합니다. 이내정도 좋습니다. 이내정은 물갈퀴자리의 내정을 발바닥 쪽에서 찌를 때의 이름입니다.

멀미도 거의 같이 처방하면 됩니다. 대장경의 합곡에만 찌르고 있어도 가라앉습니다. 물론 4관이면 더 좋구요. 다만 위의 방법과 달리 하려면 대돈과 은백을 따거나 침을 놓으면 금방 가라앉습니다.

4. 생리통

생리통은 삼음교 한 혈로 다 잡힙니다. 그래도 듣지 않으면 복사뼈 바로 밑의 조해나 극혈인 수천을 추가하고, 나아가 삼초경을 더 씁니다. 외관이 좋겠죠.

삼음교는 5총혈 중의 하나죠. 하복부를 다스리는 혈입니다. 자궁의 위치가 하복부죠. 삼음교는 비경입니다. 비장은 피를 생산하죠. 그래서 생리와 밀접한 관련이 있습니다.

---

[2] 교재위원회, 『침뜸진단학』, 정통침뜸연구소, 2004. 64-65쪽.

조해는 족소음 신경이면서 동시에 기경8맥의 음교맥이 시작되는 혈입니다. 그래서 효과가 강력한 것입니다. 수천을 쓰는 것은 극혈이기 때문입니다. 극혈은 급성병에 잘 듣습니다. 조해나 수천이 모두 신경에 해당하는데, 신장은 선천지기를 관장하는 장부이고 생명을 주관합니다.

5. 중풍

백회, 곡빈, 풍지, 풍시, 현종, 견정, 곡지, 족삼리를 씁니다. 여기서 풍시만 빼면 유명한 중풍 7혈인데,[3] 이 8혈 중에 곡빈, 풍지, 풍시, 현종은 담경입니다. 중풍이 어떤 경로로 오는가를 알 수 있는 증거입니다. 중풍은 고혈압과 관계가 깊고, 혈압은 심장이 주관하며, 심장의 이중표가 바로 담입니다. 그래서 심장의 이상이 담경에서 나타나는 것입니다.

중풍은 혈관계의 이상입니다. 그래서 초기에 좀 더 확실하게 잡으려면 따주는 것이 좋습니다. 10선혈, 10왕혈, 손발의 물갈퀴 자리, 대추혈, 정수리(백회)를 우선 사혈하면 어혈을 없애는 효과가 있어서 여러 모로 좋습니다.

중풍은 어느 한쪽이 굳는 것인데, 손가락이 굳어서 펴지지 않는 경우가 있습니다. 당장 손가락으로 가는 문제를 해결하려면 긴 침으로 후계에서 합곡을 향해 맞뚫기(투자)하면 좋습니다. 긴 침이 들어가면서 소장경과 심경, 심포경을 지나 대장경까지 건드리게 됩니다.

묘한 것은, 약지 안쪽 모서리가 저릿저릿한 증상이 중년한테서 가끔 나타납니다. 참 곤란한 것은, 그 자리는 경락이 지나가지도 않습니다. 굳이 따지자면 수지침의 폐기맥 상입니다. 이럴 때는 맞뚫기를 하면 됩니다. 굳이 맞뚫지 않더라도 5㎝짜리 침이 다 들어갈 정도만 찔러도 됩니다. 이 증상은 심포경의 이상 때문에 생기는 것인데, 결국 심포경의 이상은 중풍과 관련이 있습니다.

6. 화상

화상은, 아시혈[4]보다 더 좋은 것이 없습니다. 아픈 그 자리를 아시혈이라고 하죠. 화상을 입은 자리에 수북이 침을 꽂는 것입니다. 그러면 물집이 가라앉으면서 10일 이내로 상처가 낫습니다.

---

3) 김남수, 『나는 침과 뜸으로 승부한다』, 정통침뜸연구소, 2008. 70쪽.
4) 아시혈은 통증이 느껴지는 자리를 말함. 아시는 아시빨래나 어섯눈 같은 말에서 볼 수 있듯이 처음이나 시작을 뜻하는 순 우리말.

화상을 입었는데 병원으로 가면 큰 고통을 겪습니다. 딱지를 자꾸 떼어내는데 피부에 신경이 몰려있기 때문에 그 고통은 상상할 수 없습니다. 그런데 침으로 해결하면 정말 빨리 낫습니다. 고통도 덜합니다. 침을 꽂으면 통증이 정말 빨리 가라앉습니다.

화상뿐만이 아니라 긁히거나 해서 찰과상을 입었을 때에도 침을 꽂아놓으면 통증이 현저하게 가라앉습니다.

또 화상과 비슷한 것이 동상입니다. 동상도 화상과 똑같이 치료하면 됩니다.

7. 독벌레 물린 데

뱀이나 벌 같은 독벌레에게 물렸을 때는 뜸을 떠야 합니다. 물린 그 자리에 재빨리 뜨면 됩니다. 그러면 열 때문에 독성이 몸 안에서 다른 성분으로 바뀝니다. 독사에게 물려도 물린 그 자리에 뜸뜨면 됩니다. 까짓 거, 전갈에게 쏘여도 마찬가지일 것입니다. 등산 중이라서 뜸이 없다면 주변의 마른 잎사귀 같은 것을 부수어서 써도 됩니다. 쑥과 달리 약한 화상 때문에 흉터는 남겠지만 죽는 것보다는 낫겠죠.

8. 쥐

다리에 쥐났을 때 특효 혈은 방광경의 승산입니다. 종아리 복판의 근육이 갈라지는 곳이죠. 운동을 심하게 했다든지 해서 생기는 쥐는 이렇게 잡으면 됩니다. 5분 내로 변화가 옵니다.

또 근회혈인 양릉천을 써도 됩니다. 특히 발이 바깥쪽으로 비틀어지는 쥐는 양릉천이 특효입니다. 담경이 긴장하면서 당겨지는 쥐라서 그렇습니다. 혈압과 관련된 병을 앓는 분들에게 잘 일어나는 쥐입니다. 심장과 담은 이중표죠.

*어지럼증과 그 대책

침을 처음 배워서 놓다 보면 황당한 일을 겪는 수가 있습니다. 침을 한둘만 꽂았는데도 환자가 얼굴이 노래지면서 어지럽다고 눕는 것입니다. 증상이 꼭 뱃멀미나 차멀미와 똑같습니다. 처음 겪으면 너무 당황해서 어쩔 줄을 모르죠.

이런 일은 너무나 당연한 것이고 흔한 일이기 때문에 당황할 필요가 없습니다. 배운 대로 순서에 따라서 침을 놓으면 됩니다. 응급조치를 하면 5분 내외로 깨어납니다. 그런데 그것을 모르면

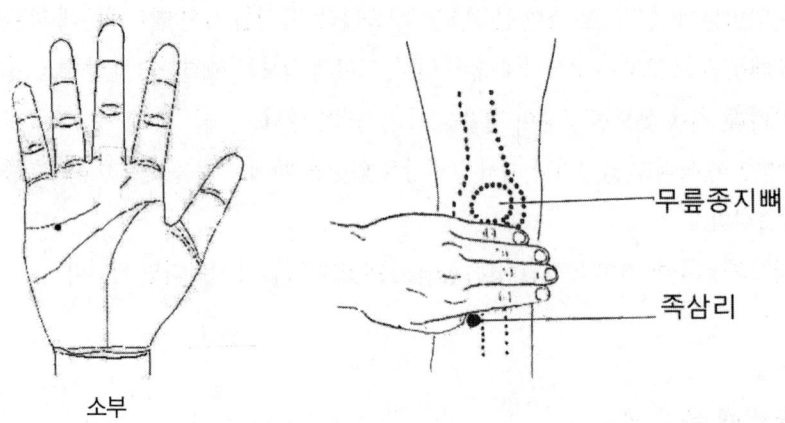

응급실로 실려 갑니다. 정말 큰 사건으로 확대되죠. 자격증이 있느니, 돌팔이라느니, 하면서 말이죠.

이렇게 멀미하면서 어지러운 증상을 현훈이라고 합니다. 어지럽다는 말을 한자로 쓴 것입니다. 이럴 때는 소부와 족삼리에 침을 놓으면 됩니다. 그리고 불안하면 손끝의 10선혈을 따면 됩니다.

그러나 더 중요한 것은, 침 시술을 하기 전에 미리 마음속으로 준비를 하는 것입니다. 만약에 내가 지금 침을 놓다가 환자가 현훈을 일으키면 족삼리와 소부에 침을 놓아야 한다, 하고 마음속으로 다짐을 하고 치료를 시작하는 것입니다. 족삼리는 무릎 아래 3촌 바깥이고, 소부는 주먹을 꽉 쥐었을 때 약지와 새끼손가락의 손톱이 닿는 사이입니다.

이렇게 마음의 준비를 하지 않으면 사건이 터졌을 때 당황합니다. 당황하면 머릿속이 하얘져서 아무것도 생각나지 않습니다. 당황하면 뻔히 알 것 같은 것도 기억을 하지 못합니다. 119가 몇 번인지도 생각나지 않습니다. 그래서 마음속으로 이미지 트레이닝을 한 번 하고 침을 드는 것입니다. 그러면 당황스러운 상황에서도 방금 전에 한 것이기 때문에 금방 떠오릅니다.

부록:활터 자료

활쏘기 입문

2017

장수바위터

활쏘기 입문

장수바위터

Ⅰ. 활터의 의례

활쏘기는 옛날 선비들의 운동이었기 때문에 예절 또한 엄격하다. 활터에는 아주 많은 예절이 있지만, 그 중에서도 잊어서는 절대로 안될 가장 중요한 것은 다음 세 가지, 즉 등정례·초시례·팔찌동이다.

① 등정례(登亭禮)
이것은 활터에 올라올 때 먼저 올라와있는 사람들한테 하는 인사이다. 정에 들어서면서 '왔습니다' 하면, 먼저 와있던 사람들은 '오시오'라고 응한다. 이런 형식을 굳이 지키고 싶지 않으면 보통 인사하듯이 하면 된다.

② 초시례
초시례는 첫발을 낼 때 취하는 예설이라는 뜻이다. 말 그대로 그 날 첫발 쏠 때 한 번만 하는 예이다. 활터에 올라와서 첫발을 낼 때는 쏘기 전에 '활 배웁니다.'라고 한다. 그러면 곁에 있던 사람들은 '많이 맞추세요.'하고 덕담으로 응수한다.

③ 팔찌동
팔찌동은 설자리에 서는 순서를 말한다. 팔찌동 윗자리에 어른이 서도록 모시는 것을 말한다. 팔찌는 늘어진 소매를 잡아매는 기구를 말한다. 팔찌는 왼쪽 팔에 차므로 과녁을 바라보고 섰을 때 왼쪽이 높은 자리가 된다. 따라서 서열에 따라 어른을 팔찌를 찬 왼쪽으로 서게 하는 것이 팔찌동이다. 좌궁은 우궁과 반대이다.

④ 기타

위의 세 가지는 전국의 모든 활터에서 반드시 지켜야 할 예절이다. 따라서 이것을 지키지 않으면 자신만 망신당하는 것이 아니라 소속 정까지 망신시키는 것이기 때문에 아주 조심해야 한다. 활터는 워낙 오랜 역사를 지닌 곳이기 때문에 예에 대한 생각도 지역에 따라 다를 수밖에 없고, 그래서 전국의 활터마다 각기 다른 풍속과 예절이 있다. 그 중에서 많이 알려진 예절 몇 가지를 알아보면 다음과 같다. 꼭 지켜야 하는 것은 아니지만, 전국 어느 활터에 가서든 결례라는 지적을 받지 않으려면 이 정도는 알아두는 것이 좋다.

▲동진동퇴

활을 쏘기 위해 사대에 나아갈 때나 활을 쏘고 물러날 때는 혼자서 하지 않고 옆 사람과 같이 행동한다는 뜻이다. 자기가 다 쐈다고 해서 혼자서 물러서지 못하고, 남들이 쏘는 중에 끼어들지 못한다. 같은 띠로 설자리에 들어섰으면 끝 사람이 쏘기를 마칠 때까지 기다렸다가 같이 물러나야 한다는 뜻이다. 이것은 꼭 지켜야 할 예절이다. 아마도 활이 무기이기 때문에 질서 없이 들락거리면 주위를 산만하게 하고 마침내 다치는 수가 생기기 때문에 생긴 약속 같다.

▲습사무언

활을 쏠 때는 말을 하지 않고 침묵을 지킨다. 이것은 우선 옆 사람이 활을 쏘는데 방해가 되기 때문이고, 그 다음에는 말을 하면 호흡이 흐트러지기 때문이다. 활은 호흡을 생명으로 하는 운동이다. 말을 하면 이 호흡에 변화가 생긴다. 불가피하게 말을 해야 할 일이 생길 경우에는 작은 목소리로 필요한 말만 한다. 예컨대 바람의 방향을 묻는다거나 하는 정보를 주고받는 선에서 짧막하게 해야 한다. 그리고 옆 사람에게 방해가 될 만한 부산스런 행동을 일체 삼간다.

▲남의 활을 건드리지 않는다.

이 말에는 남의 물건을 만질 때는 주인의 허락을 얻어야 한다는 일반 상식 이외에 더 중요한 뜻이 있다. 지금은 개량궁이 나와서 그렇지 않을 경우도 있지만, 옛날 각궁은 값이 비쌌고, 또 잘못 당기면 뒤집어져 부러지는 경우가 많기 때문에 될 수록 남의 활은 만지지 않는 것이 예의로 정착했다. 활이 뒤집혀 부러지면 부러뜨린 사람이나 주인이나 서로 난처한 처지가 될 수밖에 없다.

▲화살촉의 방향

화살을 살놓이에 놓을 때에는 촉이 과녁 쪽으로 가도록 한다. 살은 살기를 띤 무기이기 때문에 어른들이 앉는 건물 쪽을 피하는 것이 좋다. 또 빈 활을 당길 때도 역시 사람 쪽을 향하면 안 된다.

이런 사소한 동작 하나하나가 안전의식에서 나와서 예절로 정착한 것이다.

▲활을 쏘는 시기
자기 차례가 와서 활을 들어올리기 전에 옆 사람이 활을 쏘는 중인가를 살펴야 한다. 옆 사람이 활을 쏘는 중이면 잠시 기다렸다가 쏜다. 보통 때는 앞에앞엣사람이 거궁할 때 미리 화살을 꺼내어 준비했다가 차례를 기다려 쏘면 되고, 대회나 편사 같은 정순 경기에서는 앞 사람이 다 쏜 뒤에 화살을 뽑는다. 이것은 자신의 군 동작으로 인해서 활 쏘는 사람의 정신집중을 방해할 수 있기 때문에 될 수록 지켜주는 것이 바른 예의이다.

▲몰기례
몰기를 하면 과녁에 대고 가볍게 목례한다.

▲연전
화살 주워오는 것을 연전이라고 한다. 연전은 신사들이 알아서 맡는다. 화살이 떨어진 자리를 확인해야 자세를 고치는 데 활용할 수 있기 때문이다.

▲자리
대개 활터의 대청마루에는 소파가 있고, 거기에 사두나 어른들이 앉는다. 특히 사두는 가장 가운데 자리에 앉기 마련이다. 따라서 남의 정에 간 사람은 반드시 이 점을 기억하여 사두가 앉는 자리에는 앉지 않도록 한다. 왜냐하면 활터에 올라오는 사람들이 맨 먼저 이곳으로 인사를 하기 때문이다. 이걸 모르고 앉았다가는 활터에서 아예 쫓겨나는 수도 있다.

▲복장
활터에서는 옛날부터 노인들이 활을 쏘았기 때문에 격식이 엄한 구석이 있다. 복장 같은 경우가 그것이다. 여름이라도 반바지나 러닝셔츠를 입지 못하고 신발도 끌신 같은 것을 신지 못한다. 단정한 복장을 갖추어야 한다.

▲손님 접대
손님 접대는 상대의 처지를 고려하여 정중하게 한다. 너무 부담되게도 하지 않고 너무 소홀하게도 하지 않는다. 원래는 자기 정을 찾아온 손님한테는 먹는 것과 자는 것을 제공하는 것이 원칙이다. 그러나 손님의 사정에 따라서 서로 부담되지 않도록 한다. 따라서 손님 쪽에서도 마찬가지로 활터에 너무 부담을 주지 않도록 처신한다.

II. 활터의 하루

이상의 예절을 바탕으로 하여, 활터에 활량이 올라왔을 때부터 내려갈 때까지 이루어지는 생활을 그려보면 다음과 같다.

- 활터에 올라오면서 먼저 와있는 사람들에게 인사를 한다. 그리고 사두의 자리(정간)에 대고 정중하게 인사한다. 이때 사대에서 이미 습사 중이면 조용히 들어와서 기다렸다가 습사가 끝난 뒤에 인사한다. 활쏘기를 방해하지 않으려는 것이다.
- 점화장에서 활을 꺼내어 식힌다. 아울러 다른 장비(죽시, 팔지, 깔지, 깍지……)도 꺼낸다.
- 활을 올려놓고서 활이 식기를 기다리는 동안 다른 사람들과 간단한 안부를 묻고 정담을 나눈다.
- 시지에 자기 이름을 적는다. 앞서 올라온 사람들이 이미 이름을 적고서 활을 쏘기 때문에 맨 끝에 적어 넣으면 된다.
- 화살 한 순(5발)을 골라서 확인하고 허리춤에 찬다.
- 활을 낸다. 사대에 들어설 때는 아랫사람이 서두른다. 윗사람은 아랫사람에게 너무 지지 않도록 여유있게 서두른다.
- 비정비팔로 선다. 그리고 무겁 쪽의 바람을 살피다가 자기 차례가 오면 "활 배웁니다." 하고 초시례를 한다. 그러면 사람들이 "많이 맞추세요."하고 응수한다.
- 앞사람이 다 낸 뒤에 허리춤의 화살을 하나 뽑아서 한 발을 낸다. 살줄을 살펴보고 살 떨어진 곳이 분명히 보이지 않으면 옆 사람한테 조용히 묻는다. 살 날아가는 것을 보려고 몸을 틀거나 목을 길게 빼거나 하는 동작은 경망스러워 보이므로 삼가야 한다.
- 맞추면 겸손하게 다음 순서를 기다리고 못 맞추면 자신의 자세 어디가 잘못 됐는가, 살피고 생각한다.
- 한 순을 다 냈으면 맨 끝 사람이 활쏘기를 마칠 때까지 기다렸다가 같이 물러난다. 몰기하는 사람이 있으면 축하해준다.
- 물러나서 시지에 자기 시수를 기록한다. 시지는 네모난 표를 여러 칸 그려놓은 것인데, 한 칸에 한 순의 적중 여부를 표시한다. 대개 한 칸의 네 귀퉁이에 순서대로 숫자 〈1·2·3·4〉가 적혀있고 복판에 〈5〉가 적혀있어서 순서대로 맞은 표시를 하면 된다.

1		2
	5	
3		4

- 화살을 주우러 무겁에 간다. 연전은 주로 신사가 맡는다. 무겁에 떨어진 화살의 상태를 확인해야 자신이 어떻게 쏘았는가 하는 것을 정확히 알 수 있기 때문이다. 고전이 있는 활터에서는 살날이에서 가져오는 일이 전부인데 이 역시 마찬가지이다.
- 주워온 화살을 살놓이에 늘어놓는다. 이때 촉이 과녁을 향하도록 한다. 살놓이에 놓인 화살 중에서 자기 것을 골라서 한 쪽에 모아놓는다.
- 연전을 하지 않는 사람들은 화살이 오기를 기다리며 정담을 나눈다.
- 쏠 때가 되면 다시 사대로 나간다.
- 다 쏘았으면 그날의 시지 기록을 확인하고 어른들께 그만 쏘겠다는 뜻을 알린다.
- 활을 부려서 점화장에 넣고 장비를 거둔다.
- 내려가기 전에 남아있는 사람들한테 정중하게 인사한다. 내려가려고 하는데 이미 습사가 시작되었으면 그 순이 끝나기를 기다렸다가 인사하고, 바쁘면 그냥 조용히 내려간다. 역시 습사를 방해하지 않기 위한 것이다.
- 집에 와서는 그날 활터의 일과 배운 바를 일기에 정리한다.

Ⅲ. 활터의 의식

활터에는 활 쏘는 과정에서 생겨난 여러 가지 의식이 있다. 이런 의식들은 오랜 역사를 거치면서 형성된 것이기 때문에 모두 우리 겨레의 숨결이 깊이 배어있는 소중한 풍속이다. 활의 역사기 깊은 만큼 활쏘기의 풍속은 놀라우리만큼 다양하지만 그 중에서 중요한 몇 가지만을 알아본다.

①집궁례: 신입사
집궁례는 활을 처음 배울 때 갖추는 예절로, 신입사(新入射)라고 한다. 내가 활을 쏘기 전부터 이미 다른 사람이 활을 쏘고 있으니 그에 대한 예절을 지켜야 한다. 옛날에는 선비들이 대부분 활을 쏘았기 때문에 자식이 나이가 차면 자연스럽게 활쏘기를 가르쳤다. 대개 활을 당길 만한 나이인 10대 중반이 되면 아버지가 활터에서 여러 사원을 불러 주안상을 마련하고 그 자리에서 자식의 활쏘기 입문을 부탁한다. 그러면 사두는 그 청을 받아들여서 입사를 허락한다.
그러나 활쏘기가 스포츠로 정착한 요즘은 이런 엄격한 규율이 시행되는 곳은 거의 없고 한두 명의 추천을 받아서 별다른 결격 사유가 없는 한 사원으로 받아들인다.

②득중례: 1중례, 3중례, 5중례
　득중례는 처음 활을 배우면서 과녁을 맞출 때 그것을 기념하여 조촐한 잔치를 벌이고 활쏘기를 가르쳐준 사람들에 대해 고맙다는 성의를 표하는 것이다. 사법을 배우고 사대에 서서 처음으로 첫자대를 맞추면 그것을 기념하는 행사를 1중례라고 한다. 자신이 쏜 화살이 처음 과녁에 가서 맞을 때 나는 소리는 다른 사람이 맞추는 것을 들을 때의 느낌과는 완전히 다르다. 그리고 일생에 단 한 번 오는 것이라는 점에서 생각하기에 따라서는 아주 특별한 의미가 있다. 바로 그러한 의미를 기념하려고 생긴 것이 1중례다.
　1중을 한 활량은 자신을 가르쳐준 선생(요즘말로 사범)에게 말을 하여 사두의 허락을 받고 술과 안주를 조금 마련하여 그 동안 활을 배우도록 도와준 여러분들께 고마움을 표한다. 사두는 이때 2중례는 제례하여 주라고 지시한다. 2중례도 원래는 해야 하나 그렇게 하면 너무 번거롭기 때문에 생략하는 것이다. 그리고 나서 3중을 하면 3중례를 하는데, 요령은 1중례와 똑같다. 역시 4중례는 제례한다.
　첫 몰기를 하면 5중례를 한다. 5중의 뜻은 아주 크다. 3중이나 4중과는 달리 다섯 발을 처음 다 맞추려면 기본 궁체가 잡혀있어야 한다. 기본궁체가 잡혔다는 것은 이렇게 쏘면 되겠다는 요령을 스스로 터득했음을 뜻한다. 따라서 5중례를 통과하면 활을 중도에 포기하는 일이 없다. 진짜 활량이 되는 첫걸음인 것이다. 그래서 특별히 접장이라는 칭호를 주어서 격려한다.
　그런 만큼 앞의 1중례나 3중례보다 잔치의 규모도 더 클 것은 당연한 일이다. 사두는 앞으로 선생과 구사를 잘 섬기고 활터 생활을 잘 하라는 덕담을 해준다. 이때 5중례를 하는 사람은 자신을 가르쳐준 사범에게 큰 절을 하고 특별히 선물을 하는 것이 보통이다. 선물을 받는 사람도 몰기를 기념하여 작은 선물을 해준다. 요즘은 몰기한 사람이 사무실에 간단한 집기를 마련해주고 활터에서는 몰기한 사람에게 기념패 같은 것을 해주는 방식으로 바뀌기도 하였다.

③집궁회갑
　집궁회갑은 활을 쏘기 시작한 지 갑년(60년)이 되는 해에 이를 기념하는 것을 말한다. 이는 웬만큼 연륜이 깊지 않으면 안 되는 일이기 때문에 활터 이외의 곳에는 좀처럼 찾아보기 어려운 풍속이다. 또 옛날에는 회갑을 살기도 어려웠기 때문에 집궁회갑은 여간 드문 일이 아니었다. 이것은 지금도 마찬가지이다. 그러므로 집궁 회갑은 그 한 사람만의 경사가 아니고 그 활터의 경사이다. 그렇기 때문에 활터 주관으로 그 자손들과 협의하여 잔치를 마련한다.

④납궁례
　활을 평생토록 쏘다가 나이가 들고 더 이상 쏘지 못할 상황이 오면 납궁례를 한다. 납궁은 말

그대로 활을 반납한다는 뜻이다. 자신이 집궁한 활터에 자신이 쓰던 궁시를 반납하고 평생 관여해온 활터의 일을 정리하는 것이니, 쉽게 생각하면 은퇴식이다. 이 납궁례 역시 우리 나라를 뺀다면 동아시아는 물론 세계 어느 곳에서도 찾아볼 수 없는 풍속이다. 무술과 관련된 풍속과 절차가 잘 발달한 일본이나 중국에서차도 이 납궁례와 비슷한 은퇴식은 없다. 다만 금분세수라고 해서, 무협소설에나 나올 뿐이다.

Ⅳ. 전통사법

한국의 전통 사법은 크게 세 덩어리로 나눌 수 있다. 예비동작, 본동작, 마무리동작이 그것이다. 다시 이것을 더 잘게 나누면 동작은 모두 열 마디로 할 수 있다. 발모양, 손가짐, 살 메우기, 걸치기, 죽 올리기, 엄지발가락누르기, 깍짓손 끌기, 만작, 발시, 거두기가 그것이다. 발모양부터 살 메우기까지가 활을 쏘기 위한 예비동작이고, 걸치기부터 발시까지가 본동작이며, 거두기가 마무리 동작이다.

예비동작	①발모양
	②손가짐
	③살 메우기
본동작	④걸치기
	⑤죽 올리기
	⑥엄지발가락누르기
	⑦깍짓손 끌기
	⑧만작
	⑨발시
마무리동작	⑩거두기

주의할 것은, 활을 들어올리기 시작해서 마무리 할 때까지 멈춤이 있어서는 안 된다는 것이다. 여기서는 편의상 이렇게 10마디로 나누어 설명하지만, 그것은 방편일 뿐 모든 동작은 물이 흐르듯이 끊이지 않고 이어지면서 이루어져야 한다.

1) 발모양 : 비정비팔

비정비팔(非丁非八)이란 동양에서 활 쏠 때 취하는 발모양에 붙인 이름이다. 우리 활의 경우, 먼저 왼발을 과녁의 왼쪽 귀를 향해 놓고 오른발을 왼발의 장심 부근에 댔다가 반 족장만큼 뒤로 빼어 적당히 벌린다. 이때 '적당히'란, 두 발 사이에 주먹 둘이 들어갈 만큼의 간격을 가리킨다. 그러면 몸은 과녁과 거의 정면으로 마주하면서도 약간 오른쪽으로 틀어진다. 사람의 체형과 궁체에 따라서 오른발의 위치는 적당히 잡는다.

2) 손가짐

손은 활을 쥔 손과 시위를 당기는 손 두 가지이다. 이를 각각 줌손과 깍짓손이라고 한다.
줌손은 반드시 흘려쥔다. '흘려쥔다'는 것은 활을 잡았을 때 손가락이 줌통을 똑바로 감싼 모양이 아니라 비스듬히 쥔 것을 말한다. 그냥 쥔 상태에서 엄지를 조금 낮추고 아래쪽을 줌 바깥으로 살짝 틀어서 잡으면 된다. 정확히 흘려쥐면 엄지손가락이 가운뎃손가락에 닿고 막줌을 쥐면 엄지는 검지에 닿는다. 그리고 흘린 줌은 엄지보다 북전이 높다. 북전은 둘째손가락의 첫째 마디와 둘째 마디 사이를 가리킨다. 막줌을 쥐면 이 북전이 거의 수평으로 눕고, 흘려쥐면 이 북전이 비스듬하게 일어선다. 이 흘려쥐는 원리는 화살이 통을 치고 나가도록 고려한 것이다. 또 단전의 힘을 화살에 실어보내기 위한 방법이기도 하다.
깍짓손은 반드시 세 가락으로 쥐어야 한다. 깍지를 낀 엄지가락으로 시위를 걸고 검지와 중지로 엄지가락의 손톱을 덮는다. 이때 엄지가락의 손톱 끝은 중지의 한 중간쯤에 걸리도록 하는 것이 적당하다. 엄지와 검지 두 손가락으로만 잡는 것을 '외가락'이라고 하는데 이렇게 쥐면 뒤가 부실해져 게우기 쉽다. 게우지 않더라도 자칫하면 봉뒤나 채쭉뒤가 되어 보기 싫은 궁체를 이룬다. 깍짓손은 반드시 세 가락으로 쥐고 끌어야 한다.

3) 살 메우기

시위에 화살의 오늬를 끼우는 것을 말한다. 이 동작을 가리키는 말은 많다. '먹인다, 메운다, 끼운다, 건다' 같은 것들이 그것이다.
줌손을 배꼽 앞으로 들어 올리고 괴춤의 화살을 뽑는다. 활을 잡은 줌손의 범아귀를 조금 벌려 화살의 아랫마디쯤을 살짝 잡는다. 오른손으로 오늬를 잡는다. 검지와 중지 두 손가락과 엄지손가락 끝으로 잡는다. 그리고는 주욱 밀어 넣는다. 시위 바로 밑에서 오늬를 절피에 반쯤 끼운다.

그 상태에서 시위를 아귀에 넣고 엄지와 검지로 오늬를 잡고 당긴다. 그러면 톡 하고 끼워진다. 끼운 살이 너무 헐겁거나 꽉 조이면 좋지 않다. 미리 적당한 굵기가 되도록 절피를 알맞게 감아둔다.

4) 걸치기

깍지를 시위에 걸고 활을 들어서 활의 아랫고자를 불거름에 걸친다. 이때 온몸의 힘을 빼고 오른손의 어깨로 왼손과 활을 든 상태다. 이 상태에서 줌손은 잘 흘려 쥐었는가, 과녁의 평소 조준점은 어디인가, 호흡은 잘 되는가, 마음은 비웠는가 하는 모든 것을 점검한다. 활쏘기가 막 시작되는 것을 점검하는 것이면서 활쏘기 동작의 시작이기 때문에 가장 중요한 순간이다. 활쏘기에 이미 숙달된 구사들은 이 절차를 빼기도 하지만, 신사든 구사든 원칙은 지키는 것이 좋다.

5) 죽 올리기

걸치기에서 자세 점검이 모두 끝났으면 천천히 활을 들어올린다. 이때 왼손엔 힘을 빼고 오른손의 힘으로 들어올린다. 왼손은 딸려 올라가는 것이다. 이 동작이 바로 '아낙이 물동이를 들어올리듯이' 한다는 것이다. 오른손의 중구미를 높이 쳐들면 바로 그 동작이 된다. 대신에 죽을 들지 않으면 물동이를 이는 동작이 정확히 나오지 않는다. 바로 이 점 때문에 걸치기 동작에서 미리 뒷죽을 높여 놓아야 한다. 따라서 걸치기에서 이 동작을 제대로 해주어야만 이 동작이 그대로 들어올리는 동작으로 연결된다.

줌손을 자기의 이마 높이까지 들어올린다. 더 높이 들어도 상관은 없다. 대신에 이마 밑으로 떨어지면 좋지 않다. 이마가 뒷죽을 높이 끄는 데 필요한 가장 낮은 높이이기 때문이다. 이때 오른손으로 끌어올렸기 때문에 왼손보다 오른손이 조금 더 높다.

다 들어올린 상태에서는 앞손과 뒷손이 동그랗게 원을 그리고 있어야 한다. 그 상태에서 깍짓손을 끄는 동작이 시작된다. 이렇게 하면 가슴과 팔 안에 큰 나무가 들어있는 듯한 모양이다. 이것이 '큰 나무를 끌어안듯이 한' 모양이라는 것이다.

6) 엄지발가락 누르기

다 올렸으면 엄지발가락으로 땅을 지그시 누른다. 그러면 몸이 앞쪽으로 살짝 움직인다. 이것은 땅에 닿은 발바닥의 면적이 넓어지면서 발바닥에 드리운 몸 전체의 무게 중심이 앞쪽으로 조금 옮겨갔기 때문이다. 이때 정수리의 백회혈과 아랫배의 단전, 그리고 발바닥의 용천혈이 일직선 상에 놓이면서 선 상태에서는 가장 안정된 자세를 이루게 된다.

이때 엄지발가락을 너무 많이 눌러서 발바닥이 땅에서 들뜨면 안 된다. 그렇게 되면 오히려 자세가 더 불안정해진다. 겉으로 보기에 잘 표시가 나지 않을 만큼 지그시 누른다. 이 동작을 할 때 발꿈치를 들썩들썩 하는 것도 보기 좋지 않다. 남들 눈에 뜨이지 않을 만큼 슬며시 누르면 몸의 무게 중심이 저절로 앞으로 이동한다.

7) 깍짓손 끌기

엄지발가락으로 땅을 지그시 누르고 숨을 완전히 내쉬었으면 천천히 뒷손을 끈다. 동시에 앞손은 밀지도 밀리지도 않게 반반히 버틴다. 앞손은 벌써 이마 앞으로 와있는 상태이기 때문에 많이 움직이지 않는다. 다만 뒷손이 당겨지는 반동으로 앞으로 조금 더 나가는 것이다. 따라서 이 동작은 깍짓손의 움직임이 중심이 된다. 그래서 이름을 '깍짓손 끌기'라고 한 것이다.

깍짓손을 끌 때는 반드시 귓바퀴 윗쪽을 스치도록 당긴다. 깍짓손을 당기는 동작이 발시 후 손의 방향을 결정하기 때문에 높이 당길수록 좋다. 귓바퀴가 가장 낮은 선이다. 그 위쪽, 그러니까 머리 위로 와도 좋을 만큼 높여서 끈다.

깍짓손을 끌면서 동시에 숨을 들이쉰다. 따라서 깍짓손은 숨을 들이쉬는 것과 같은 빠르기로 끈다. 숨을 들이쉬면서 그와 같은 빠르기로 깍짓손을 당기는 것이다. 깍짓손을 당기면서 동시에 허벅지에도 힘을 가하기 시작한다. 불거름(하단전)을 팽팽히 긴장시키는 방법이 바로 허벅지를 조이는 것이다. 그래야만 하체가 안정된다.

여기서 세 가지가 동시에 이루어진다. 깍짓손 끌기, 숨 들이쉬기, 허벅지 힘주기가 그것이다. 사대에 나서기 전에 이 세 가지가 동시에 이루어지도록 당기는 연습을 충분히 해야 한다. 이 연습이 제대로 되기 전에 설자리로 나가면 관심이 과녁에 가있기 때문에 셋 중에 어느 한 가지를 잊고 만다. 그래서 주살질로 당기기 연습을 충분히 해서 어떤 상황에서도 세 가지 동작이 동시에 이루어지도록 한 다음에 사대에 나서야 한다.

8) 만작

깍짓손을 다 끌고 줌손을 다 민 것을 우리말로 '온작'이라고 하고, 한자로는 '만작'이라고 한다. 만작은 〈滿作〉이라고도 쓰고 〈滿酌〉이라고도 쓴다. 둘 다 제 작까지 가득 당겼다는 뜻이다.

이때 살대는 광대뼈와 입꼬리 사이에 걸쳐있어야 한다. 뒷죽을 높이 끌어서 가슴을 완전히 펴면 살대는 저절로 이 높이로 걸린다. 살대가 입꼬리 밑으로 내려가면 발시 후 깍짓손이 제 방향으로 잘 빠지지 않는다. 체형에 따라 조금씩 다르기는 하지만, 대체로 입꼬리가 손이 올바른 방향으로 빠지도록 해주는 최저선이다.

다 당긴 상태에서 죽이 제대로 섰는가를 확인한다. 붕어죽이 되거나 앉은죽이 되거나 하여, 죽이 제대로 서지 않았으면 줌을 내려서 다시 한다. 중구미를 바로 세우지 않으면 줌이 서질 않고, 줌이 서지 않으면 살은 거의 뒤난다. 그리고 깍짓손을 잘 빼더라도 앞나고 뒤나고 하여 살이 한통으로 가지 않는다. 그러므로 만작에 이를 때 중구미를 엎어서 반드시 줌이 서도록 해야 한다.

깍짓손을 억지로 짜지 않는다. 깍짓손을 억지로 짜면 손목에 힘이 들어가서 발시가 자연스럽지 못하고 또 매번 일정한 힘으로 짜이지를 않는다. 자연스럽게 줌손을 밀어서 그 반동으로 깍짓손을 짜야지, 일부러 깍짓손을 비틀어서 짜면 안 좋다. 어떤 동작이든 자연스럽게 이루어지도록 하는 것이 좋다.

만작은 살이 머무른 상태가 아니다. 겉으로 보기에는 그 자리에 멈춰있는 것 같지만, 앞뒤로 계속 나아가고 당겨지던 양손이, 더 이상 밀고 당길 수 없는 상태에 이른 것이지 결코 멈춘 것이 아니다. 그러므로 계속 힘을 가하면서 밀고 당겨야 한다. 그렇지 않으면 게우게 된다. 이때 당기는 힘은 손목이 아니라 중구미와 죽머리에 걸려있어야 한다. 그리고 가슴 전체를 움직여서 가슴 한 가운데에서 힘이 양쪽으로 나누어지도록 힘을 쓴다.

보통 만작 상태에 얼마나 머무르느냐 하는 것이 따라 속사(速射) 여부가 결정된다. 2~3초 가량 머무는 것이 보통이다. 살을 다 당겨서 만작에 이르렀을 때는 허벅지에도 힘이 다 들어가서 바윗덩이처럼 단단해야 한다. 그리고 그렇게 되었을 때 분문(糞門)을 빨아들이면서 꽉 조인다. 이렇게 하면 불거름(丹田)이 팽팽히 긴장하면서 숨이 가장 깊이 들어온다. 이른바 단전호흡이 되는 것이나.

9) 발시

발시의 가장 중요한 요령은 깍지를 뗄 때 중구미로 빼는 것이다. 줌손을 과녁머리에 박아놓고 중구미로 정확히 끌며 버티면 힘이 가슴을 중심으로 양분된다. 이렇게 양분된 상태에서 뒷손의 중구미를 지그시 더 끈다. 그러면 더는 당길 수 없을 만큼 힘이 응축된 절정의 순간에 화살이 과녁을 향해 튕겨나간다.

이때 중구미에 작용하는 힘은 허리에서부터 올라와야 한다. 손이 안정되려면 몸통이 단단히 버티어야 하고 몸통이 단단한 것은 허리의 힘으로 받쳐주지 않으면 안 된다. 특히 만작의 맨 마지막 단계에서는 깍짓손을 더 당기기가 쉽지 않는데 이때 허리가 살아있어야만 살을 더 당길 수 있다. 결국 화살을 당겨 버티는 것은 허리를 뒤쪽으로 트는 힘이다. 이 허리힘이 작용해야만 깍짓손 중구미가 흔들림 없이 매번 똑같은 모양으로 움직인다. 만작 시에 중구미까지 작용하는 힘의 작용을 조심스럽게 살펴보면 그 힘이 허리에서 올라온다는 것을 느낄 수 있다. 그런 느낌이 매번 느껴질 때까지 원칙에 충실하게 습사를 하여야 한다. 우리의 활쏘기는 허리의 힘으로 쏘는 것이다.

온작 상태에서 힘을 계속 앞뒤로 가하여 밀고 당기다 보면 자신도 모르는 사이에 화살이 저절로 튕겨나간다. 이렇게 계속 활을 쏘다보면 화살이 저절로 튕겨나가는 어떤 시점이 감지된다. 그렇게 감지된 순간에 발시할 뜻을 더하면 그것이 가장 좋은 발시 요령이라고 할 수 있다. 이것은 체력과 기술이 완전히 한 덩어리가 되어 자신이 어떻게 쏘는지 그것조차 잊을 때 비로소 이루어지는 것으로, 오랜 시간을 끊임없이 훈련하지 않으면 절대로 이룰 수 없다.

이때 뒷손은 살을 떠나보낸 반동으로 저절로 펴진다. 뒷손이 펴지는 방향은 깍짓손을 끌 때 결정된다. 만작 시에는 줌손부터 뒷손 중구미까지 살대를 따라서 일직선을 이룬다. 깍지는 이 살대 방향으로 빠져야 한다. 뒷손의 힘이 중구미에 정확히 걸려있으면 발시 후에 깍짓손은 이 살대를 연장한 선의 위로 빠진다. 그렇기 때문에 뒷죽이 뻣뻣하게 뻗어있지를 않고 둥근 원을 그리면서 엉덩이께까지 떨어져 발여호미형으로 마무리되는 것이다. 힘이 중구미에 걸리지 않으면 발시할 때 깍짓손이 살대 연장선의 아래로 떨어진다. 그러면 깍짓손이 살대 방향 밖으로 벗어나기 때문에 화살이 날아가는 방향에 영향을 준다. 그래서 깍짓손은 반드시 살대의 연장선이나 그 위로 빠져야 한다. 따라서 깍지를 뗄 때 가장 중요한 요령은 중구미로 끄는 것이다. 그러면 뒷손은 저절로 둥그스름한 자취를 그리며 빠진다.

뒷손이 펴지는 이 동작은 살이 떠난 뒤에 이루어지는 것이어서 어찌 보면 명중률과는 상관이 없을 듯한데, 전혀 그렇지 않다. 이 뒷처리가 제대로 이루어지지 않으면 살은 과녁을 벗어난다. 그럴 수밖에 없는 것이, 활을 들어올리는 순간부터 동작을 마무리하기까지 이루어지는 모든 과정이 살을 과녁으로 제대로 보내기 위한 연속동작이기 때문이다. 따라서 뒷손의 처리가 제대로 되지 않았다는 것은 앞의 연속 동작 중 어느 한 곳에서 부실했다는 얘기가 된다. 따라서 발시 직후에 펼쳐지는 동작을 보면 살이 가서 맞는지 안 맞는지 예측할 수 있다.

10) 거두기

거두기는 발시 후에 흩어진 몸을 거두어들이는 동작을 말한다.

전통사법으로 쏘면 줌손은 과녁 쪽으로 나가다가 불두덩 앞으로 지고, 뒷손은 큰 원을 그리면서 떨어진다. 그러니까 만작 상태에서 발시와 동시에 양손이 땅을 향해 반원을 그리게 된다. 이것이 이른바 '학이 날개를 접는 듯'한 동작이다.

발시가 끝난 뒤에도 줌은 과녁 안에 머물러 있어야 한다. 그런 뒤에 시위를 당기느라고 돌아간 몸통이 앞으로 돌아오면서 줌손도 역시 불거름으로 천천히 내린다. 그리고 범의 꼬리처럼 드리웠던 깍짓손도 천천히 몸통 옆으로 거두어 붙인다. 이렇게 하여 자연스럽게 비정비팔로 섰을 때의 처음 모습으로 돌아오는 것이다.

발시가 끝나면 다음 순서를 기다릴 때까지 서있어야 한다. 그런데 이때도 절제된 동작이 필요하다. 줌손이 불거름으로 지고 깍짓손의 범의 꼬리처럼 마감되었으면 이제는 두 손을 조용히 끌어서 몸의 옆으로 가져온다. 이때 활은 시위가 허벅지에 닿도록 수평으로 하는데, 정확히 흘려 쥔 줌손의 힘을 풀면 저절로 그렇게 닿게 된다. 수평에서 앞고자 쪽이 밑으로 조금 처지는 그런 수평이다. 그것을 가장 단아한 자세로 여겼다.

다음 차례를 기다리는 동안 활 쥔 손을 등뒤로 돌려서 활을 까닥거리며 흔든다든지, 이리저리 둘러보며 허튼 동작을 하면 보기 좋지 않고, 또 옆에서 신중하게 활을 쏘는 남에게 방해가 된다. 오래 기다리느라 발이 아프면 비정비팔을 풀고서 반 발짝쯤 뒤로 물러나서 조용히 기다리는 것이 가장 좋다.

⊿집궁제원칙
① 선관지형(先觀地形): 지형을 살핀다.
② 후찰풍세(後察風勢): 바람의 방향을 살핀다.
③ 비정비팔(非丁非八): 비정비팔로 선다.
④ 흉허복실(胸虛腹實): 가슴을 비우고 불거름을 채운다.
⑤ 추여남산(推如南山): 앞손을 앞산처럼 반반히 떠받친다.
⑥ 발여호미(發如虎尾): 뒷손을 범 꼬리처럼 뻗는다.
⑦ 발이부중(發而不中): 쏘아서 맞지 않으면
⑧ 반구저기(反求諸己): 나를 돌아본다.

⊿국궁9계훈 : 활터 생활에 도움이 되는 말들.
①정심정기(正心正己) : 몸과 마음을 바르게 한다.
②인애덕행(仁愛德行) : 모두를 사랑하고 베푼다.
③성실겸손(誠實謙遜) : 자신을 낮추고 봉사한다.
④자중절조(自重節操) : 넘치려는 마음을 다잡는다.
⑤염직과감(廉直果敢) : 실천할 때는 머뭇거리지 않는다.
⑥예의엄수(禮儀嚴守) : 예절을 잘 지킨다.

⑦습사무언(習射無言) : 꼭 필요한 말만 한다.
⑧불원승자(不怨勝者) : 이긴 사람을 고까워하지 않는다.
⑨막만타궁(莫彎他弓) : 남의 활은 건드리지 않는다.

청주 장수바위터

장수바위터는 청주시 남일면의 국궁장에서 활을 쏘는 사람들의 모임입니다. 남일면 쌍수리에는 공사와 청주시가 협약을 체결하여 만든 체육공원이 있고, 거기 국궁장이 있습니다. 시민 누구나 활용할 수 있는 공간입니다. 거기에 저절로 모인 사람들이 있어 '무성궁술회'라는 모임을 만들었고, 그들이 운영하는 활터를 스스로 장수바위터라고 부른 것입니다.

청주의 대머리는 청주 한 씨의 본향입니다. 거기에 용바위라는 마을이 있었고, 한 씨 시조 때문에 생긴 이름입니다. 용은 장수나 왕을 뜻하는 말이어서 장수바위라고도 합니다. 장수가 용의 비늘 같은 갑옷을 입기 때문에 붙은 이름이고, 거기서 활터 이름을 땄습니다. 바위는 고구려어로 마을을 뜻하는 말입니다.

우리의 전통 활은 모든 무예의 우두머리입니다. 그래서 무예의 별이라는 뜻으로 무성(武星)이라고 했고, 활터 이름을 '장수바위터'라고 한 것입니다.

다른 활터와 달리 장수바위터는 어떤 협회에도 가입하지 않았습니다. 상위단체와 상관없이 스스로 존재하는 활터임을 강조하려는 것입니다. 협회의 눈치를 볼 필요도 없고, 과녁 맞히려고 안달을 할 필요도 없습니다. 스스로 건강과 수양을 위해 활을 쏘는 사람들의 모임입니다.

혹시 활을 다 배운 뒤에 대회에 관심이 있는 분은 그때 가서 단체에 가입하여 활동하는 것이 좋겠습니다.

신입사 지원서

성명	한글:		한자:	
생년월일		집궁연월일		
소속		본관		
활 세기		화살		-
좌우궁	(　　　)궁	키, 몸무게		- (활 세기 계산용)
메일		다음 아이디		
다른 무술 경력		직업		
전화번호				
주소	(우:　　-　　)			
약력				
비고				

무성궁술회

상장 좌목

번호	대회 이름	성명	소속	등위	날짜	장소	비고

무성궁술회

							소속
2 0 년 월 일							
							성명
	三 一 　五. 四 二	三 一 　五. 四 二	三 一 　五. 四 二	三 一 　五. 四 二	三 一 　五. 四 二	三 一 　五. 四 二	三 一 　五. 四 二	초순
三 一 　五. 四 二	三 一 　五. 四 二	三 一 　五. 四 二	三 一 　五. 四 二	三 一 　五. 四 二	三 一 　五. 四 二	三 一 　五. 四 二	재순
三 一 　五. 四 二	三 一 　五. 四 二	三 一 　五. 四 二	三 一 　五. 四 二	三 一 　五. 四 二	三 一 　五. 四 二	三 一 　五. 四 二	삼순
三 一 　五. 四 二	三 一 　五. 四 二	三 一 　五. 四 二	三 一 　五. 四 二	三 一 　五. 四 二	三 一 　五. 四 二	三 一 　五. 四 二	사순
三 一 　五. 四 二	三 一 　五. 四 二	三 一 　五. 四 二	三 一 　五. 四 二	三 一 　五. 四 二	三 一 　五. 四 二	三 一 　五. 四 二	종순
							합계
시	시	시	시	시	시	시	

武星弓術會

제 회 삭회 競射會 시지

矢誌

二〇年 月 日								所屬
								姓名
	一 二 三 四 五	一 二 三 四 五	一 二 三 四 五	一 二 三 四 五	一 二 三 四 五	一 二 三 四 五	一 二 三 四 五	初巡
	一 二 三 四 五	一 二 三 四 五	一 二 三 四 五	一 二 三 四 五	一 二 三 四 五	一 二 三 四 五	一 二 三 四 五	再巡
	一 二 三 四 五	一 二 三 四 五	一 二 三 四 五	一 二 三 四 五	一 二 三 四 五	一 二 三 四 五	一 二 三 四 五	三巡
	一 二 三 四 五	一 二 三 四 五	一 二 三 四 五	一 二 三 四 五	一 二 三 四 五	一 二 三 四 五	一 二 三 四 五	四巡
	一 二 三 四 五	一 二 三 四 五	一 二 三 四 五	一 二 三 四 五	一 二 三 四 五	一 二 三 四 五	一 二 三 四 五	終巡
장수바위터	矢	矢	矢	矢	矢	矢	矢	合計

제　　호

상　장

부　　　　　　　성명

위　　　　　　　소속

위 분은 제　회 삭회 경사회(競射會)에서 위와 같은 성적을 거두었기에 이 상장을 드립니다.

20　년　월　일

무성궁술회장 강 연 원

제   호

상   장

위   성명

소속

위 분은 궁술회 창립기념 제1회 회장배 활쏘기 대회에서 위와 같은 성적을 거두었기에 이 상장을 드립니다.

2017년 11월 14일

무성궁술회 장수바위터 사수

사원 죄목

번호	성 명	성별	생년월일	집공일	공별	주 소	비 고

무성궁술회

온깍지 총서 ⑦
온깍지 활 공부

2018년 12월 28일 초판 인쇄/발행

엮은이   정진명
펴낸곳   온깍지활쏘기학교
만든곳   도서출판 고두미
         등록 2001년 5월 22일(제2001-000011호)
         충북 청주시 상당구 꽃산서로8번길 90
         Tel. 043-257-2224 / Fax. 070-7016-0823
         E-mail. godumi@naver.com

ISBN 979-11-86060-70-4   03380

이 도서의 국립중앙도서관 출판예정도서목록(CIP)은
서지정보유통지원시스템 홈페이지(http://seoji.nl.go.kr)와
국가자료공동목록시스템(http://www.nl.go.kr/kolisnet)에서 이용하실 수 있습니다.
(CIP제어번호: CIP2018041108)

※ 잘못 된 책은 구입한 곳에서 바꾸어 드립니다.
※ 이 책의 내용 일부 또는 전체를 사용할 때는 온깍지활쏘기학교의 동의를 받아야 합니다.
※ 책값은 뒤표지에 표시하였습니다.